ジェンダーと国際教育開発

課題と挑戦

菅野　琴
西村幹子
長岡智寿子
［編著］

福村出版

[JCOPY] 〈(社)出版者著作権管理機構 委託出版物〉
本書の無断複写は著作権法上での例外を除き禁じられています。複写される場合は、そのつど事前に、(社)出版者著作権管理機構(電話 03-3513-6969、FAX 03-3513-6979、e-mail: info@jcopy.or.jp)の許諾を得てください。

ジェンダーと国際教育開発
―課題と挑戦―

目　次

はじめに ……………………………………………………………… 8

第1部 国際教育協力における取り組み

第1章　ジェンダーと国際教育開発の歴史的変遷と潮流
………………………… 菅野琴・長岡智寿子・西村幹子　18
- 第1節　女子・女性教育と開発の歴史的変遷　18
- 第2節　EFAとジェンダー　27
- 第3節　教育におけるジェンダー平等達成への課題　35
- 第4節　女子教育のスケールアップ　38

第2章　国連女子教育イニシアティブ（UNGEI）の取り組み
………………………………………………… 林川眞紀　46
- 第1節　国連女子教育イニシアティブ（UNGEI）とは何か　46
- 第2節　UNGEIの活動概要　51
- 第3節　UNGEIの成果と貢献　54
- 第4節　UNGEIの3つの課題と挑戦　56
- 第5節　2015年にむけての展望　59

第3章　日本の教育協力におけるジェンダー平等への取り組み
………………………………………………… 水野敬子　62
- 第1節　1990年以前の日本の国際教育協力　62
- 第2節　1990年以降の日本の教育協力に関する
　　　　ジェンダーを巡る政策的動向　63
- 第3節　日本の教育協力における
　　　　ジェンダー課題への取り組み　66
- 第4節　教育分野におけるジェンダー平等にむけた協力事例　68
- 第5節　今後の課題と展望　75

第2部　地域別の現状と課題

第4章　東アジアにおける傾向と課題
　　　　──グローバリゼーションと少数民族女子青年をめぐって
　　　　…………………………………………新保敦子　80
　　第1節　東アジアの教育の現状　80
　　第2節　近年における目覚ましい教育普及　82
　　第3節　寧夏における不就学の実態　84
　　第4節　女子教育への取り組み
　　　　　　──近代学校設立と民族固有文化の尊重　86
　　第5節　回族女性教員をめぐって　89

第5章　東南アジアにおける傾向と課題
　　　　……………………………………………日下部京子　95
　　第1節　東南アジアにおける近代教育制度の導入　97
　　第2節　東南アジアにおける就学率　98
　　第3節　学校から労働市場への移行　104
　　第4節　教育におけるジェンダー格差改善への取り組み　105
　　第5節　近年の課題　106

第6章　南アジアにおける傾向と課題
　　　　……………………………………………菅野琴　112
　　第1節　南アジアの格差社会　112
　　第2節　教育へのアクセスの現状　116
　　第3節　女子の教育参加の効果と課題　119
　　第4節　ネパールの女子教育政策　122
　　第5節　教育におけるジェンダー主流化と
　　　　　　エンパワメントにむけて　127

第7章　サブサハラアフリカにおける傾向と課題
　　　　　　………………………………………… 西村幹子　130
　　第1節　ジェンダーと教育開発をめぐる理論的アプローチ　130
　　第2節　アフリカの現状　132
　　第3節　ウガンダの初等教育の事例　135
　　第4節　ジェンダー・パリティからジェンダー平等へ　139

第8章　アラブにおける傾向と課題
　　　　　　………………………………… 結城貴子・亀山友里子　145
　　第1節　教育機会（アクセス）　146
　　第2節　教育の質　149
　　第3節　教育のジェンダー平等と社会経済開発　151

第3部　分野別の課題

第9章　科学教育におけるジェンダー
　　　　　　………………………………………… 前田美子　160
　　第1節　理系分野における女性の比率　160
　　第2節　理系分野における女性の必要性　162
　　第3節　理系離れの要因　163
　　第4節　国際社会の取り組み　170
　　第5節　日本の科学教育支援　171

第10章　高等教育におけるジェンダー
　　　　　　………………………………………… 杉村美紀　175
　　第1節　高等教育と女性参加の高まり　175
　　第2節　高等教育におけるジェンダーをめぐる論点　176
　　第3節　高等教育におけるジェンダーの意義　178
　　第4節　ジェンダーに配慮した国際高等教育の可能性
　　　　　　――「アジア女子大学」の事例　180

第5節　グローバル人材と高等教育におけるジェンダー　185

第11章　成人教育・生涯学習におけるジェンダー
　　　　――社会参加を促進する学習活動として
　　　　……………………………………………長岡智寿子　188
　　第1節　国際社会における成人教育をめぐる動向　189
　　第2節　開発政策の枠組みの下での識字教育　191
　　第3節　開発途上国における成人教育　196
　　第4節　成人の学習活動の課題
　　　　　　――ジェンダー平等にむけて　201

第12章　教師教育とジェンダー
　　　　………………………………………… 小野由美子　205
　　第1節　ジェンダーの社会化と教師・学校の役割　205
　　第2節　教育の質と教師　206
　　第3節　教員政策とジェンダー　209
　　第4節　カリキュラム改革とジェンダー　212
　　第5節　国際社会の取り組み　214
　　第6節　日本の女子教育支援　215

第13章　教育財政におけるジェンダー
　　　　……………………………越智方美・市井礼奈　221
　　第1節　ジェンダー予算とは　221
　　第2節　アジア・太平洋地域におけるジェンダー予算　226
　　第3節　ジェンダー予算を通じた女子教育推進の成果と課題　231

おわりに……………………………………………………………　235

索引…………………………………………………………………　241

はじめに

本書のねらい

　基礎・初等教育の普遍化に関するさまざまな国際合意や開発目標の設定を背景に，多くの開発途上国では，子どもの就学状況や青年，成人の学習状況に，著しい変化が見られている。ユネスコの2011年グローバルモニタリングレポート（EFA-GMR）によれば，初等教育への就学状況は過去10年間において，世界全体で就学率[1]が8％向上し，不就学の子どもの数は，約36％減少したと報告されている。また，中等教育以降においても，昨今の急速に変化する世界情勢のなかで，技術，職業教育へのニーズは確実に高まっている。さらに，成人の識字率においては，どの世代においても向上しており，具体的には，1985～94年から2000～07年の間に世界の成人識字率は10％上昇したと報告されている（EFA-GMR Team, 2011）。

世界中の学校へ行っていない子どものうち，半数が15ヵ国に集中している

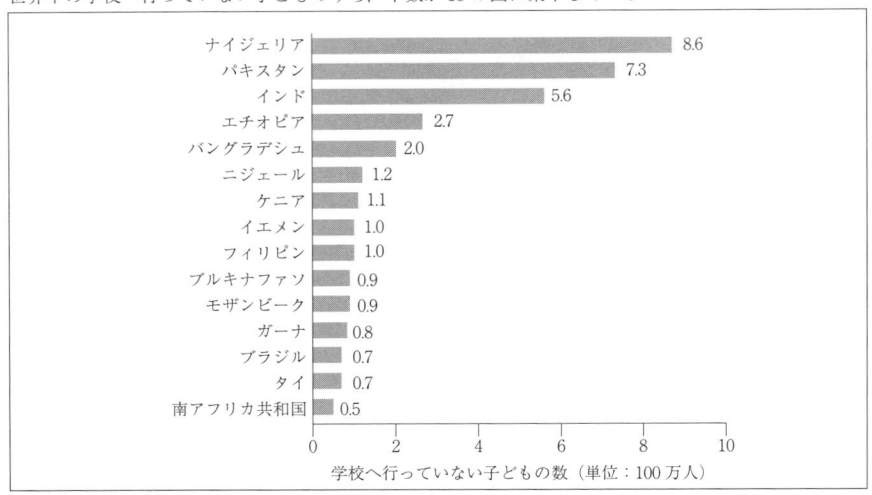

図1　初等教育学齢児童のうち学校へ行っていない子どもの数（2008年）
出典：『EFAグローバルモニタリングレポート2011』図1.11

しかし，このような成果のみをもとに，希望的観測を述べることはできない。実際に，不就学の子どもや成人非識字者の過半数が特定の国や地域に集中しており，地域における格差が見られること（図1），また，国内における経済や地域間格差も教育の機会から排除される主要な要因であること等を考慮する必要がある（図2）。とりわけ，教育におけるジェンダー平等の問題は深刻である。教育における男女間格差は，世界人権宣言（1948）や教育における差別撤廃条約（1960），女性差別撤廃条約（1979）が採択され，21世紀を迎えた今日においても，なおも，解消されてはいないからである。

　教育における男女間の差異，不均衡な状態は，初等教育から中等，高等教育へと，教育のレベルが上がれば上がるほど，より鮮明なものとなって浮かび上がってくる。世界全体を見渡せば，不就学の子どもは男子より女子が多く，初等，中等教育においても，女子の就学率は男子よりも低い。高等教育の段階においては，就学率だけでなく，専攻する分野の選択においても男女間における差異が明らかなものとなっている。また，成人非識字人口は減少傾向にあるが，非識字状態に置かれている人々（2008年の時点で約7億9,600万人）のうち3分の2は女性が占めている。女性が教育の機会から構造的に周辺化されている状況に，改善の兆しが見えないのである（図3）。

　1990年の「万人のための教育（Education for All，以下EFA）」世界会議以降，基礎教育の普及，推進に向けた施策が各国政府における最優先課題に位置づけられ，「EFA運動」として，国際的潮流となっていった。2000年にダカールで開かれたEFAフォーラムで採択された6つの時限つき目標を持つダカール行動枠組みは，その後の国際教育協力の指針となっている（詳しくは，第1章参照）。また，2000年に合意された「ミレニアム開発目標（Millennium Development Goals，以下MDGs）」においても，ダカールEFA目標と共鳴するように，2015年までにすべての教育課程における男女間格差の解消を実現することが謳われている。しかし，EFAやMDGsの議論では，教育におけるジェンダー平等とは，教育へのアクセスを示す数値目標（就学率，進学率，識字率等）上の男女間格差の是正，解消（ジェンダー・パリティ）として捉えられてきた傾向が強いと言える。そのため，既存の教育制度の枠組みやその国や地域における社会，文化的背景を十分に考慮することなしに，女子・女性への

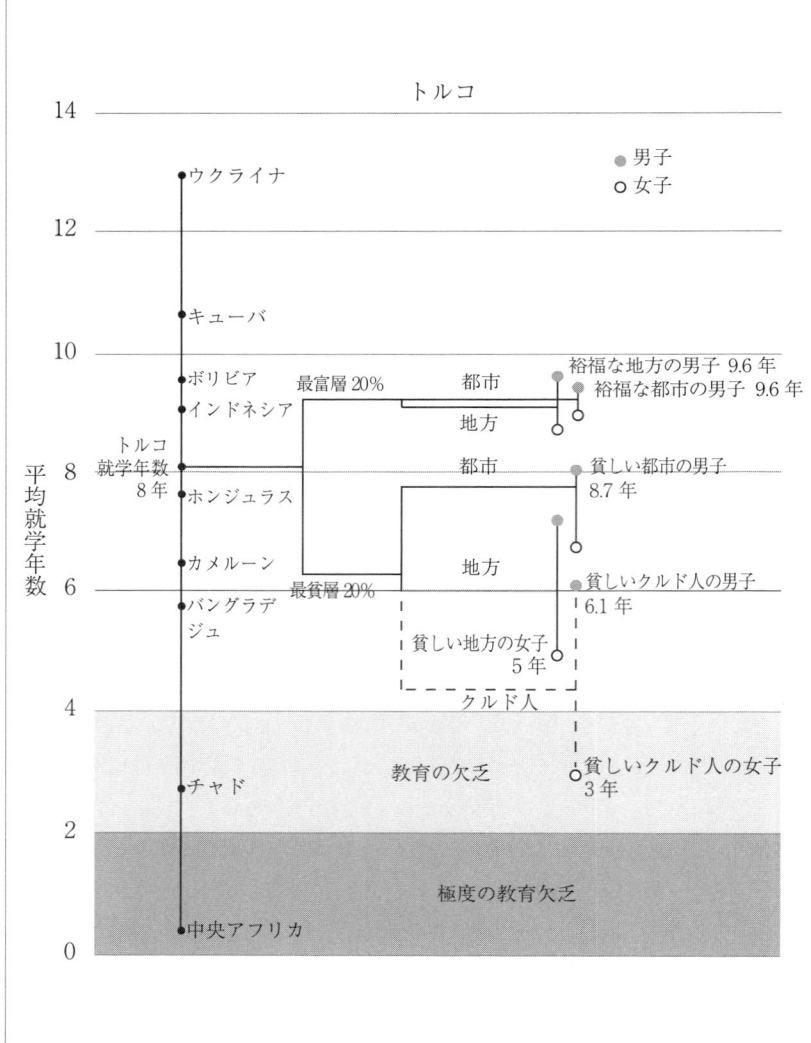

図2　教育の不平等に関する樹形図
　　　——ナイジェリアとトルコにおける疎外状況マップ

はじめに 11

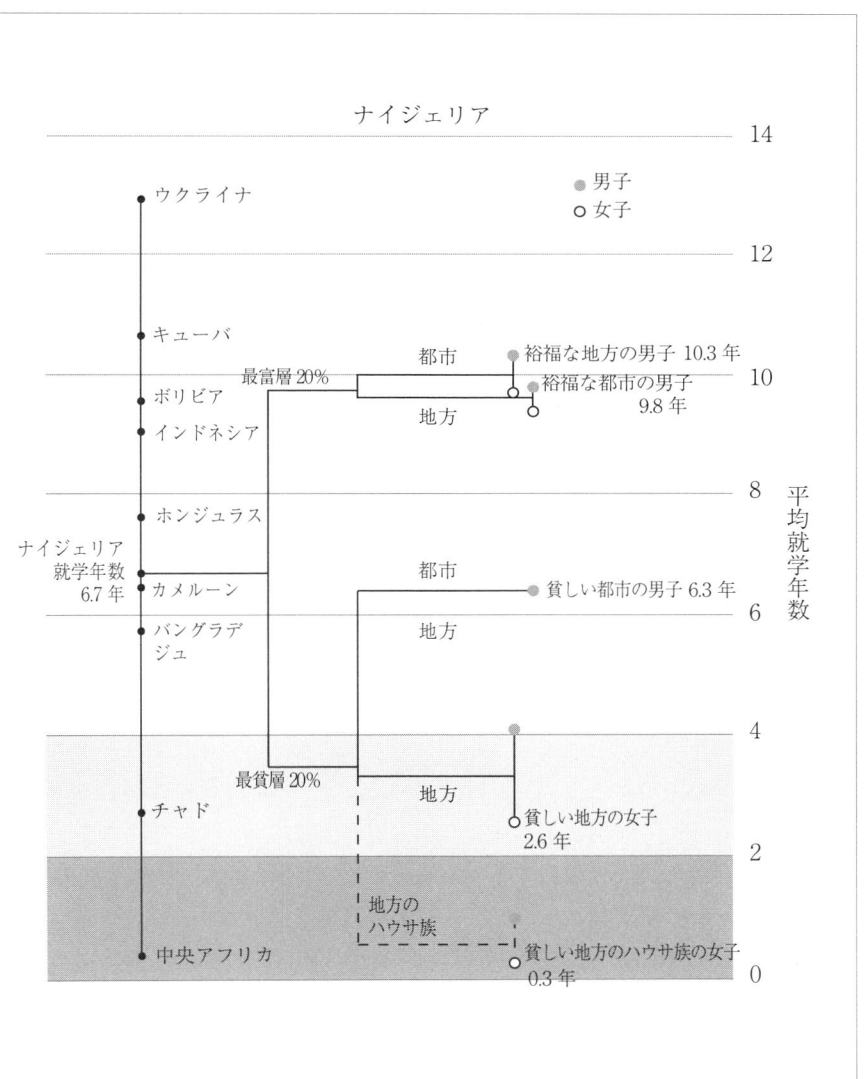

出典：『EFA グローバルモニタリングレポート2010』図3.4及び3.12をもとに作成

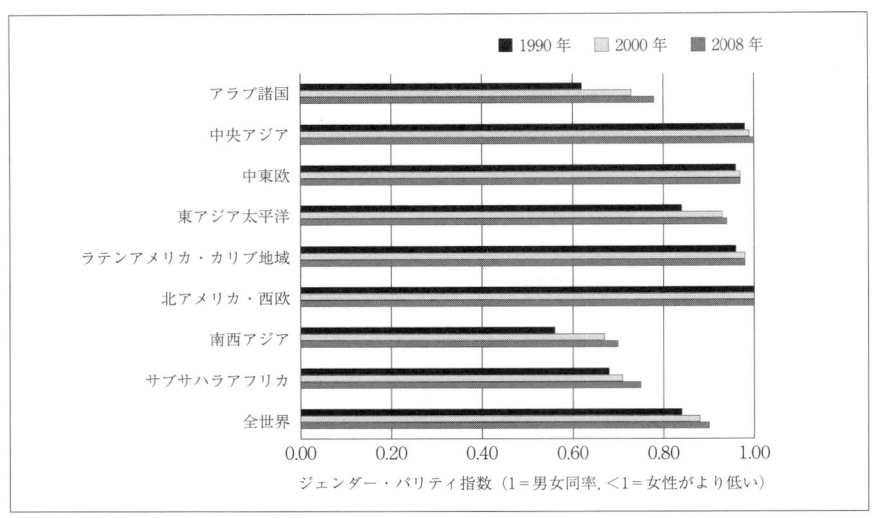

図3 地域別成人識字人口の男女間格差（1990〜2008年）
出典：『Global Education Digest 2010』UNESCO Institute for Statistics

「教育の普及」という観点のみを重視した，研究や協力活動が行われていることが散見される。

　教育におけるジェンダー平等（gender equality）とは，どのようなことを意味するのだろうか。教育におけるジェンダー平等とは，単に，教育や雇用の機会を促していくことだけで達成されるものではありえない。ジェンダー平等とは，男女の違いを認めた上で，ジェンダーにもとづく非対称的な関係性（支配と従属）を排除し，性別による社会文化的規範に制約されず，自らの意志で人生の選択，自身の持つ可能性や才能を開花させることが可能となるような状態をさす。また，しばしば，ジェンダー平等と同義で使用されることの多い用語に，ジェンダー公正（gender equity）があげられる。しかし，両者には，明らかに概念的な違いがある。ジェンダー公正とは，男女の同等な権利や公正な利益配分を考慮し，さまざまな資源や機会の再分配により，ジェンダー平等を達成することを目的とする政策的アプローチである[2]。

　ジェンダー平等を教育において実現するには，女子・女性が教育に関わるさまざまな過程において，性別に関係なく平等な機会を享受できる状態を，どの

ように築いていくことができるかを課題としなければならない。そのため，教育の質的側面である学習環境，カリキュラムやその内容，学習教材，教授法，教員養成，教育財政等がジェンダー平等に向けて対応しているかどうか考慮すること，また，教育課程修了後に，就職や雇用の条件等の「結果としての平等」の達成も含まれる必要がある。教育制度，教育行政や教育機関におけるジェンダー主流化の進捗状況，女性の管理職への登用，女性の意思決定の場への参画等も重視されていかなければならない。さらに，女子・女性がこれまで教育の機会に平等にアクセスする対象と見なされてこなかった教育制度やその制度そのものを成り立たせている社会，文化的背景について，改めて問いかけていく必要があると考える。

本書は，このような問題関心の下，今日の開発途上国の教育におけるジェンダー平等達成に向けた動向や課題を整理し，その意味を問い直してみることをねらいとするものである。

本書の内容

本書は，大きく3部構成とし，国際的な視点から女子・女性の教育をテーマに研究や実務の幅広い分野で活躍されている方々の執筆協力により，それぞれの専門領域から教育とジェンダーをめぐる課題について考察を加えていくものである。その際，地域的なバランスと近年の重要な教育課題を扱うことに配慮した。具体的な構成は，次のとおりである。

1) 第1部：国際教育協力における取り組み

まず，第1章では，教育協力に携わる国連機関，特にユネスコの女子・女性教育事業の歴史的変遷を概観し，ジェンダー主流化により女子教育を戦略的に拡大発展させていく「スケールアップ」論（UNESCO, 2005）をもとに，教育におけるジェンダー平等の達成に向けた課題を整理する。第2章では，10周年を迎えた国連女子教育イニシアティブ（UNGEI）のグローバル・地域レベルのパートナーシップ活動，その成果と功績を分析する。さらに，第3章では，日本の国際教育協力におけるジェンダー平等に向けた取り組みについて，国際協力事業団（JICA）によるグァテマラとイエメンにおける協力実践事例をもとに考察する。

2) 第2部：地域別の現状と課題

　第2部では，東アジア，東南アジア，南アジア，アフリカ，アラブ地域の各地域における教育とジェンダーの動向と課題を取り上げて分析する。具体的には，第4章（東アジア地域）では，今日，目覚ましい経済発展を遂げている中国社会の少数民族である寧夏回族(ねいかかいぞく)地区の女子・女性を焦点にし，グローバリゼーションの下での市場経済の展開に翻弄される現実的課題を提示する。第5章（東南アジア地域）では，比較的女性の経済社会進出が進んでいることから，教育水準における男女間格差は目立たないものの，教育におけるジェンダー平等が労働市場におけるジェンダー平等に結びついていない問題点を指摘する。第6章（南アジア地域）では，基礎・初等教育でのジェンダー格差の状態を概観し，女子の教育参加を阻む社会文化的要因について考察する。さらに，ネパールの女子教育政策を事例に教育におけるジェンダー平等への課題を分析する。第7章（アフリカ地域）では，貧困が伝統的価値や慣行と複雑に絡み，ジェンダーと教育に影響を及ぼしている現状を提示する。また，ウガンダにおける初等教育無償化政策導入の事例をもとに分析し，必ずしも貧困層の女子が平等なアクセスを保障されていない現実を浮き彫りにする。第8章（アラブ地域）では，教育の機会と質を中心に，教育におけるジェンダー平等達成に向けた課題を検討していく。アラブ諸国ではイスラム法に則した男性優位の身分法等が国家の法令にも影響しているなかで，女性への教育投資が家族，コミュニティ，経済の発展にも大きく貢献することを事例とともに分析する。

3) 第3部：分野別の課題

　第3部では，ジェンダー平等に向けた分野別の課題として，科学教育，高等教育，成人教育・生涯学習，教員養成，そして，教育財政におけるジェンダーの問題を取り上げる。

　第9章（科学教育）では，女子の理数系分野への進学率が男子に比べて低いことや，学校内における女子の学習活動に不利益をもたらす学習環境全般について，社会文化的要因を踏まえて考察する。また，日本の科学教育支援のあり方をも批判的に考察し，問題提起するものである。第10章（高等教育）では，女子の高等教育機関の社会的意義と課題を確認するとともに，南アジアと東

南アジアにおける女性の地域リーダー育成を目的に設立されたアジア女子大学の事例を考察する。第11章（成人教育・生涯学習）では，この分野を取り巻く国際的動向について歴史的経緯を概観するとともに，開発途上国の成人学習における主要課題である識字教育に焦点を当て，成人期の学習活動の社会的意義と課題を確認する。第12章（教員養成）では，メディアやICTへのアクセスが限られている開発途上国において，子どもの社会化に果たす教師の役割は重要であることから，教育の質と教師の関係を踏まえ，EFA以降の教員政策，カリキュラム改革を検討する。第13章（教育財政）では，ジェンダー平等を達成するための1つの方策として注目されるジェンダー予算を取り上げる。近年実施された教育分野での事例をもって，ジェンダー予算が女子教育の推進に果たす役割とその可能性について考察する。

「ジェンダーと国際教育開発」を焦点にしたテキストとして

　本書のもう1つのねらいは，本書がジェンダーと国際教育開発に関する包括的なテキストとして活用されることである。その理由として，第1に，日本においては，多方面にわたり，ジェンダー研究が蓄積されてきてはいるものの，その多くは社会学，経済学，人類学，歴史学，文学などの分野においてジェンダー論を展開するものであり，ジェンダーと教育という観点から国際的な動向に焦点を当てた議論を加味した包括的な文献は，未だ乏しいことが挙げられる。第2に，国際教育開発に関する文献では，その一部でジェンダーを取り扱うケースはあるものの，女子教育の普及という観点から，教育の「機会の提供」を述べるに留まり，女子・女性の教育活動を阻む文化，社会，政治的要因にまで踏み込んだ議論を展開するものではないこと。第3に，近年，特に，開発途上国を対象に「教育とジェンダー」に関する問題に関心を寄せる学生が増えてきており，大学や大学院の講義のなかで使用できる日本語の教科書が見当たらないこと，である。

　本書の対象とする読者層は，国際教育開発，地域研究，比較教育研究等の分野を専門とする学生や研究者のみならず，教育協力の実践に携わる日本人専門家をも想定している。初学者にとっても，わかりやすく課題と問題点を説明することに努めるとともに，Boxを設け，関連する項目のトピックについて，具体的に紹

介することとした。また，この分野は比較的新しいため，多くの概念が外来語であり，翻訳が難しく，カタカナ表記のまま使われている状況にある。本書もその例外ではないが，既存の出版物を参考に，できる限り適切な訳語を使用することにした。幅広い層の方々に，活用していただけることを願っている。

最後に，本書はさまざまな方からご助言，ご教示をいただくなかで，刊行へと辿り着くことができたと言える。この場を借りて，厚く御礼申し上げたい。なかでも，急な依頼にもかかわらず，多忙を極める執筆者の方々にご協力，ご支援をいただけたことは，少なからず，編者らの問題関心に共感していただけたからに違いない。心から感謝の意を捧げる次第である。本書がジェンダーと教育の分野におけるさらなる飛躍のための1つの「道標」となれば幸いである。

2012年4月

編者一同

◆注
(1) この場合，総就学率（教育を受けるべき学年に応じた年齢の児童数に対し，年齢に関わらず，実際に教育を受けている児童数の割合）を指す。
(2) 具体的には，アファーマティブ・アクション（社会的弱者の積極的優遇措置）といった形態により，政策等に用いられる場合が多い。したがって，ジェンダー公正とは，ジェンダー平等の実現に向けてのプロセスとも言われている。

◆引用・参考文献
EFA Global Monitoring Report Team（2010）EFAグローバルモニタリングレポート2010（日本語版），ユネスコ
EFA Global Monitoring Report Team（2011）EFA Global Monitoring Reports 2011, UNESCO
UNESCO（2010）GLOBAL EDUCATION DIGEST 2010 Comparing Education Statistics Across the World, The UNESCO Institute for Statistics.

第1部

国際教育協力における取り組み

「実地訓練に励む教員」
インドネシア　2006年7月
撮影：西村 幹子

第1章

ジェンダーと国際教育開発の歴史的変遷と潮流

菅野　琴・長岡　智寿子・西村　幹子

　本章では、女子・女性教育から教育におけるジェンダー平等へのパラダイム・シフトをユネスコの「万人のための教育（Education for ALL, 以下EFAと略す）」関連の活動を中心に、その歴史的変遷を概観しつつ検証する。さらに、ダカールEFA第5目標「教育におけるジェンダー平等達成」の戦略の1つとして、近年よく取り上げられている女子教育の「スケールアップ」論を紹介し、これからの課題と挑戦について考察する。

第1節　女子・女性教育と開発の歴史的変遷

　近代国家の成立後、公教育制度における女子・女性教育は、良妻賢母型婦人教育として始まる。第2次世界大戦後以降は、人権の観点から教育は誰もが享受すべき普遍的な権利として保障されるべきものとなった。1990年以降になると、各国はEFA運動の枠組みのなかで女子・女性教育を推進し始める。しかし、そのような国際的潮流に基づいているにもかかわらず、女子・女性教育に関する政策や事業は、小規模で周辺的な位置づけであり続けた。識字率や就学率などを見ても進展は遅く、女性は教育機会の享受において、男性より不利な状態に置かれている。

　2000年にダカールEFAフォーラムで採択された「行動枠組み」は、教育のすべての領域を網羅した6つの達成目標の1つとして、2005年までの初中等教育の男女間格差の解消と2015年までの教育におけるジェンダー平等達成を掲げている。さらに、その他の目標でも男女間格差の是正への配慮が強調されて

いる。2008年の中間評価では，就学率の男女間格差解消は初等教育レベルにおいてのみ達成されていることが報告された。途上国の多くは，2015年までに初等だけでなく，中等教育で男女間格差を解消することは不可能だろうと予測されている（EFA-GMR Team, 2008）。教育は社会の一部であり，女子・女性教育には社会文化的な規範や伝統的慣習，保護者の価値観等が阻害要因として影響している。このことは，女子・女性教育の普及が学校や教育の一領域の問題としてだけでなく，社会全般の包括的なジェンダー平等の戦略的文脈のなかで位置づけられなければならないことを示している。

表1−1に示すとおり，女子・女性教育の捉えられ方は時代とともに変遷してきた。本節では，女子・女性教育が国際協力の枠組みのなかで，どのように捉えられてきたのか，その理論とアプローチの歴史的変遷を辿る。

1．良妻賢母から女性の社会進出の時代へ

人間が人間らしく健康で文化的な生活を享受するために，教育は必要不可欠である。1948年，国連総会で採択された『世界人権宣言』第26条は「すべての人」は，いかなる区別もなく教育を受ける権利があり，「教育は人格の完全な発展と人権及び基本的自由の尊重の強化を目的とする」（ハンソン・武者小路，1982）と明記している。多くの国で少なくとも初等教育が義務教育として無償ですべての国民に保障される背景には，この宣言がある。

民主主義や人権という人類普遍の正義と権利が国際社会で共有され始める1950年代初頭から，教育における男女間の不平等と性差別は，初等義務教育普及のための1つの「問題」と見なされるようになる。植民地支配から解放された新興独立国では，男女が平等な国民として基本的人権を保障され，参政権や財産権など法律上の平等が次々と認められるようになる。それに伴い，それらの権利の行使や義務の遂行，国民意識の向上に女性や被差別グループの識字や教育が重要になってきたのである。それまで，家父長制[1]に象徴される男性優位の伝統的社会のなかで，女性の教育機会は制限されるか，あるいは認められず，識字や教育の達成度においても女性は男性に比べて著しく劣っていた。そのため，民主的な社会の構築には女性の教育が，その他の社会的に弱い立場にある被差別グループの人々の教育とともに，緊急の課題となったのである。

表1-1 開発／教育とジェンダー (Gender in Education) の歴史的変遷

WID/GAD のアプローチの類型	女子教育から教育とジェンダーへ	関連する主な国際社会の動向
1) 福祉アプローチ（45-60年代） 女性は妻、母として、また、男性に保護されるべき存在。	婦人教育、良妻賢母、家政／家庭教育 家庭を賢く維持し、子どもの教育のため母親としての技術、知識の獲得	ユネスコ設立 (1945) 世界人権宣言 (1948) 国連開発の10年 (1960-) カラチプラン (1960) アジスアベバプラン (1961) 教育における差別撤廃条約 (1960) 教師の地位に関する勧告 (1966)
2) 貧困／公正アプローチ（70-80年代） 虐げられた女性の救済、女性の自立は経済的自立によって達成。女性の地位を男性並みに向上。女性も社会経済発展／開発の担い手として重視。	女子教育普及、教育機会均等 農村／貧困家庭や被差別グループの女子教育 男女間格差是正、 女子優先策 女性のための市民教育	国際婦人年 (1975) 国際婦人の10年 (1976-) 女性差別撤廃条約 (1979) 世界女性会議： 　メキシコ (1975)、 　コペンハーゲン (1980)
3) WID効率アプローチ（80年代後半） 開発に女性は有効な人的資源。女性を教育し、開発を効率的に達成。実際的ジェンダー・ニーズに焦点化、ジェンダー・ニーズ分析により、開発の効率向上。	女性の開発参加ための教育 開発のためのコミュニティを基盤とした教育活動：収入向上活動／技術訓練、識字、母子健康、衛生教育、人口教育等	世界女性会議ナイロビ (1985) 子どもの権利条約 (1989)
4) GAD／エンパワメント（90年代） 女性の主体性を尊重し、連帯やネットワーキングを通して女性をエンパワメント。	エンパワメントのための女性の生涯学習 識字のエンパワメント効果＝意識啓発、変化の担い手、人間の顔をした教育／学習	ジョムティエン会議 (1990) 国連人間開発報告書出版 (1990) 北京世界女性会議 (1995)
5) ジェンダー主流化（90年代後半-） ジェンダーの視点により、偏見や格差を是正し、ジェンダーにとらわれない社会、男女とも仕事と家庭の両立ができ、対等なパートナーシップがある男女共生社会を志向。	教育におけるジェンダー平等へのパラダイム・シフト ジェンダー平等のための学習環境、教育の質的経験における平等、教育の結果と教育環境／プロセスにおける平等化、教育セクターのジェンダー主流化、女子／ジェンダー平等教育のスケールアップ	ダカール世界EFAフォーラム (2000) UNGEI 始まる (2000) 国連ミレニアム開発目標 (2000) EFA中間評価 (2008)

出典：WID/GAD のアプローチの類型は『開発とジェンダー』(田中・大沢・伊藤, 2002：37) から一部引用し、女子教育部分と国際社会の動向を筆者が加筆して作成

しかし，この時期，女性は1人の人格をおびた存在として認められてはおらず，男性から「庇護」されるべき存在であった。男性は社会一般と同義であり，女性が男性と同等に社会の半分を支える構成員であるという意識は希薄だった。このような時代的背景においては「すべての人」という時，女性が自動的に含まれるとは限らなかった。女性はボーヴォワールの言う「第二の性[2]」として，社会のなかでは二級市民であり，家庭では従属的地位に置かれていたのである。女性の「天職」は母となることであり，それは「自然の摂理」にかなうと考えられていた[3]。よって，当時の女子・女性の教育は，良き妻として夫を支え，賢い母として子ども，すなわち，家を継ぐ男子を立派に育てるためのものであった[4]。

世界人権宣言が採択された1940年代後半から1950年代，それまでの女性観，女性の家庭における役割や「天職，使命」に疑問を呈する考えはなかったが，教育における不平等や差別は基本的人権の侵害と認められるようになる。ユネスコでは，人権の立場から「基本教育」（fundamental education）と呼ばれる人間として生活するために必要な知識や技術を学ぶ教育をすべての国民に与えるため，識字と初等教育の完全普及を教育活動の中心に据えた。1947年には国連総会決議によりユネスコは国連女性の地位委員会と協力して，女性の教育機会や教育へのアクセスの調査研究を任され，さらに女子・女性教育普及と教育機会の均等のための活動を協同で実施した。各国は，市民教育，技術・職業・専門教育を含む，女子・女性の教育へのアクセス向上のための国別計画の作成や，初等教育の完全普及のための女子の初等教育就学への法的整備に力を注いだ。1958年には国連総会決議により，「教育における差別撤廃条約」の準備を始める。このように，ユネスコは戦後間もない1940年代末から1950～60年代，女性問題，特に女子・女性教育に関して国連諸機関の中核的役割を果たしてきたのである。

1960年，第1次「国連開発のための10年」が始まる。教育と識字は社会発展を促し，国民の生活水準を上げ，国の開発，経済・産業発展に貢献する要因として重視されるようになる。初等・義務教育完全普及は基本的人権として確立し，1962年にユネスコ総会で採択された「教育における差別撤廃条約」は，「教育における差別は世界人権宣言に謳われた権利の侵害」であり，男女両性

は教育への平等なアクセスを与えられるだけではなく，教育の内容や質，制度，教員資格基準などすべての側面で差別があってはならないと明記する。この条約では男女共学が基本的に推奨されるが，別学の場合でも，カリキュラム，教育内容，教員資格等は，質的に同じでなければならないとする。

さらに，1966年には，ユネスコは国際労働機構（ILO）と協力して「教師の地位に関する勧告」を出している。この勧告では，教員養成や採用時の性差別の禁止だけでなく，家庭・子どもを持つ女性教師に対する差別を禁じ，彼女らの働く環境の改善，子育て後の復職についても言及している。ただし，この勧告には，子どもや家庭を持たない女性教師も含めて，女性であるが故に経験する差別や不平等，そして，女性の視点やニーズに応えていない職場環境には触れていないという限界がある。

2．開発の時代のジェンダー課題——教育機会の均等と差別撤廃に向けて

1970年代は，開発途上国の時代と言われる（千葉・寺尾・永田，2004）。それまでの先進国の発展モデルを目標とした開発から，途上国の主体性を重んじ，南—南協力[5]のような新しい開発アプローチが登場してきたのもこの頃である。教育の開発への貢献も具体的な成果が期待された。例えば，識字教育においては，単に文字を覚え，読み書きができるだけでなく，仕事や生活のなかで使いこなせる「機能的」識字が強調され始めた。女性の社会進出が進んだ時代背景もあり，初等教育の普及だけでなく，中・高等教育まで，すべての教育段階の機会均等，自然科学や社会科学などの専門分野における女性の参加や女性の職業教育が奨励された。

その一方で，それまでの初等教育普及の急速な伸びは次第に頭打ちになる。その主な原因は，当初の中央教育省主導の学校教育を主軸とした画一的な手法の限界である。柔軟性のないトップダウンのやり方では，少数民族や女子など社会的に不利な立場に置かれた人々の特殊な条件を満たせず，就学させることができなかったのである。

そのような時代に，ユネスコ第1次中期計画（1977～82年）は，男女間の不平等の原因究明，性差別を生む社会構造の分析と解明，さらにその克服についての研究の実施を含んでいた。この計画で注目すべきは，男女平等の権利へ

の無理解や女性の自立や自己実現に対する抵抗の多くが，個人的感情や偏見に根ざしているため，その克服が難しいという指摘である。つまり，その解決には女性だけを対象にするのではなく，男性や家族も含め社会全体のなかで女性差別の問題を探求すべきだと，この時期に既に提起していたことである。

女子・女性の教育や識字も，開発への女性の貢献と役割に焦点をあてた「開発と女性（Women in Development, WID）」の文脈のなかで捉えられ，女性・女子教育の経済・社会的波及効果が注目されるようになる。このような効率主義アプローチは女性の人的資源の活用を積極的に評価するだけでなく，数値という目に見える形で男女の平等と社会経済開発との関係を示す。例えば「男女平等が進んでいる国ほど，国民1人当たりの収入が高い」「女子教育が普及すると女性の収入増につながる[6]」「女性の教育が進むほど出生率も下がり，母子の健康状態も改善し，乳幼児死亡率も低下する」「読み書きが可能な母親の子どもの就学率は，そうでない母親の場合より高い」など，具体的に統計データをもって効果を示すことができるのである。それにより，ジェンダー・男女平等の概念が人権論者だけでなく，開発銀行や政府系援助機関の間でも受入れられるようになる。このアプローチは現在でも政策や投資の決定の際，よく使われている。

1975年の「国際婦人年」は，国際社会が女性差別は人権の侵害であることを世界共通の問題として公式に確認した記念すべき年である。1976年から始まる「国連婦人の10年」では各国政府，国連諸機関，非政府組織（NGO）や市民団体などが女性差別をなくし，経済社会開発への平等な参画を促す目的で活動を強化した。それまで女性差別撤廃運動は一部の進歩的な知識人やNGO，市民・女性団体の活動と見られていた。それが，国際社会の大きな機運の高まりと公約を背景に，国の政策や事業となり，各国政府のなかに女性問題を所轄する「ナショナル・マシナリー（国内本部機構）」が設置された。日本でも1975年に内閣総理大臣を長とする婦人問題企画推進本部[7]が設置され，内閣総理大臣官房審議室に婦人問題担当室が置かれるようになった。1977年初頭には，女性問題の諸課題，及び施策の方向，目標等を盛り込んだ国内行動計画が決定された。

女性差別のメカニズムがさまざまな領域で認識されるようになり，「国連婦

人の10年」の枠組みや，1975年から5年ごとに開催された世界女性会議での決議や行動計画に後押しされて，女性差別は撤廃しなければならないという機運が高まり，国際社会においても大きな流れとなった。1979年には「女性差別撤廃条約（CEDAW）」が国連総会で採択された。その第10条では，教育分野での差別撤廃について「国は教育分野での女性に対する差別を撤廃し，女性に男性と平等な教育を受ける権利を保障するため」に，次のような処置や対策をとらねばならないと述べている。

(1) 職業・進学指導，専攻分野選択，卒業資格取得において差別をなくし，あらゆる種類の教育（就学前教育，普通教育，技術職業教育，高等教育，職業訓練を含む）において，都市，農村の区別なく，男女平等を保障すること。
(2) 同一のカリキュラム，試験，同一基準の教員資格，同質の教育施設や機材が男女生徒ともに与えられること。
(3) 共学を奨励し，ステレオタイプ化された男女観や性別役割分業の概念をすべての教育活動から排除し，教科書，指導法，学校での活動を見直すこと。
(4) 奨学金，教育・研究補助金の機会が女子にも平等に与えられること。
(5) 女性に継続教育（成人・機能的識字事業）への均等な機会を与えること。
(6) 女子の中途退学率を減らし，女子・女性中途退学者用の教育事業を提供すること。
(7) スポーツ，体育教育参加の機会の平等を保障すること。
(8) 家庭の健康，家族計画，福祉に関する教育へのアクセスを保障すること。

このように女性差別撤廃条約では，単に女子の学校教育参加や就学だけでなく，あらゆる種類の教育，すべての教育段階における教育内容や制度面での男女の平等な権利が明記されている。それだけではなく，差別を根源からなくすため，ステレオタイプ化された男女観や，伝統的性別役割分業を絶対視するような考えを教育の文脈から排除しようとするものである。教育のアクセスだけでなく，プロセスと結果においての平等，さらに男女平等を達成するための教育も視野に入れている点で，この第10条の包括的で平等な教育へのアプローチは，今日でも多くの示唆に富むものである。

3．「開発と女性：WID」から「ジェンダーと開発：GAD」へ

　1980年のコペンハーゲン，1985年のナイロビの2つの世界女性会議は，北欧とアフリカという開催地域の地政学・社会文化的背景の影響を受けた。コペンハーゲンでは，西欧フェミニズムの影響で，女性の社会進出を権利として主張し，あらゆる分野での男女数を同等にするためのアファーマティブ・アクション（affirmative action）すなわち女性優先策に象徴される公正（equity）の立場がとられる。教育分野では伝統的性別役割分業に基づくステレオタイプ化をなくし，女性の社会参加を推進する教育や，女性が少ない分野での女子学生数増加などを勧告している。このような女権主義的公正アプローチは，多くの開発途上国から途上国の歴史・社会文化的背景を軽視する押しつけと捉えられ，敬遠された。そして，次のナイロビ会議では，途上国の女性の立場から女性自身の声・意見と意思決定や，行動の自由を重視するエンパワメント・アプローチへと舵が切られる。開発関係者の重点も，女性の開発事業への主体的参加と開発の成果の平等な享受にシフトしていく。

　生物学的性差と対比する形で，社会文化的に規定される「女性らしさ」や「男性らしさ」といった差異を指すジェンダーの概念は，1970年代半ばから社会科学者の間では使われていたが，開発事業でも1980年代後半から見られるようになる。女性の開発への参加とその貢献に注目した「開発と女性（WID）」アプローチは，女性の水汲み，薪集めや農作業などの労働，さらにコミュニティ活動への正当な評価と分析をもとに，女性が直面する生活上の困難や問題の解消という実際的ニーズ[8]を満たすことを目的とする。しかし，女性のみを対象とし，女性を取り巻く家庭や社会環境の差別や不平等の構造，ステレオタイプ化された性別役割の問題に目を向けなかったために，女性に関する事業によって，かえって女性がゲットー化され，開発の恩恵の平等な配分やジェンダーの非対称的（不平等な）関係性[9]に変化は見られなかった。これを教訓として男性をも含む幅広いジェンダー視点を持つ「ジェンダーと開発（Gender and Development, GAD）」アプローチが生まれる。

　GADアプローチはジェンダー平等，男女共同参画社会をめざす戦略的ニーズを念頭におき，旧来の社会文化規範・ステレオタイプに基づいた開発事業のあり方に異議を申し立て，開発へのアクセス，プロセス，結果における男女の関係性・

ジェンダー差異化の表象(例えば資源の所有権)にも注目する。このアプローチはジェンダー課題を男性対女性という二項対立的発想から離陸させ,人間解放という視点から両性間の自由な対話を通した意思決定と平等な責任の分かち合いを目指す点で,女性だけでなく,男性にとっても重要な意味を持つものである。

このWIDからGADへのシフトは,経済効率を優先し,社会的弱者の不利益を軽視する「経済発展」偏重の開発援助への反省から,一人ひとりの可能性を開花させ,選択肢を広げることに注目した「人間開発」[10]重視への国際協力のありかたの変化とも共鳴している。人間開発という考え方においては,教育は健康や生計の安定等と同等に,人々の潜在能力を開花させる重要な要素と捉えられる。そして,ジェンダー平等は人間開発の全ての側面において達成されなければならない横断的な要素でもある。これを達成するには,女性を取り巻く社会全体,男性も含めた包括的アプローチを取り,あらゆる政策・行政・事業のなかにジェンダーの視点を取り入れるというジェンダー主流化(Box1.1参照)が必要であるとの考え方が広まっていった。

Box1.1

教育におけるジェンダー主流化とは?

ジェンダー主流化は,男女両性が欠乏や恐れから同じように自由であり,人間として個人の可能性が開花され,社会発展に貢献し,その成果や利益を公正に共有できるようなジェンダー平等社会に到達するための手段である。教育分野での主流化とは,女子・女性の経験,関心事が教育関連の政策や事業の企画立案,執行,評価の面で男子・男性のそれと同じように反映,組み入れられ,男女ともに等しく教育の利益を受け,不平等がなくなることを意味する。したがって,教育におけるジェンダー主流化は,政策,事業活動面,学校や教育の現場だけではなく,行政や管理部門も含めて教育界全体が,ジェンダーの視点を持ち,男女協同参画社会に向けて再構築されることを意味する(UNESCO, 2003)。

第2節　EFAとジェンダー

1．ジョムティエンEFA運動と女子教育

　1990年にタイのジョムティエンで，EFA世界会議（以下，ジョムティエン会議と略す）が，国際機関，二国間機関，NGOや教育関係者の参加を得て開かれた。初等教育完全普及，非識字撲滅という世界中の教育界にとって最も基本的なコミットメントを再確認し，世界的規模で万人のための教育を2000年までに実現しようとする「EFA運動」の始まりでもある。ジョムティエン会議では，年齢や性別を超え，すべての人が生涯，さまざまな段階で持つ基本的な学習ニーズを満たす「拡大された基礎教育」という概念が提唱される。生涯学習[11]は，識字，初等教育完全普及とともにEFAの中核的な活動とされた。しかし，女子・女性の教育参加については，EFAの目標を達成するための緊急優先分野と明記されたにもかかわらず，1つの独立した優先分野にはならなかった。それは，教育機会の均等において男女間格差があったとしても，教育行為自体には男女差別はあり得ないという教育の中立性への「信仰」と，女子・女性を特別扱いすることが，女性のゲットー化へつながるという「危惧」があったからである。しかし，そのようなジェンダー中立アプローチは，多くの人が持つ伝統的性別役割分業に疑問をもたず，現状肯定の視点を受け入れた結果，「中立」の本来の意味を失い，「ジェンダー・ブラインド」つまり，ジェンダー不平等の現状に目をつぶってしまうことになった。だが，教育専門家の多くがジェンダー・ブラインドになった背景には，ジェンダー課題が家庭，夫婦や親子の関係など個人にとってセンシティブな領域であり，ジェンダー課題を無視，回避する傾向があったことも否定できない。

　ジョムティエン会議後，途上国政府は，国連組織，開発銀行，二国間機関やNGOの協力を得てEFA目標達成のための活動を繰り広げた。例えば，ユネスコ・アジア太平洋地域事務所では「アジア太平洋地域『万人のための教育』事業」（Asia-Pacific Program on Education for All，APPEAL）の枠組みのなかで，生涯学習，識字，初等教育の3つの分野を中心に事業活動が実施された。女子・女性教育はノンフォーマル（学校外）教育が中心になり，生涯学習の一

環として地域に作られたコミュニティ・ラーニングセンター[12]において，識字教育に加えて，女性のための生活・収入向上に取り組む活動，保健・衛生知識や市民教育をも盛り込み，女性の実際的ニーズに即した活動が実施された。識字教材においても，コミュニティの環境，生活改善や家計援助など家庭生活に関連があり，女性が興味を持つ（と思われる）題材が盛り込まれた。初等教育では女子就学率向上のために女性教員数の増加，女性教員の養成を目的とした事業や女子中学生のための寄宿舎を併設する中学校建設事業，学校数増加等のアクセスの問題が主であった。

このように，ジョムティエン会議後のAPPEAL事業は，開発における女性の貢献を念頭に置き，女性の日常生活での重労働を軽減し，女性の開発参加を促進させるような，優れてWID的なアプローチであった。90年前後の教育界では，女子・女性教育は初等教育，成人教育や識字分野での既存の枠組みのなかで扱われ，女子・女性の教育への不参加の問題を，社会文化的な規範や慣習，価値観の問題から精査する教育専門家や行政官は稀であった。彼らの間では，女性の教育は国の開発に貢献するという理解はあっても，「教育におけるジェンダー」という視点は共有されていなかった。

2．ダカールEFA運動——ジェンダーの視点導入の試み

2000年4月には，世界EFAフォーラム（以下ダカール会議と称す）が開催された。「ダカールEFA行動枠組み」は，ジョムティエン世界EFA宣言と，先行する世界人権宣言（1948），女性差別撤廃条約（1979），子どもの権利条約（1989）を含む人権と教育に関する国際合意やグローバル・コミットメントの延長線上にある。「ダカールEFA行動枠組み」は，幼児教育，初等教育完全普及，ライフスキルおよび職業教育，識字，教育におけるジェンダー平等，そして教育の質に関する6項目の目標を2015年までに達成しようという野心的なものである（Box1.2参照）。そのうち，初等教育の完全普及と，教育におけるジェンダー格差の解消は「ミレニアム開発目標（Millennium Development Goals, MDGs）」にも含まれている。

ジョムティエン以後，遅々として進まない女子の教育参加と成人女性の識字教育普及の教訓は，「ダカールEFA行動枠組み」に反映された。第5目標は，

> Box1.2

万人のための教育（Education for All, EFA）
ダカールEFA行動枠組みと国連ミレニアム開発目標（MDGs）

EFAダカール目標	MDGs
1. 就学前保育・幼児教育の拡大と改善	目標2 初等教育完全普及
2. <u>2015年までに無償初等教育の完全普及</u> ⇔	<u>ターゲット3</u> <u>2015年までにすべての子どもが初等教育を修了する</u>
3. 青年・成人のライフスキルを含む学習ニーズの充足	目標3 ジェンダー平等の促進と女性のエンパワメント
4. 2015年までの成人識字率（特に女性）を50％向上	ターゲット4
5. <u>2005年までに初・中等教育での男女間格差解消と2015年までに教育におけるジェンダー平等の達成</u> ⇔	<u>2005年までに初中等教育における男女間格差を解消し</u>，2015年までにすべての教育レベルの男女間格差を解消する
6. 教育の質の向上	

出典：EFAグローバルモニタリングレポート2009, p11, BOX1を1部引用し, 筆者作成

2005年までの初等・中等教育の就学率の男女間格差解消と2015年までに教育におけるジェンダー平等を達成することを掲げている。しかし，それだけでなく他のすべての目標においても女子・女性への特別な配慮が強調されている。また，2005年，2015年という目標達成の時限をつけることでモニタリング評価が強化され，政策や計画が確実に実施され，政府のリップサービスだけに終わらないよう「政策の蒸発」（モーザ，1996）に歯止めをかけている。

ダカール会議以降，初等教育普及は一定の成果を上げている。特に近年の就学率の向上は顕著で，2010年度EFAグローバルモニタリングレポート（以下EFA-GMRと略す）によれば，学校に行っていない子どもの数は，世界で1999年から3,300万人減り，初等教育不就学児童のうち，女子が占める割合も58％

から54％に減った。世界の成人識字率は84％に向上した。

　しかし、教育における男女間格差・不平等が解消されたわけではない。2008年現在、世界で6,700万人の子どもたちが学校に通っていないが（EFA-GMR, 2011）、その人口は特に南西アジアとサブサハラアフリカで多く、また、この地域の国々では、地域、社会階層・カースト、民族、収入別の教育統計を見ると、さまざまな集団において顕著な男女間格差が存在する。そして、遠隔地の農村における少数民族や被差別グループの貧困層の女子が、最も教育の機会に恵まれていないという現実が共通して見られる（「はじめに」の図2と第6章の図6－2を参照）。さらに、初等教育就学率に男女間格差がほとんどない国でも、中等／高等教育就学率、大学進学率や大学での専門領域の性別偏りを見ると、教育における平等が達成されたとは言えない。日本や欧米先進諸国でも程度の差はあれ、同じような状況にある。しかも、成人識字における女性の比率（3分の2）は、ジョムティエン会議以降変化が見られない。

　「ダカールEFA行動枠組み」は、第5目標達成の戦略として就学率の男女間格差縮小だけでなく、親や教師の意識や価値観、態度の変革、そして多様な側面、領域から統合されたアプローチが必要であると強調している。社会文化的背景を考慮に入れない女子教育普及策は、なぜ女子が学校に行けないか、行かないかという根本原因の究明には結びつかず、効果は上がらない。女子・女性教育を阻む現実的、物理的諸問題（学校への距離や学校での衛生設備など）を考慮に入れると同時に、固定観念に縛られた偏見や不平等の排除に結びつく戦略的なジェンダー視点がなければ、教育行政官や教師のジェンダー・ブラインドな態度を変えることにはならない。

　このような視点は、学校教育での「隠れたカリキュラム」にメスを入れ、伝統的な性別役割分業の再生産に歯止めをかけ、親の意識の変革も範疇に入れるものである。女子を不就学にさせる理由や家庭環境、保護者の無理解や伝統的価値観、幼児婚等の風習、それらをさらに増幅させる貧困や紛争、地域格差の問題にまで踏み込んだ女子教育普及への包括的な努力が必要とされているのである。しかし、ダカール会議以前には、このような戦略的関心を伴わないまま女子教育普及政策が開始され、それが、たとえ文書として存在しても実施されることはなく、政府のリップサービスに終わってしまうことが多かった。ジョ

第1章　ジェンダーと国際教育開発の歴史的変遷と潮流　31

ムティエン会議からダカール会議までの10年間，世界で学校に行かない児童のうち，女子の割合は6割，成人非識字人口に占める女性の割合は3分の2と全く変わらなかった。そのような実態からすれば，80年代は「国際教育協力の失われた10年」と呼ばれる（千葉・長田・寺尾，2004）が，ジョムティエンからダカールまでは，「女子・女性教育にとって失われた10年」と言えるのではないだろうか。

3．EFA第5目標達成の戦略的事業

　ダカールでは，女子の就学を加速するため「国連女子教育イニシアティブ」（the United Nations Girls' Education Initiative，以下UNGEIと略す）[13]が国連事務総長により宣言された。UNGEIはユニセフが主導し，ユネスコや世界銀行などの国際機関とドナー国やNGOとの協力の「枠組み」である。UNGEIは女子教育が普及していない国[14]，特に紛争や人道的危機にあって女子教育がないがしろにされている国に焦点をあてている。当該国が「運転席」に座り，率先して行う女子教育普及の努力について，国連諸機関，二国間機関，NGOや市民団体等，すべての関係者が協力する仕組みを提供しているのである。UNGEIは過去の教訓から，女子教育普及に関し国の政策決定におけるトップレベルのコミットメントを公式に確認する戦略をとったが，その後，女子教育普及の加速を目的とする多様な関係者間のパートナーシップを強化する戦略に変更する。

　ユネスコはダカール会議後，EFA第5目標だけでなく，国別EFA計画全体にジェンダー視点が導入されるよう戦略的に活動を展開した。アフリカ地域では，アフリカ女性教育者フォーラム（FAWE）[15]に依頼してジェンダーに対応した国別計画作りのためのジェンダー・チェックリストを作成した。そして，FAWEは各国教育省が作った計画書にジェンダーの視座からコメントした。アジアでは，「ジェンダーと教育アジアネットワーク（Gender in Education Network in Asia，以下GENIAと略す）」という各国の教育省EFA担当部局のジェンダー担当官のネットワークを2002年に発足させた。このネットワーク設立の背景には，ジェンダーの視点を各国のEFA活動に浸透させようという狙いもあった。GENIAには2011年現在，11ヵ国が参加して政策提言，人材養

成，アドボカシーや評価活動を行っている。

　ユネスコは2002年に各国の幼児教育から初等／中等教育関連の性別統計データや識字，教員についてのデータを分析した『基礎教育におけるジェンダー・パリティ⁽¹⁶⁾の挑戦——1990〜1998年の統計的評価（The Challenge of achieving gender parity in basic education : a statistical review 1990-1998）』を出版する。このレポートは，女子教育の世界の状況を概観し，地域や国別の現状や特徴も示した。例えば，大多数の開発途上国における女子の教育への就学率は男子のそれより低いが，GDPの低い国やHIV／AIDSの影響が大きい国では，特に女子の就学率が低い。同報告書は，南部アフリカ，ラテン・アメリカ及びカリブ地域，さらにアジア地域のいくつかの国では男子の就学率の方が低い場所もあることにも注目している。その上で，ジェンダー格差の大きい国ほど，女子の通学予測年数（school life expectancy）が短く，同様に，男子の就学率が低い国では，男子の通学予測年数も短いことなども示した。中等教育では，開発の進んでいない国ほど，男女間格差が大きく，これらの国では2005年の第5目標を達成することは不可能であろうと予測した。

4．ジェンダー平等への視点の転換

　2003／4年度のEFA-GMRは，第5目標をテーマに「ジェンダーとEFA——平等に向けた飛躍（Gender and Education for All : The Leap towards Equality）」と題して女子教育，教育におけるジェンダー平等の課題を取り上げた。この報告書は，教育の諸段階で依然として縮まない男女間格差と教育におけるジェンダー平等への理解の欠如を指摘する。特にサブサハラアフリカと南西アジア地域では，女子教育普及の遅れが著しいが，「世界において女性が男性と等しく機会を与えられている社会は1つもなく」（EFA-GMR Team, 2003：25），ジェンダー平等を達成した国は1つもないことを指摘している。また，女子教育の普及のために，社会文化規範や価値観，態度の変革とともに，幼児婚や児童労働など女子教育の阻害要因を禁止するための法律改正や行政の介入も訴えている。女子教育普及のための奨学金制度や助成事業，学校を中退した女子に再度，就学の機会を与える柔軟な教育制度や，学校外教育の充実も提唱している。このEFA-GMRは，女子の問題だけではなく，次第に注目を集

Box1.3

教育におけるジェンダー平等とは？

　ジェンダー平等を教育を通して実現するには，多面的な働きかけが必要である。数値で表すことのできる教育へのアクセス（就学，進学）や，機会の均等において男女間格差をなくすこと（ジェンダー・パリティ）だけではなく，教育の現場での質的学習経験，学習環境において差別がなく，カリキュラム，教科書がジェンダー課題に対応しているか，そして教育を受けた後，就職や収入など，結果としての平等の達成も含む。また，教育制度，教育行政や教育機関におけるジェンダー主流化の進捗状態，女性の管理職への登用，女性の意思決定への参加などの側面も考慮に入れられなければならない。

　下記の表は，EFA Global Monitoring Report 2003/4 で示された人権の立場から教育におけるジェンダー平等をアクセス，プロセス，結果の枠組みで具体的な事項，主な統計指標を示したものである。

教育に関する権利の種類	内容	主要指標
教育を受ける権利（アクセス）	・機会の平等 ・学校へのアクセスの平等な機会 ・無償教育 ・安全な教育環境	・純・総入学率のGPI* ・純・総就学率のGPI ・女性教師の比率（％） ・女子の不就学の理由
教育を受ける過程での権利	・学習過程における平等 ・偏見のない教授法，カリキュラム，教科書 ・男女に偏見のないオリエンテーションとカウンセリング ・学習成果における平等	・留年と中途退学のGPI ・専攻分野別の女子の割合 ・特定教科での成果 ・生徒，教師，保護者の女子に対する認識と態度 ・中途退学の男女別理由
教育を受けた結果としての権利	・就労機会と収入の平等 ・女性の社会・政治活動への参加	・卒業後，仕事を見つけるまでの期間 ・男女の賃金の違い ・社会，経済，政治活動に参加している女性の割合（％）

＊GPIとはジェンダー・パリティ指数を指す。ジェンダー・パリティについては本章注（16）を参照
出典：2003年2月ユネスコ本部教育局でのジェンダー研修のためにコンサルタント，ビクトリア・カビキオーニが作成したものを筆者が訳。

め始めた中等教育における男子の中途退学の増加や成績不振にも触れている。

　また，人権の立場から「教育におけるジェンダー平等」を「教育を受ける権利＝アクセス」「教育の過程＝プロセスでの権利」，そして「教育の結果としての権利」（教育以外の領域でのジェンダー平等の促進）の3つの要素に分けて定義している。この3つの要素は互いに影響しあうものである。つまり，女子の就学が増えれば，社会のなかで学校教育におけるジェンダー平等へのプレッシャーは大きくなり，さらに，就労などの他の分野でのジェンダー平等政策へより多くの関心が集まる。それは同時に女子の就学にもより大きな影響を与える。このように3つの側面の相乗効果により，教育におけるジェンダー平等への変化は加速されるとする。

　ダカールEFA行動枠組みで明示されたジェンダーの視点，アクセスに重きを置くジェンダー・パリティから，プロセスや結果を含む質的側面も考慮に入れるジェンダー平等への転換は，ジェンダー不平等の構造的原因の問題に着目し，その克服に取り組むことを意味する。それは，人間の経済的な生産活動と出産などのリプロダクティブな活動への貢献を男女別で異なるように価値づけることにより，男女を不平等な立場に置き続けてきた状態をあたかも当然とするような社会規範に疑問を投げかけ，多面的な角度から行動をとることを促す。教育のアクセス，機会均等に焦点をあてた対策は，女性の教育参加と社会参加を促進し，次第にジェンダー関係にも影響をもたらした。しかし，ジェンダー平等への流れは，経済・社会的構造の変化に左右されやすい。女性の社会参加がさらに進み，ジェンダーの非対称的（不平等な）関係性の転換に関心が払われ続けていくには，ジェンダー化された教育環境や条件を批判的に考察していくことが欠かせない。ジェンダー格差が未だに大きい国では，不平等の構造的原因により重点をおく戦略が，第5目標を時限内に達成する速度を早める一助になるかもしれないのである（UNESCO, 2005）。

第3節　教育におけるジェンダー平等達成への課題

1．EFA中間報告が示す現状

　2008年は，2015年までに達成が期待されているダカールEFA目標の中間点

であった。2008年のEFA-GMRは，各国のEFA中期報告をもとにEFA目標達成度の測定と分析とともに，2015年の成果の予測をしている。それによれば，初等教育就学率は確実に上がってきており，経済発展のめざましい東南アジア諸国や中国では初等教育完全普及は達成されたか，達成可能な目標となった。

しかし，世界的に見れば未だに約8,000万近い子どもたちが学校に通っておらず，その約57％は女子であると報告している。その割合は1990年ジョムティエン会議当時の約60％からは改善されているものの，その速度は遅い。2005年までの初・中等教育での男女間格差解消は，多くの開発途上国で達成できなかった。2008年レポートは，今の速度のままであれば，2005年の目標達成ができなかった113ヵ国のうち，2015年までに達成できそうな国は18ヵ国に過ぎず，初等教育完全普及に達していない86ヵ国のうち58ヵ国は2015年でも達成は不可能だろうと予測している。初等教育完全普及が視野に入った国においてさえ，前期中等教育の完全普及や義務教育制の導入への関心は低いのが現状である。

さらに憂慮すべきは，女性の識字である。成人非識字人口における女性の割合（約3分の2）は，ジョムティエン会議以降変化していないにもかかわらず，識字に対する各国の関心は低くなっている。識字率や初等教育就学率が全国平均では向上している国でも，性別，地域，収入レベルにおける識字率や就学率には顕著な格差が残っている。

女子の教育参加については，中等，高等教育と段階が上がるにつれ，女子学生数が減少する傾向が世界の大半の国で見られる。特に科学・技術分野において女子が少ない傾向も世界的に共通している。教員数を見ても，初等教育では女性が多いが，高等教育，特に大学では女性教員数が専任のポストや教授レベルでは極端に減少する[17]。教育行政や学校管理・運営等での意思決定に女性の関与が少ないことも各国共通である。多くの国で男女の初等教育の就学率に格差がなくなったことで教育におけるジェンダー平等が達成されたと報告されているが，高等教育の状況については注意が払われていないのである。

2008年度EFA-GMRでは，第5目標達成の難しさに言及している。教育の過程，教材やカリキュラム，教員の態度や教室での生徒間と，教師と生徒間のやりとりによって社会におけるジェンダー役割に関するステレオタイプが伝達さ

れ，強化され続けているという報告である。性的暴力や安全でない学校環境，不衛生な環境などが，とりわけ女子の自尊心や参加意欲，就学の継続に悪影響を及ぼしていることも示唆されている。

2．女子・女性教育の阻害要因

　教育におけるジェンダー平等の課題に関する諸研究は，女子・女性教育の阻害要因として次の点を指摘している（UNESCO, 2005：29）。
(1) 女子は家の手伝い，幼い妹弟の世話など，さまざまな無償労働に従事しており，それが大人（特に女性）の生産活動を可能にしている構造がある。また，保護者に女子の就学の機会費用[18]を払う意志や余裕もないため，女子が男子よりも早く中途退学することになる。
(2) 女性の自立を奨励しない社会規範が女子の教育参加を阻む。幼児婚やダウリー（結婚の際の持参金など）のような慣習，性に関するタブーや危険な風習も女子・女性の従属的立場を強化する。
(3) 自宅から学校までの距離，通学路の安全性が女子の就学を左右する。過疎地に住む少数民族や被差別グループの居住地には学校がない場合が多い。通学距離が長く，安全のためのインフラ整備（街灯や交通手段）の欠如がこのグループの，特に女子の就学を阻んでいる。
(4) 女子教育への期待の低さが，学校の女子への配慮に欠ける施設／衛生設備や教育環境に現れる（例えば，女子用トイレの欠如，男子生徒や教師からの差別や嫌がらせの放置など）。
(5) 学費・教育費や機会費用の負担もあり，女子教育は家族にとって経済的利益がないと考える保護者が多い。
(6) ジェンダー意識が高い教師の欠如が教育環境に影響し，女性教師の不在が，特に女子にとってロールモデルの欠如にもなり，学校が男性の権威の象徴となっている。

　女子教育の普及には，これらの阻害要因を取り除くだけでは十分ではない。ジェンダーに対応したカリキュラム編成とカリキュラム改革，それに伴うジェンダーに関する教員研修，初等教育修了後の中等教育進学の可能性についての適切なガイダンスや思春期の女子への集中的な配慮とカウセリングの充実，女

子の在籍を奨励する奨学金，助成金支給や女性教師増強の政策，そして学校を取り巻く環境の整備，住民，特に女性の学校運営への積極的参加なども，同時に進めていく必要がある。

3．教育におけるジェンダー平等の理解

　教育におけるジェンダー平等とは，初・中・高等，すべての教育レベルにおいて，男女の生徒数を同じにすることでも，女子を男子並みにすることでもない。教育におけるジェンダー平等とは，機会の平等と，平等な扱われ方の両方が満たされなければならない（UNESCO, 2005：10）。アクセスを重視して，不平等な教育の質を不問にしたまま，女子が男子と同じように教育の機会が与えられても，それは平等と言えない。教育を受ける過程で不当な差別がないか，女子にも男子にも公平な環境であるか，そして，教育を受けたことにより卒業後，男女に同じように機会が開かれているかどうか，そのような視座が教育におけるジェンダー平等の達成には必要とされる。教育界全体でこのようなジェンダー平等の概念が共有されなければ，教育を通してジェンダー平等な社会を形成することは不可能である。

　しかし，2015年までの達成を目標とする教育におけるジェンダー平等の概念は，往々にして，数値で測るジェンダー・パリティ，つまり格差解消と混同して理解されている。国別EFA中期報告でも多くの場合，ジェンダー平等が就学率，在籍率，修了率，進学率の男女比というような数量的データの表示に終始し，質的経験の記述や分析はほとんどない。EFA-GMRで使われているジェンダー関連EFA指数（Gender-specific EFA Index, GEI）も，初等教育総就学率，中等教育総就学率と成人識字率のGPIの合成であり，ジェンダー平等の測定には不十分である（EFA-GMR Team, 2010：282-283）。EFA第5目標「2015年までの教育におけるジェンダー平等達成」を測る世界共通の指標は未だ確立されてはいない[19]。

　多くの途上国における国別EFA関連文書やその他の開発計画，政策には，ジェンダー主流化やジェンダー平等というキーワードが含まれている。しかし，女子・女性教育事業は，二義的な分野と考えられ，その予算は初等・中等教育や学校外教育といった一般的な教育予算の項目に入れられることが多い。

ジェンダー・ニーズを考慮したジェンダー予算分析[20]が教育分野で制度化されている国は少ない。

第4節　女子教育のスケールアップ

1．スケールアップとは

　前述したように，EFA第5目標である教育におけるジェンダー平等の達成は，人権としての教育の立場からだけでなく，教育がもたらす多様な社会経済的波及効果の面からも，その重要性が認識されている。ジェンダー平等は，EFAを達成するための手段であるともに，それ自体が重要な目的でもある。しかし，女子教育[21]は，女子に特化した教育の主流から離れた分野で，成果も期待されない小規模の事業という印象が強い。女子教育の成功例や教訓は，少なからず報告されていても，それが国全体の教育計画や教育改革にインパクトを与えることは少なく，全国的な事業に拡大している例も乏しい。この現状を打開し，ジェンダー平等が教育の主要な政策領域として主流化され，EFA第5目標の教育におけるジェンダー平等を達成するために，近年，女子教育のスケールアップというアプローチが効果的な戦略として注目されている[22]。

　スケールアップは，女子・女性教育や社会的弱者の人権擁護，貧困軽減など公正な社会の建設には欠かせない分野でありながら，政策的に優先されない場合に有効な戦略である。スケールアップは，単に事業を大きくするといった量的拡大のみを意味しない。ある一定の公共善の達成を目的とするため，慎重な政治的配慮を必要とする，あるいは，個人的に微妙で扱いにくい課題を取り上げる政策が「蒸発」したり，抵抗されたり，不可視化されることを防ぐ[23]戦略でもある。スケールアップのねらいは，活動主体や規模も異なる多様な事業の経験や知識，情報が政策や国家計画／事業に反映され，既存の制度のなかで一定の地位と十分な資源を得て拡大展開され，最終的に当初の目的を達成することである。

　教育においてスケールアップとは，すべての人が公平に教育を受け，個人の能力を十分に開花させ，自分の人生を自由な意志で切り開くことができるようになるという，教育の目的を達成するための戦略的なプロセスである。それは

アクセスの拡大だけでなく，質の向上を広範囲，かつ効果的，持続的に実現させることを意味する。具体的には，まず教育機会を剝奪する要因を特定し，問題を克服する包括的，かつ効果的な成功例や方法を見出す。成功例等をモデルに，行政は資源を効果的に集中させ，国家的事業にまで拡大，展開させ，すべての人が良質な教育を受けられるように促進することである。教育のスケールアップは，EFAの目的とも共鳴しているのである。

教育におけるジェンダー平等を達成するには，何が必要で，何をすべきか，という成功事例の記録と共有だけでは不十分である。何がジェンダー課題と教育改革の双方に効果的に働きかけることができるか，成功例や政策実施の経験の多角的な分析が不可欠である。多くの国が就学率の急激な上昇をもって成功とし，2015年目標達成に必要なジェンダー平等への視座の「転換」（transformation）には関心を示さない。それゆえ，ジェンダー平等をめざす女子教育のスケールアップには，ジェンダー平等の視座をもって教育システムのすべての側面を見直すことが必要となる。その上で，コミュニティレベルの中小規模のプロジェクトで成果を上げた個別の事例を一般化し，国家教育戦略，教育改革や計画へとつなげ，広範囲なアクセスと質の向上を図り，国家的事業として教育におけるジェンダー平等を促進させるのである。

例えば，インドでは，不就学女子児童を短期間の集中教育コースの後，児童の年齢に合った学年に編入させた一地域の成功活動モデルが，いくつかの州でも実施され，その経験が全国レベルの事業に拡大されていった。また，NGOと教育省が共同で実施した「郡レベル初等教育事業」（District Primary Education Program, DPEP）の就学率向上活動の成功例に学び，女子の就学率と教育の質の向上を目指す事業として，全国的に拡大，展開された例もある。

しかし，女子教育のスケールアップ戦略は，国家レベルへの拡大，移行だけではない。ジェンダー平等への変革志向を持つ小規模な事業活動を実施しているさまざまなNGOや市民団体等をもリンクさせ，信頼できる基礎データと豊富な記録を持つモニタリング・システムから得られた情報，知識をもとに，一貫性のある戦略を持つパートナーへと発展させていくことも，スケールアップの1つの形である。

2. スケールアップのプロセス

　スケールアップを進めていく上で要となるのは，日常的に事業を遂行，監督している中央政府や地方自治体の担当官の能力や手腕，さらには，意識である。スケールアップは，配分された予算や人的資源を最も効果的に活用し，インパクトを最大限に引き出し，それを支え続けるような制度的変化を求める。政治的意志や地域からのサポートも不可欠であるが，政策決定における中央と現場の中間レベルに位置する担当官の能力と手腕に大きく委ねられる。最終目的の達成ための変革がどのように支援され，現場での豊かな経験や教訓が，どのように政策方針や展望につなげられていくのかに大きな挑戦がある。スケールアップ・スパイラル図（図1－1）は，ジェンダー平等を目的とするスケールアップの諸段階を示している。

　スケールアップの挑戦に対応するには，教育政策を担う人々の意識の向上とジェンダー主流化が不可欠であることは言うまでもない。EFA第5目標「教育におけるジェンダー平等」の達成には，アクセス重視からジェンダー平等への質的視座の転換が求められ，ジェンダーの視点に立つ教育制度改革が求めら

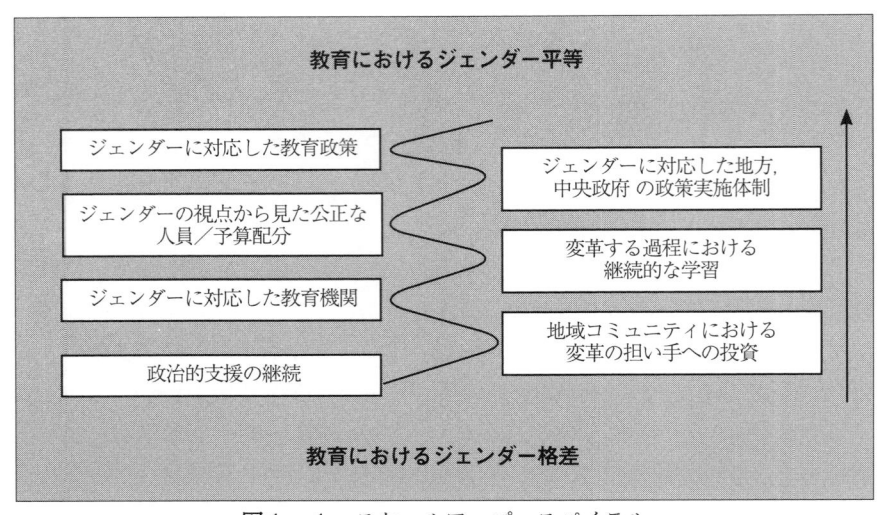

教育におけるジェンダー平等

- ジェンダーに対応した教育政策
- ジェンダーの視点から見た公正な人員／予算配分
- ジェンダーに対応した教育機関
- 政治的支援の継続
- ジェンダーに対応した地方，中央政府の政策実施体制
- 変革する過程における継続的な学習
- 地域コミュニティにおける変革の担い手への投資

教育におけるジェンダー格差

図1－1　スケールアップ・スパイラル

出典：UNESCO（2005）Scaling up good practices in girls' education，41頁の図1をもとに筆者作成。

れる。教育セクターでのジェンダー主流化がなければ，女子教育事業の成果が教育政策，教育改革，さらには国家開発戦略に反映されるまでにスケールアップしていくことは難しい。

　EFA宣言やMDGsは，国際社会と国の重要な公約である。その目標達成に向けて変革を促し，継続させていくには，高度な政治的意志とリーダーシップが欠かせない。そして，政策実施のための組織構造，メカニズムと手続きのプロセスについての議論なしに教育におけるジェンダー平等のような革新的な政策の実施は難しい。ジェンダー平等のコミットメントを制度として確立し，目標達成のための制度的プロセス，事業の計画と実施，評価のすべての段階にジェンダー・ニーズと関心が反映され，ジェンダー主流化が達成されなければならない。したがって，ジェンダー平等を優先政策目標とする，ジェンダー主流化された教育変革を促進するには，女子教育のどの成功例を，どのようにスケールアップさせていくのか，そのプロセスにより一層の労力が注がれなければならない（Box1.4参照）。

Box1.4

女子教育スケールアップの主な戦略

- 教育を受ける側の制約克服のための社会的弱者への特別な資源配分
- 教員研修，カリキュラムや教授法を含む教育システムの改革
- 教育サービスの説明責任の向上：効果的な評価・検討メカニズムの構築を通した男女別データ収集，モニタリング，評価システムの向上
- 多様な教育サービス提供者間の効果的なパートナーシップの構築による活動の一貫性，調整の確保（ジェンダー意識を測る基準の設定など）
- コミュニティの持続的な変革への支援：男子と女子の役割と行動に関する変革への支援，考えられる抵抗と反発へ対応する変革の担い手（チェンジ・エージェント）の育成・強化
- 上記の変革を支援する強力な法的枠組み作り

出典：UNESCO（2005）Scaling up good practices in girls' education をもとに筆者作成

3．スケールアップのめざすもの

　本章では，女子と女性の教育参加の歴史を，国際社会の取り組み，特にユネスコの教育事業の枠組みのなかで検証した。女子・女性教育は，伝統的性別役割分業に基づいた良妻賢母型の教育活動から，人権主義の立場から教育における差別撤廃と機会の均等へ，さらに，開発と女性（WID）からジェンダーと開発（GAD）へとパラダイム・シフトし，エンパワメントやジェンダー主流化といった概念も共有されるようになった。女子・女性教育も「ジェンダーと教育」へとシフトしたのである。

　しかし，2008年EFA中期評価が指摘しているように，初等教育の就学率での格差解消以外では，女子・女性の教育に関し大きな成果は上げられていない。成人非識字人口に占める高い女性の割合には，ジョムティエンからダカールを経た現在に至るまで，変化が見られない。しかも，多くの国は，初等教育の就学率の向上，アクセスにおける男女間格差の解消により，教育におけるジェンダー平等は達成されたという，「平等＝equality」と「パリティ（数量的同等・均等）＝parity」の混同も多い。ジェンダー平等を標榜する第5目標は正確に理解されてはおらず，その2015年までの達成は，大きな課題として残っている。

　本章では，教育におけるジェンダー平等への転換を念頭に置き，ジェンダー主流化を促す女子教育のスケールアップ戦略を検討した。スケールアップは，政治的リーダーから行政，地域コミュニティと多くの関係者のジェンダー平等に対する真摯なコミットメントとたゆまない努力が求められるものであり，決して容易なプロセスではない。女子・女性教育のスケールアップが，ジェンダー平等＝男女共同参画型の社会の構築という大きな枠組みのなかで位置づけられ，推進されていくことが望まれる。

◆注
(1)　家父長制のイデオロギーは，一家の稼ぎ手は男性という一面的な考え方を一般化し，男性が権力と経済的特権を持って優位な立場に立ち，女性の従属を強い，さらに，「国家の内外における政治，産業，宗教および軍隊と言った権力の場を男性が支配するこ

(2) シモーヌ・ド・ボーヴォワールは1949年に『第二の性』を発表し，多角的に女性の生き方を分析，検証し，当時，画期的な女性論として全世界で読まれた。日本語版は，生島遼一訳（1976）『第二の性』ボーヴォワール著作集第6，7巻，人文書院がある。
(3) 女性に与えられた伝統的性別役割分担が自然の摂理に基づいているという考えへの反論は，上野千鶴子（1995：1-26）に詳しい。
(4) このような考え方は，政治体制やイデオロギーとは関係なく，社会主義国にも見られた。例えば1980年代ラオスの女性教育は，社会主義国家創造のために貢献する子どもを育てることを目的としていた。
(5) 「南」側同士，つまり開発途上国間の協力のこと。
(6) 教育の経済的波及効果に関する諸研究を調査した世界銀行によれば（2002），初等教育が1年多いと女性の場合13％の収入増，男子は20％，中等教育が1年多いと女性は18％収入増，男性は14％の収入増となる。他の調査からも，中等教育の女性の収入増への効果が高いことが分っている（Barbada Herz, "Educating Girls in South Asia：Promising Approaches" Girls Too! Education for All/UNGEI Series, UNICEF 2006：p. 1-2）。
(7) 平成6年6月の総理府の組織改正により，婦人問題担当室は男女共同参画室，同年7月には婦人問題企画推進本部は男女共同参画推進本部となった。
(8) 「実際的ニーズ」と「戦略的ニーズ」というジェンダー・ニーズの定義についてはモーザ（1996）を参照。
(9) ジェンダーの非対称性，ジェンダー差異化については，上野千鶴子（1995：11-14）を参照。
(10) 国連開発計画は1990年から人間開発指標にもとづいて『人間開発報告書』を定期的に出版している。
(11) 生涯教育は，成人教育や継続教育の対象範囲を超え，子どもから大人まで，すべての年代の人々を対象とする。EFAで提唱された「拡大された基礎教育」の視座は，学校教育に見られるような，教師から生徒（学習者）へと，知識の教授に終始する一方通行の教育のあり方から，学習者中心の自発的，能動的な学びへのパラダイム・シフトを促すものである。学習者中心の教育プロセスを重視し，生涯教育を生涯学習と呼ぶこともある。詳しくは，第11章を参照。
(12) コミュニティ・ラーニングセンターとは，コミュニティの自主性を尊重した生涯学習の施設である。同センターでは，成人識字学級の活動を柱に，収入向上技術訓練，保健衛生教育，農業生産性向上活動など多角的な教育活動を展開するとともに，幼児教育や子どもの学習サポートや図書館などの活動を含める場合もある。政府や二国間ドナー，国際NGOなどの資金・技術援助により活動が展開される。
(13) UNGEIについては，第2章を参照のこと。
(14) 2003年にユニセフから出された「UNGEI戦略文書」では，女子の初等教育就学率ジェ

ンダー・パリティ指数が0.7以下の25国が優先国として選ばれた。ジェンダー・パリティ指数については注(16),UNGEIについては第2章を参照。
(15) FAWEについては,第7章を参照のこと。
(16) ジェンダー・パリティ（parity）とは,数値で表すことのできる教育へのアクセス（就学,進学）や機会の均等において男女間格差をなくすことであり,ジェンダー平等への一過程である。ジェンダー・パリティ指数とは,男子の数値を1とした時の女子の数値の割合,指標＝1が男女同数／同値,1未満が女子の数値が低く,1を上回る場合は女子の方が大きいことを示す。
(17) "Women in Higher Education Management"（UNESCO Paris, 1993）の国別報告でも,先進国も含み,この傾向は報告されている。
(18) 機会費用とは子どもが学校に通わなければ得られていたはずの収入のことを指す。
(19) EFAの6目標を測る18の指標のうち第5目標に特化しているのは,女性の成人識字率のGPIだけである。
(20) ジェンダー予算については第13章を参照。
(21) この章では,女子教育を女子の教育参加という意味で用いているが,「女子教育」という言葉を,従来の女性の役割を教えるために女子のみを対象にした教育と捉え,女子教育という言葉を敬遠する立場をとる人々もいる。
(22) 以下,この第4節は "Scaling up good practices in girls' education"（UNESCO, 2005）を著者がまとめたものであるが,内容,記述についての責任は著者が負う。
(23) ジェンダー平等政策の実施の課題として,モーザ（1996）は次の3つをあげている。(1)蒸発：政策は存在するが実践を伴わない。(2)不可視化：情報や記録の共有がなく,現場で何が起きているか分からない。(3)抵抗：政治的または個人の主観的理由により,ジェンダー課題に抵抗,否定的態度をとる。

◆引用・参考文献

千葉杲弘監修,永田佳之・寺尾明人編（2004）『国際教育協力を志すひとのために』 学文社
イーデス・ハンソン・武者小路公秀（1982）『世界人権宣言』岩波ブックレット13,岩波書店,15.
EFA Global Monitoring Report Team（2003, 2008, 2010 & 2011）EFA Global Monitoring Reports 2003/4, 2010 & 2011, UNESCO.
EFA Global Monitoring Report Team（2010）『EFAグローバルモニタリングリポート2010（日本語版）』ユネスコ.
Herz, B.（2006）Educating Girls in South Asia : Promising Approaches, Girls Too! UNICEF
モーザ,C.著 久保田賢一・久保田真弓訳（1996）『ジェンダー・開発・NGO』新評論.
Stromquist, N.P.（1995）Increasing girls' and women's participation in basic education : Fundamentals of Educational Planning-56, UNESCO International Institute for Educational Planning.

田中由美子・大沢真理・伊藤るり編著（2002）『開発とジェンダー』国際協力出版会．
上野千鶴子（1995）「差異の政治学」『ジェンダーの社会学』岩波講座現代社会学11，岩波書店，11-14．
UNESCO（2003）Mainstreaming Gender in UNESCO : A framework for implementation, UNESCO.
UNESCO（2005）Scaling up good practices in girls' education UNESCO.

本稿は，『We learn――月刊ウィラーン』（日本女性学習財団）2011年4月号に掲載された菅野琴「ユネスコにおける教育とジェンダーの挑戦」の一部を引用，加筆修正を加えた部分がある．

第2章

国連女子教育イニシアティブ (UNGEI) の取り組み

林川　眞紀

　本章は,「国連女子教育イニシアティブ (United Nations Girls' Education Initiative, UNGEI)」が誕生して10周年を迎えたのを機に, UNGEI事務局が2010年に実施した自己評価とユニセフ東アジア太平洋地域事務所の関連事業活動とパートナーとの協力にも触れながら, UNGEIの女子教育普及・拡充推進及び教育におけるジェンダー主流化への取り組み, その成果と功績, そして今後の課題と挑戦について検証する。

第1節　国連女子教育イニシアティブ (UNGEI) とは何か

1. UNGEI誕生とその背景

　国連女子教育イニシアティブ (UNGEI) は, 女子教育普及・拡充のための国際協力の「パートナーシップ枠組み」である。2000年4月, セネガルのダカールで開催された「万人のための教育世界フォーラム (World Forum on Education for All)」(以下, ダカール会議と略す) で, 当時の国連事務総長コフィ・アナン氏により提唱された。この「枠組み」は国連諸機関, 世界銀行や二国間援助機関, 非政府組織 (NGO) や民間企業を含む幅広い組織・団体がパートナーとして参加している。UNGEIは, 当時既にアフリカで実施されていた女子教育推進活動の「アフリカ女子教育イニシアティブ (African Girls' Education Initiative)」をモデルにしたと言われている (UNICEF, 2003)。

　UNGEIが誕生した背景にはさまざまな要因があるが, それまでの10年間における女子・女性の教育普及・拡充の深刻な遅れに対する国際社会の強い懸

念があったことが挙げられる。確かに，21世紀を目前にした2000年に未だ推定1億人以上の不就学児童が存在し，そのうち半数以上が女子であり，また推定8億6,000万人の成人非識字人口の3分の2が女性で，その割合が10年間全く変化しなかった。これらが報告されたことが，各国政府にとって大きな衝撃となった。そもそも，1990年にタイのジョムティエンで開かれた「万人のための教育世界会議（World Conference on Education for All, WCEFA）」で採択された「行動枠組み」には，女子の教育機会均等に特化した目標と戦略はなく，女子・女性の教育機会を左右する社会・文化・経済的要因が明確に認識，考慮されないまま初等教育の急速な普及が推し進められた。それ故，多くの女子の基本的人権としての教育機会が否定されることになったのである。このことからダカール会議までの10年間はしばしば女子教育にとって「失われた10年」と呼ばれている。

　ダカール会議でEFA6目標が提唱されると，その第5目標に女子教育と教育におけるジェンダー平等に特化したものが設定された。このEFA第5目標の達成に向けた各国のコミットメントを強化・持続させ，その支援に国際社会全体を導引するための枠組みとして，UNGEIが提唱された。そして，UNGEIは9のEFAフラグシップ・イニシアティブ[1]と呼ばれる主要活動の1つとして，ダカールEFA第5目標の達成に向けた国際社会の戦略の1つとなった。その後，「ミレニアム開発目標」（以下，MDGsと略す）が設定され，第2目標（初等教育の完全普及）と第3目標（ジェンダー平等の実現）に女子教育の普及・拡充の具体的ターゲットが加わると，UNGEIはこれらのMDGsの達成にも焦点を当て，国際社会の女子教育と教育におけるジェンダー平等推進のための政策，戦略の開発そして活動の活性化に深く関わることになる。

2．UNGEIの主張とビジョン

　UNGEIには，基本的人権としての教育とジェンダー平等の理念を反映した2つの明確な主張がある。第1に，各国の女子教育の普及・拡充努力の「加速」は，すべての女子と男子がより質の高い教育を受けられる世界の実現に必要最低の条件であること。第2に，女子の教育は，生産性の向上，乳幼児死亡率や妊産婦死亡率の低下，そして貧困削減など今日世界が直面するさまざまな開発

> **Box 2.1**
>
> ## UNGEIのビジョン（原文）
>
> "A world where all girls and boys are empowered through quality education to realize their full potential and contribute to transforming societies where gender equality becomes a reality"

課題の改善に貢献することから，女子教育への投資はMDGsを達成させる上で最も費用対効果の高い方策であること（UNGEI, 2007）。この2つの主張は，UNGEIの「ビジョン」の土台となり広く普及伝達されてきた。現行のビジョンは何回か改定を繰り返した後，2010年に採択されたものである。このビジョン（Box2.1 参照）はそれまでのものと違い，『すべての女子と男子が，質の高い教育によりエンパワーされ，自己の可能性を最大限に開花させ，またジェンダー平等社会が現実となる過程に貢献できる，そのような世界』（筆者訳）の実現という，ジェンダー平等の理念を明確に提示している。それは，教育の社会を変革させる根本的な力に注目し，ジェンダー平等の実現における教育の重要性を強調したことに特徴がある。

3．UNGEIの構造

UNGEIはグローバル，地域，国の3レベルでパートナーシップを構成しており，それぞれのレベルでさまざまな形態をもって，発展を遂げてきている。グローバル・レベルでは，ユニセフ（国連児童基金）が「主導機関（Lead Agency）」としてニューヨーク本部にUNGEI事務局を設置し，女子教育関係者，関連組織の動員，活動の調整のほか，ドナーから供与される活動資金の予算の管理・運営も行っている。

事務局がユニセフ本部に設置されたことから，UNGEIがユニセフの事業活動と誤解されることを避け，またパートナーシップに賛同し，参加を表明したパートナー機関のUNGEIに対するオーナーシップを強化するため，2003年にUNGEIグローバル諮問委員会（Global Advisory Committee，以下GACと

略す）が設置された。GACはUNGEIの主要パートナー機関の代表からなるグループで，現在20名で構成されており（表2－1），UNGEIのビジョン，優先課題や活動方針の協議・決定，年間活動計画の承認，活動をモニタリングし，事務局への運営に関する助言などをする役割を担っている。定期会合が年に3～4回開催され[2]，地域，国レベルにおけるUNGEIの活動の進捗状況の報告をもとに年間活動の見直しや新たな活動を検討し，UNGEIの方針や方向性などを協議する。新たな課題が生じた場合には，単発的に課題ベースの専門家協議も実施し，必要に応じテーマ別の作業部会も構成される[3]。また，GACは構成員のなかから2名の共同議長が選出され，事務局のサポートを受けながら定期会合の指揮をとり，UNGEIの代表としてさまざまな関連会議やイベントに出席し，女子教育の推進に努めている。2011年10月現在，非政府組織であるアジア南太平洋成人教育協議会（Asia South Pacific Bureau for Adult Education, ASPBAE）とスウェーデン国際開発協力庁（Swedish International Development Cooperation Agency, SIDA）が共同議長をしている[4]。

地域レベルでは，ユニセフの4つの地域事務所[5]にUNGEIフォーカル・ポ

表2－1　UNGEI GACの構成機関リスト（2011年10月現在）

非政府組織	Academy for Educational Development（AED）
	African Network Campaign on Education for All（ANCEFA）
	Asia South Pacific Bureau of Adult Education（ASPBAE）
	Campaign for Female Education（Camfed）
	Forum for African Women Educationalist（FAWE）
	World Vision
政府援助機関	CIDA（カナダ）
	DANIDA（デンマーク）
	DFID（英国）
	SIDA（スウェーデン）
	USAID（アメリカ）
	NORAD（ノルウェー）
国連機関／地域組織	Commonwealth Secretariat（英連邦事務局）
	FAO（国連食糧農業機関）
	ILO（国際労働機関）
	UNESCO（ユネスコ）
	UNFPA（国連人口基金）
	UNICEF（ユニセフ）
	WFP（世界食糧計画）
	World Bank（世界銀行）
民間企業	CISCO Systems, Inc.

イント（UNGEI Regional Focal Point, RFP）が置かれ，本部事務局と調整，協力しながら，地域レベルのパートナー機関を動員し，女子教育の普及・拡充を推進している。地域レベルではアドボカシー（啓発活動）が主な活動であるが，地域内各国のUNGEIへの技術支援やモニタリング，国レベルとグローバル・レベルとのつなぎ役も果たしている。現在，地域レベルで正式にUNGEIのパートナーシップが組織されているのは東アジア太平洋地域（以下，EAP UNGEIと略す）のみである。これは，この地域において教育とジェンダーに関する認識が国レベルで弱かったため，まず地域レベルから各国に向けてアドボカシーをする必要があると，2002年頃にユニセフ，ユネスコそして国連労働機関（ILO）の担当官たちが共同活動を始めたことに由来する。その後EAP UNGEIはユニセフ東アジア太平洋地域事務所に事務局を置き，関連機関の地域事務所が参加している。年6回の定期会議で協議し，合意された年間活動計画に基づいて地域レベルで女子教育・ジェンダー平等推進活動を実施している。一方，最初から国レベルでの活動が活発であったアフリカ地域，南アジア地域，中東・北アフリカ地域では，具体的な地域レベルのUNGEIは組織されておらず，RFPによる管轄地域内にある国レベルのUNGEIへの技術支援や他機関の地域事務所との調整を中心とした活動が実施されている[6]。

　UNGEIの活動が一番活発なのは国レベルである。そもそもUNGEIは国レベルにおける女子教育の普及・拡充の加速支援をすることを優先課題として立ち上げられた。特にUNGEIの活動の効果が期待されていたのは，社会・文化的理由や紛争や天災による非常事態のせいで女子教育の普及が遅れていたり，女性の非識字率が高い国々であった。国レベルのUNGEIの立ち上げにはユニセフの国事務所が主導をとる場合が多いが，いったん軌道に乗るとパートナーシップの運営管理，活動の計画，実施，モニタリングなど，女子教育推進を担当している該当政府機関が担当するのが一般的である。UNGEIは，その国の女子教育に携わる組織団体とその受益者が「運転席」に座り，政府とその他，国内の関連組織団体の女子教育普及とジェンダー平等の実現に対するコミットメントを強化するための「促進剤」である。このようなアプローチが取られた背景としては，外部機関であるユニセフや他の国際援助機関が活動の中心になった場合，そのコミットメントが持続発展しない恐れがあるからである。す

でに女子教育推進活動が存在している場合には，UNGEIはそれにとって代わるものではなく，あくまでも既存の活動に付加価値をつけるものとして扱われた。国レベルでのUNGEIは，特にアフリカと南アジアで活発であるが，正式に組織されているUNGEI[7]もあれば，女子教育関係者や関連組織による緩いネットワークとして機能しているところもあり，その形態と活動の活発度はそれぞれ国内の優先課題と関連組織のコミットメントの程度によりさまざまである。

第2節　UNGEIの活動概要

UNGEIの活動はグローバル，地域，国のどのレベルでも3つの戦略に基づいて計画・実施されている。具体的には，(1) 技術協力と能力開発，(2) 政策対話とアドボカシー，そして (3) 現行の開発協力メカニズム／体制との協力・調整，の3つである。実際の活動内容と実施方法は現場の状況に合わせ多種多様であるが，大まかな傾向として，国レベルでは現場に密着した具体的な女子教育促進プロジェクトが多く，グローバルと地域レベルでは調査研究やアドボカシー，そして技術協力などが主となっている。以下，3つの戦略に沿ってUNGEIの活動について紹介する。

1．技術協力と能力開発

女子教育の普及拡充を効果的に実施するために必要な知識と情報の開拓と共有，そしてそれらを活用した現場の能力開発強化への支援は，UNGEI設立当初からの最優先課題である。女子の教育機会を促進，または阻害するさまざまな課題に関する調査研究や情報を収集・共有することにより，UNGEIはそれまでの女子教育に関する「知識の穴」を埋める役割を果たしてきた。女子教育の普及の成功要因は何か，どのような阻害要因があるのか，いかにそれらの阻害要因を排除し教育機会及び質の向上を図れるのか，さらには教育におけるジェンダーの平等とは何か，いかにジェンダーの主流化[8]を促進するか，そのためにはどのような技術と知識が現場で必要なのかなど，多くの課題に積極的に取り組んできた。例えば，グローバル・レベルでは，EFA達成を加速化さ

せるため，2002年に「EFAファスト・トラック・イニシアティブ（EFA Fast Track Initiative）」[9]（以下，EFA-FTIと略す）が創設されると，EFA-FTIによって支援された教育セクター開発計画にジェンダー配慮が統合されるよう，UNGEIは教育セクター開発計画におけるジェンダー主流化ガイドラインを作成し，広く普及した（Seel & Clarke, 2005）。2008年にはGAC構成員であるNGO, Camfed（Campaign for Female Education）の主導の下，「UNGEI子どもの保護実施網領」を作成し，女子教育普及活動の計画，実施，評価過程における倫理的配慮事項を明文化した（UNGEI, 2010）。

地域や国レベルでは，女子教育普及活動の成功例を収集した文献の出版（EAP UNGEI, 2009）や，幼児教育のリソースパックや教育セクターの開発計画におけるジェンダー配慮強化支援，そしてジェンダー予算[10]の導入法マニュアルの作成など，国レベルで活用できる参考文献やツール／実践手引きを多く開発している。また，EAP UNGEIは，2006～08年にかけて実施されたアジア太平洋地域におけるダカールEFA中間評価の第5目標の評価指標の設定に貢献し，2010年のEFA10年評価活動では第5目標の評価報告書を作成するなど，EFAのモニタリング評価活動に直接貢献してきた。女子教育やジェンダー主流化に影響する新しい課題に焦点を当てた調査研究なども多く実施されてきており，南アジア地域では，教育におけるジェンダーの課題に関する文献をシリーズで出版している[12]。これらの情報知識及び実践手引きなどの普及のため，早くからUNGEIのウェブサイトを開設し，女子教育に関心のあるすべての人々とのコミュニケーションと情報共有を進めている。

2．政策対話とアドボカシー

UNGEIの比較優位性は，多くの関連機関・団体が声を1つにして女子教育の重要性を訴え，その普及・拡充と教育全般におけるジェンダー平等を推進してきたことである。その戦略としてUNGEIは，グローバル，地域そして国の全レベルで教育分野での政策対話の現場に積極的に参加するとともに，アドボカシーを展開した。

グローバルレベルでは，毎年開催されるEFAワーキング・グループ会合とEFAハイレベル・グループ会合にGACが参加し，そこで女子教育の普及・拡

> **Box 2.2**
>
>
>
> **女子教育普及のための青年アドボカシー活動**
> **The Young Champions （南アジア地域）**
>
>
>
> インド，スリランカ，ネパール，パキスタン，バングラデシュ，ブータンの南アジア各国で，「ヤング・チャンピオン（Young Champions）」という，地元青年たちが中心となる女子教育の普及推進アドボカシーを実施している。女子教育とジェンダー平等推進の重要性を理解する青年たちに，その国のUNGEIがアドボカシー手法を教授した後，青年たちが自分たちのコミュニティで自分たちの言葉で，色々なコミュニケーション手段を取り，時には地元メディアを活用し，女子教育の機会普及と拡充を促進している。この活動は女子教育の重要性に関する，より広い層の支援と理解を得ることができる活動として期待されている。

充とジェンダー主流化に向けて国際社会の一層の努力と支援拡大の必要性を訴え，ドナー機関や国のリーダーのコミットメントの再認を得てきた。最近では，FTIパートナーシップ会合にもGACの共同議長たちが事務局とともに参加し，FTIの協議過程でジェンダー配慮が推進されるよう，主要ドナー機関・国との協調を進めてきている。

　地域や国レベルでも，UNGEIは活発に政策協議に参加し，アドボカシーを実施している。サブサハラアフリカ地域の国々では，UNGEIが教育セクターの政策協議に参加し，国の女子教育政策の策定過程に直接関わってきた[13]。EAP UNGEIは，毎年開催されているアジア・太平洋地域EFAナショナル・コーディネーター地域会議[14]に2005年より参加し，教育政策及び戦略におけるジェンダーの主流化の重要性及び女子教育の普及・拡充に残された課題を議題に提示・協議し，教育省の政策意思決定者たちの意識改革に取り組んできた。中東・北アフリカ地域では，エジプトが国内メディアと手を組み，女子教育と教育におけるジェンダー平等の推進のためのアドボカシーを幅広く行ってきた。南アジア地域では，ネパール，バングラデシュ，パキスタンなどで国会議員，特に女性議員を動員し，政治家へのアドボカシーを繰り広げている。アド

ボカシーの対象は政府機関や上層部の政策策定者に限らず，一般市民，地元コミュニティも含まれる。特に，女子の教育機会を阻害する要因が社会・文化的なものであることを考えると，保護者・家族，地元コミュニティの理解と支持が不可欠であり，このレベルでのアドボカシーは重要である。

3．現行の開発援助政策との調整

UNGEIは，その設立以前から教育セクターの開発協力に携わってきた機関を集合させる「枠組み」である。そのため，効果的かつ効率的に活動を実施し成果を上げていくには，現行の開発協力政策とその潮流全体を的確に把握し，あらゆる側面で協力・調整していくことが肝要である。特に，女子教育の普及・拡充のために必要な資金援助の確保・増強の可能性は，教育セクター全般に投資されている資金の状況に大きく左右されるため，UNGEIは常にその援助動向を注視し，他の開発協力関連機関たちにUNGEIの付加価値を示していく必要がある。その手段の1つとして，UNGEIは先にも述べたように，EFA会合やFTIパートナーシップに積極的に参加し，その協議の場で女子教育政策における優先的課題や問題点の整理・調整を図り，女子教育とジェンダー平等の推進課題が国際協調の議題から漏れることのないよう努めている。

第3節　UNGEIの成果と貢献

UNGEIは2010年4月に10周年を迎え，その機会にUNGEI事務局はこれまでの活動実績と成果の自己評価を実施した。以下，その評価結果をもとに，UNGEIの実績，成果と貢献についてまとめてみたい[15]。

1．UNGEIの活動実績
　　――女子教育に関する知識ベースの強化と情報・経験の共有

UNGEIはこの10年間多くの調査研究を実施し，広くその結果を普及することで，女子教育及び教育におけるジェンダー課題に関する国際社会の知識の増強に貢献してきた。研究課題は多岐にわたり，グローバル，地域，そして国レベルで，それぞれの文脈に応じた優先課題，新しい課題などに関する調査を

実施してきた。グローバル・レベルでは、UNGEIは毎年「EFAグローバルモニタリングレポート」(以下、EFA-GMRと略す)のジェンダー分析を実施し、報告書を発表している。これによりUNGEIはEFA-GMRにジェンダー視点を導入することに貢献している。

　国レベルの活動からは、現場に根づいた成果が多く報告されている。国内の一地域で実施されたパイロット・プロジェクトや数ヵ国で特に効果のあった女子教育普及の成功例を、当該地の社会的文化的背景にも配慮しつつ、国内全土や他の国に「スケールアップ[16]」していく支援が積極的に行われてきた (UNESCO, 2005)。エジプトで実施されたテレビによる女子教育推進アドボカシーは、その後、隣国のスーダンやイエメンにも広がり、同じような活動が立ち上がったことは、成功例がスケールアップした良い例である (UNGEI, 2010)。また、UNGEIはプログラム計画や評価活動の過程にジェンダー平等の視点が導入されるよう、ジェンダー主流化のツール、例えば、実践手引きやガイドラインなどを作成し、普及してきた。実際に国の教育セクター開発計画策定の過程でこれらのツールが参照されていることも、UNGEIの付加価値としての実績であろう。

Box 2.3

GENIA : Gender in Education Network in Asia-Pacific
ジェンダーと教育アジア太平洋地域ネットワークとUNGEI

　アジア太平洋地域の主要パートナーであるユネスコのアジア太平洋地域事務所は、EFA第5目標達成支援の一環として教育省のジェンダー・フォーカルポイントのネットワークであるGENIAを2002年に立ち上げた。2003年以来GENIAはアジア太平洋地域におけるUNGEIの重要な共同活動パートナーとなっており、教育におけるジェンダー主流化の啓発活動、研修活動や参考文献作成など多くの活動を共同実施してきた。特に「Gender Equality in Education Toolkit（教育におけるジェンダー 平等推進手引き）」は、UNESCOの主導のもとUNGEIのパートナーの多くが貢献して作成され、その後UNGEIパートナー機関が普及、翻訳などに協力し、現在、地域全体に活用されるまでに至っている。

2．UNGEIの付加価値と存在意義──中長期的影響

　一方，UNGEIの具体的な活動実績と違い，その中長期的なインパクトや効果の予測と計測は，非常に難しい。それは，UNGEIが多くの関連機関，それぞれが違った形と度合で活動に貢献し関わっており，どこまでがUNGEIの活動なのか，実態がつかみにくいからである。しかし，UNGEIの影響はUNGEIの存在意義そのものを判断する指標となり得るため，UNGEI事務局が実施した自己評価分析でも重要な焦点となった。その自己評価分析から，UNGEIの貢献によるいくつかの影響を確認してみよう。

　まず，UNGEIは国の政策決定者から一般家庭まですべての人々の課題認識を高めることによって，女子教育及び教育におけるジェンダー平等の推進を国家開発目標の優先課題として位置づけることに貢献したと言える。確かに，今日多くの国の国家教育開発目標に女子教育及びジェンダー平等推進へのコミットメントが明記されているのは単なる偶然ではないだろう。そして，UNGEIの情報交換・共有促進活動により，女子教育普及・拡充のための戦略やアプローチ・手法が国家間，機関間で活発に共有・活用されるようになったことも挙げられる。これによりこの10年間でステークホルダー間の取り組みの相乗効果が高められ，活動の重複が回避され，より効率的に資源が活用されてきた事にも，UNGEIの存在が大きく関係していると言える。

　UNGEIはパートナーシップである利点を大いに活かし，UNGEIに参加・賛同している国際機関，NGO，そして民間企業のそれぞれが持つ他のネットワークも活動の土台として活用してきた。そして，「ネットワークのネットワーク」という形で拡大していくうちに，女子教育とジェンダー平等推進という課題の注目度を高め，より一層パートナーシップの強化を進めてきた。女子教育とジェンダー平等の推進には，アドボカシーの持続と発展が可能な環境の整備が重要である。その環境基盤をUNGEIが提供し確立してきたことは，この分野に対する重要な貢献と言える。

第4節　UNGEIの3つの課題と挑戦

　UNGEIはこの10年間でさまざまな経験をし，教訓も学んできた。EFA目標

達成の2015年まであと残すところ僅かになった今，目標達成に向けUNGEIは主に3つの課題と挑戦に直面している。

1．オーナーシップの所在問題

　UNGEIのオーナーシップ，つまりUNGEIは誰のものかという疑問は，設立当初からあった。特に国レベルでは，UNGEIがユニセフの活動であると理解され，UNGEIパートナーのコミットメントが欠落することも少なくなかった。また，国際機関が提唱した事業であることで，政府の協力が得られなかったり，すでに多くの教育開発協力事業やプロジェクトがあるなかで，UNGEIを負担に感じる国もないわけではなかった。UNGEIが国内関係者の自発的意志と積極的な参加なしに，外部機関の主導によって始められた場合，自然消滅することもあった。グローバルと地域レベルでアドボカシーが活発に実施されても，国レベルの女子教育推進活動の拡大と加速なしでは，EFAとMDGsの達成はあり得ない。それは，女子教育を取り巻く課題と環境が，その国及び地域特有の社会・文化・経済的要因に深く影響されており，現地の状況，それぞれの文脈に配慮した戦略が必要とされるからである。いかにUNGEIが負担とならず，むしろ現行の努力への付加価値的存在として効率的に女子教育普及・拡充の加速，促進に貢献できるか，そしてそのために国内のステークホルダーのオーナーシップとコミットメントをいかに培うことができるか，今後，UNGEIに残された大きな課題である。

2．調整とコミュニケーションの効率化の課題

　UNGEIには，多様な規模と性質の国際機関，NGOそして民間団体・企業が参加しているため，パートナー機関間の調整は容易ではない。パートナー機関は，UNGEIに賛同し，女子教育普及とジェンダー平等推進にコミットしているが，同時にそれぞれの機関独自の優先課題や政策もあり，それらがUNGEIの方針や優先課題と常に合致するとは限らず，事務局による調整は，困難な場合もある。また，女子教育普及推進活動は，決してUNGEIだけの独占分野ではなく，UNGEI誕生以前からも多くの組織，ネットワークが存在し，女子教育の推進活動をしていた。そのため，UNGEIが競合相手と見られることがし

ばしばある。そこで，近年，UNGEI事務局はパートナーシップに参加している機関・団体との横のつながりとグローバル―地域―国レベルの縦のつながりの両側面で，調整機能を強化し，戦略と活動の調整・協調の大幅な改善に努めてきている。また，グローバルレベルと地域レベルに広報担当官がそれぞれ1人ずついるが，それだけではすべてのステークホルダーに迅速，かつ効率的な情報交換・伝達は保障されない。今，異なるレベルでの情報交換・伝達普及の戦略及びシステムの確立が急がれている。

3．予算問題と持続性への挑戦

　UNGEIグローバルレベルの活動は，年間計画に沿って，主要ドナー国からユニセフに寄付されるUNGEIに特化された資金をもとに実施されてきた。しかし，国や地域レベルではUNGEIのために確保された予算はない。そのため，地域レベルでUNGEIの活動を実施する場合，パートナー機関がそれぞれ資金を出し合わねばならない。しかし，パートナー機関にもUNGEI専用の予算が組まれているとは限らず，また予算・会計規則や事務的手続きの違いから，必ずしも活動に必要な資金が定期的に予算年度にあわせて集まるとは限らず，大きな問題となっている。国レベルでは，UNGEIの主導機関としてユニセフの各国事務所が活動経費の大半を負担することが多々あるが，それ故UNGEIの活動がユニセフのものと勘違いされ，他のパートナー機関の協力やコミットメントを弱める結果となっている。さらには，予算の不足や外部資金調達の予測が難しいため，長期的視野のない単発的な活動も多く見られる。一時的なパートナー機関の関心事に合わせて活動を組んでしまったり，予算が付いたときのみに活動が実施されたりと，活動に明確な目的や焦点が欠如することもあった。このことから，今後もUNGEIが効果的に活動を拡大していくにはUNGEIのための独立した予算の確保が不可欠なことが痛感される。UNGEI活動予算はGAC構成員である主要ドナー機関から拠出されることが多いため，予算の問題は事務局だけでなく，GACに残された大きな課題でもある。

第5節　2015年にむけての展望

　UNGEIは誕生以来10年間，多くの活動を実施し実績と成果を上げてきた。女子教育普及とジェンダー平等の推進活動の活性化を通して，EFAのみならずMDGsの達成努力にも貢献してきた。それゆえ，ジェンダーと公正性をテーマに2010年5月に再びダカールで開催されたUNGEI10周年記念世界会議は重要な意味を持っていた。世界各国から200名以上の政府関係者，国際機関やNGO職員，専門家／研究者，民間団体そして教師や学生が参加し，2015年にむけて残された女子教育普及への挑戦と戦略が活発に協議された。その結果が，「女子教育とジェンダー平等の推進加速のためのダカール宣言」にまとめられ，採択された。この時，何よりも重要視されたのが国や組織のトップレベルの持続的コミットメントと女子教育のための具体的政策と予算の確保であった。これは，2000年にUNGEIが提唱された際，しっかりとトップレベルのコミットメントを確保，維持できなかった反省から来ていると言える。

　2015年まで残された時間は短く，UNGEIにとって最終勝負の時である。世界中で政治，経済，そして社会が急速に変動している今日，女子教育の普及活動は新たな挑戦に直面している。特に近年の金融危機で，女子教育に限らず教育開発全体への資金援助の大幅減額が懸念されている。しかし，女子教育とジェンダー平等の達成は開発促進の鍵でもある。この理念のもと，UNGEIはこれからも新たな課題に柔軟に対応していくことが求められる。そして，UNGEIのいらない世界が実現された時に，本当の意味でUNGEIはその任務を完了したと言えよう。

◆注
(1)　9のEFAフラグシップ・イニシアティブは次の通り：(1) エイズと教育，(2) 幼児教育，(3) 障害者教育，(4) 農村地域教育，(5) 緊急事態・災害時教育，(6) 学校保健教育，(7) 教員と教育の質，(8) 識字，そして (9) 女子教育（UNGEI）。各イニシアティブは異なる発展過程を経たため，UNGEIがその1つであったことは忘れられがちだが，10年以上経った今日でも活動が活発に展開され，存在が確認できるのはUNGEIのほか，2,3に過ぎないことを追記する。

(2) GACは2010年までは年2回開催され，そのうち1回はEFA専門家会議に合わせて開催されていた。2011年以来，予算とGACメンバーの参加調整の問題もあり，年4回のビデオや電話による遠隔会議の開催に変更した。
(3) 2011年10月現在，モニタリング評価作業部会，知識管理作業部会，そしてアドボカシー作業部会の3つの作業部会が活動している。
(4) 2011年末のSIDA任期満了後，2012年1月よりカナダ国際開発庁（CIDA）が共同議長となる。
(5) 中央・西アフリカ地域事務所（WAC），南部・東アフリカ地域事務所（EASA），東アジア太平洋地域事務所（EAP），南アジア地域事務所（SA），中東・北アフリカ地域事務所（MENA）。
(6) ラテン・アメリカ地域では，女子教育は各国の優先課題ではないことから，UNGEIは旗揚げされておらず，今後もその予定はない。
(7) UNGEIが政府主導の正式な活動として報告されている国として，ナイジェリア，ウガンダ，エジプト，ネパール，パキスタン，アフガニスタン，エチオピアなどが挙げられる。
(8) ジェンダー主流化については第1章を参照。
(9) FTIは2002年4月に世界銀行と国際金融機構（IMF）の合同開発委員会で，EFA達成を加速化させ包括的に支援するために創設された信託基金である。近年，FTIはGlobal Partnership for Educationと改名し，教育開発のためのパートナーシップであることを強調している。
(10) 「ジェンダー予算」については，第13章を参照。
(11) 経済危機，気候変動，紛争や自然災害，労働市場と教育の関連など。
(12) 取り上げた課題は参考文献リストを参照のこと。
(13) ウガンダ，エチオピア，ケニア，コモロス，ジンバブエ，ブルンジ，マダガスカル，そしてルワンダなどでUNGEIは「ジェンダーと教育」政策の策定に大きく貢献している。
(14) EFAナショナル・コーディネーター地域会議はダカール会議直後より毎年開催されている。
(15) UNGEIはGACの指示で，2011年に大規模な外部評価を開始した。2011年10月時点ではその結果報告書は公表されていない。
(16) 「スケールアップ」については第1章を参照のこと。

◆引用・参考文献
EAP UNGEI (2007) Towards equal opportunities for all : Empowering girls through partnerships in education. Case Studies in East Asia. Bangkok : East Asia and Pacific UNGEI.

EAP UNGEI (2009) What's the difference? : Confronting factors that affect gender equality in education. Bangkok : East Asia and Pacific UNGEI.
Seel, A. & Clarke, D. (2005) Integrating gender into Education for All Fast Track Initiative processes and national education plans (Final Draft). Unpublished report.
UNESCO (2004) EFA Flagship Initiatives : Multi-partner collaborative mechanisms in support of EFA Goals. Paris : UNESCO.
UNESCO-UNGEI (2005) Scaling up good practices in girls education. Paris : UNESCO
UNGEI (2007) United Nations Girls' Education Initiative : Regional Updates. New York : UNGEI.
UNGEI (2010) UNGEI at 10 : A Journey to Gender Equality in Education. New York : UNGEI.
UNGEI (2010) E4 Conference, Engendering Empowerment: Education and Equality (April-May 2010). Conference report. In collaboration with the Institute of Education, University of London. New York : UNGEI.
UNGEI (2011) Education for All Global Monitoring Report 2011 : A gender review. Working Paper. New York : UNGEI.
UNICEF (2003) Partnerships in practice : From AGEI to UNGEI. Summary Report of a workshop on girls' education (17-20 November 2003).

第3章

日本の教育協力における
ジェンダー平等への取り組み

水野　敬子

「万人のための教育（EFA）」に向けた国際社会のコミットメントが確認された1990年以降，基礎教育の拡充とこれに伴うジェンダーへの配慮は，日本の援助政策においても重点課題として位置づけられてきた。本章では，1990年以降の日本の国際教育協力とジェンダーを巡る政策及び実践面での動向を概観し，教育におけるジェンダー格差是正を目標として掲げた日本の教育協力の事例としてグァテマラ，イエメンにおける女子教育推進に向けた取り組みを紹介する。

第1節　1990年以前の日本の国際教育協力

1990年のジョムティエンEFA会議以降，教育協力の重点は，経済開発から人間中心の開発へと移行し，基礎教育の普及とその質の拡充が最優先課題として位置づけられるようになった。また，教育の恩恵を受ける権利は個々の人間に平等に保障されるべきとの視点から，基礎教育の普及，拡大に加えて，男女間をはじめとする民族，地域，国家間に拡がる格差の是正を通じた公平性の確保や，教育内容や質の向上も重視されるようになった。

他方，1990年以前の日本の教育協力は，高等教育・職業訓練が中心であり，基礎教育分野では，小学校建設や，青年海外協力隊による理数科教育協力に限られていた。1991年，世界最大の援助供与国となった日本は，途上国の開発課題の解決に向けた国際社会の期待と関心が高まるなか，教育協力においても上述したような国際的な潮流に呼応すべく，それまで協力経験が乏しかった基礎教育分野の支援について，アプローチ，規模ともに拡大，深化させていく必

要性に迫られることとなる。すなわち，1990年を転機として日本はトップドナーに相応しい政策面でのイニシアティブとリーダーシップを発揮することが期待されるようになり，国際協力の実務面においても政策と整合性を持った新たな分野での協力を推進，拡充することが求められるようになった。

本章では，1990年以降の日本の教育協力について，とりわけジェンダー格差の是正とジェンダー平等への取り組みに着目し，政策レベル及び実践面での動向を概観するとともに，グァテマラ，イエメンでの具体的な協力事例を取り上げ，今後の課題と展望について検討する。

第2節　1990年以降の日本の教育協力に関するジェンダーを巡る政策的動向

日本の援助政策において「開発と女性」（WID）は常に重要な配慮事項として認識されてきた。他方，開発アプローチが転換していくなかで，開発協力における女性の捉え方もWIDから「ジェンダーと開発」（GAD）へと変遷してきた。そして教育は，個々人のエンパワメントを通じてジェンダー平等を含めたより公正な社会を構築するための手段として，あるいはその進捗を測るための主要な指標の1つとして捉えられてきた。

日本の政府開発援助（ODA）の理念は1992年のODA大綱にて初めて明文化されたが，そのなかで「女性の開発への参加や受益の促進に対して十分に配慮すること」が開発協力の効果的実施の方策の1つとして明記されている（外務省1992）。その後，2003年に改定された新ODA大綱では基本方針として「公平性の確保」を掲げ，開発における男女共同参画の視点の重要性を明記し（外務省，2003），ジェンダー平等に向けた男女両性への働きかけを重視するようになった。

1995年，日本政府は，「女性の一生を通じたエンパワメントと男女間格差の是正を目指した協力を充実させる必要がある」として，第4回世界女性会議（北京会議）にて「途上国における女性支援――Women in Development――WIDイニシアティブ（日本WIDイニシアティブ）」を発表した。そのなかで「均衡のとれた持続的な開発に貢献し，開発途上国の女性の地位の強化や男女間格差の解消を促進する」ために，「開発における女性の参加や受益に配慮した開発援助の実施」が重要であるとし，教育においては初等教育へのアクセス拡大

と男女間格差の改善を目標に据えた女子教育推進に取り組む姿勢を表明した。同会議では日本を含む189ヵ国の代表により北京行動綱領が採択されたが、日本政府は自らが発表した日本WIDイニシアティブと北京行動綱領のフォローアップとしてUNDP/日本WID基金を立ち上げた。本基金は後述するグァテマラ女子教育協力でも効果的に活用されることとなる。

　日本WIDイニシアティブに続き、日本政府がコンセプト作成から採択にいたるまでイニシアティブを発揮し、国際社会をリードして取り纏めた政策文書に「21世紀に向けて――開発協力を通じた貢献」（通称DAC新開発戦略）がある。1996年に経済開発協力機構（OECD）の開発援助委員会（Development Assistance Committee, DAC）上級会合にて採択された同戦略は、教育分野において達成すべき主要な目標として、「2015年までにすべての国において初等教育を普及させ」、「2005年までに初等・中等教育における男女間格差を解消することによって男女平等と女性の地位向上（エンパワメント）に向けた進捗を示す」ことを掲げ、その後これらはミレニアム目標（MDGs）の一環として継承された（水野、2001；2008）。1990年代中頃以降、基礎教育に関連する日本の開発協力は、教育施設の拡充整備などの無償資金協力によるハード面への支援に加えて、開発調査、技術協力プロジェクトなどのソフト面を含めた包括的な協力に発展してきたことからも、同戦略が日本の基礎教育協力の初期の発展を大きく後押ししたといっても過言ではない。後述するグァテマラ女子教育協力は、教育支援を通じたジェンダー平等への貢献を目指した日本による初めての協力事例であるが、日本WIDイニシアティブが新たな分野における協力実現へのモメンタム（はずみ）となり、DAC新開発戦略がその実施促進にかかる政策的な後押しを行った好例であると言えよう。

　2000年代に入り、日本は自らの基礎教育支援に関する考え方について、「成長のための基礎教育イニシアティブ（Basic Education for Growth Initiative, BEGIN）に取り纏め、2002年カナナスキス（カナダ）・サミットにて発表した。同イニシアティブでは、基礎教育支援の3つの柱として(1)教育機会の確保、(2)質の向上、(3)教育マネジメントの改善を打ち出し、教育機会の確保における重点分野の1つとして「ジェンダー格差の改善のための支援（女子教育）」を取り上げている。BEGINは、EFA達成に向けた教育支援に対する日本の考え方

や援助哲学，基礎教育重視のスタンスについて初めて国際社会に向けて明示した点において意義深い。他方，具体的な成果目標やプログラム，支援額等が盛り込まれておらず（外務省，2008），その進捗や達成度をモニタリングすることが不可能なことから，重点分野として掲げたジェンダー格差の改善のための支援についても特にフォローされることはなかった。これらの課題を踏まえて2010年に策定された日本の教育協力政策においては，教育支援にかかる具体的な数値目標を明示し，モニタリング，評価の視点が言及されている[1]。また，具体的な成果目標は明示されていないものの，EFA達成に向けて残された課題として，地域間，地域内で大きくばらつきのあるジェンダー格差をとりあげ，女子を含める社会的不利な立場に置かれた人々に配慮し，疎外された人々に届く支援の推進を基本原則の1つとして挙げている。

　日本WIDイニシアティブを打ち出してから10年を経た2005年，日本政府は，国連婦人の地位委員会閣僚級会合において「ジェンダーと開発（Gender and Development, GAD）イニシアティブ」を発表した。女性に焦点をあて，貧困，教育，健康分野における女性の実践的ニーズ（Practical Needs）の充足に重点をおいたWIDイニシアティブ（佐藤，1997）に対して，GADイニシアティブでは開発協力におけるジェンダー主流化のための基本的なアプローチや具体的な取り組み策を示し，教育分野については，アクセスにおける男女間格差の是正に加えて，ジェンダーの平等性の推進やそのために必要な女性のエンパワメントという視点から教育内容や関係者の意識改革への支援についても言及している。

　上述してきたように，ODA政策や国際社会に向けて打ち出した日本のイニシアティブに見られる開発協力における女性の捉え方は，社会的弱者としての女性支援を前提としたWIDアプローチから，開発プロセスに男女がともに参画するなかでジェンダー格差の是正に取り組む包括的なアプローチへとシフトされ，教育についても，指標面での格差是正に加えて，公正なジェンダー関係の構築に求められる教育の中味や質についても重視されるようになった。

第3節　日本の教育協力におけるジェンダー課題への取り組み

　日本の政府開発援助の実施機関である国際協力機構（JICA）は，1990年に「分野別（開発と女性）援助研究会」を発足させて以来，開発協力における横断的課題としてジェンダーの視点をすべての事業に反映することを目指してきた。この一環として，WID援助研究会の設置と調査報告書・提言の取り纏め（1991），WID懇談会の開催（1996〜2004），ジェンダー懇談会の開催（2005〜），課題別指針「ジェンダー主流化・WID」の策定・改定などが進められ，事業横断的なジェンダーの主流化に取り組んでいる。

　教育協力については，1990年ジョムティエン会議によりEFA達成が国際社会の共通目標として合意されたことが契機となり，同年に教育援助検討会を設置，次いで1992年には「開発と教育分野別援助研究会」を発足させ，教育協力の国際的な潮流に呼応した日本の教育協力のあり方に関する報告書を取り纏めている。同報告書では，「公平性」「提供される教育の質」の観点から，基礎教育レベルにおける女子教育の重視や，教育援助の実施方法における留意事項としてジェンダー配慮の必要性を指摘しており，同報告書が取り纏めた提言事項は，2000年代に至るまでの日本の教育協力における中長期的な指針となってきた。また，同研究会に続きJICAはさまざまなタスクフォースや研究会を設置し[2]，有識者，実務者，関係省庁を交えた議論のなかで教育協力にかかる事業戦略を練り，新たな援助ニーズに対応する体制構築を進めてきた。

　このように，JICAは1990年代，事業全般における横断的な課題としてWID/GADに取り組むための体制整備に着手するとともに，EFAへの取り組みの一環として，技術協力を通じた基礎教育分野でのソフト型支援を開始させた。WID/GADに関しては，日本WIDイニシアティブによる政策的後ろ盾を背景に，後述する日米コモンアジェンダにおける具体的な協調案件として1995年グァテマラにて日本による初めての女子教育協力が実施されることとなる。

　教育協力の主流が基礎教育へと移行していった1990年代から現在までを振り返ると，1990年代は，基礎教育協力へのアプローチや協力規模をともに拡

大していくための実証的な研究や調査，パイロット事業の蓄積期として捉えることができる。協力テーマについても，現職教員研修を中心とした教師教育に加えて，教育マネジメントにも取り組むようになり，技術協力プロジェクトの実施件数は2000年以降目覚ましく増加した。他方，教育における「ジェンダー格差の是正」は，2005年に策定された基礎教育分野課題別指針の重点課題とされているにもかかわらず，これに明示的に取り組んだ事例は極めて少ない。ジェンダー格差の是正を明示的な目標として掲げた協力事例は，前述したグァテマラのほかには2005年に開始されたイエメンにおける技術協力プロジェクト1件のみである。その背景として，JICAの技術協力による基礎教育支援は，地域の教育課題やその解決手段の特定における現場の主体性を重視していることがまず挙げられよう。すなわち，ジェンダー平等に向けた取り組みについても，政策レベルからトップダウン方式で推進するというよりは，参加型問題分析により現場で特定されるべき課題やニーズの一環として位置づけ，それらを自立的に現場で解決していくボトムアップのプロセスや，そこから生み出される主体的な変革を尊重して支援してきたことが指摘される。他方，後述するイエメンの事例からも示されるように，社会・文化的背景から形成・固定化されてきた伝統的な性別役割が女子の就学を阻む要因となっている場合，ジェンダーの不平等性に対する関係者の問題認識が欠落していることが多い。したがって，参加型問題分析とあわせて，啓発を通じた問題意識の喚起が不可欠となることも念頭におきながら案件のアプローチを検討することも必要であろう。

　最近，JICA人間開発部基礎教育グループを中心に構成される「教育とジェンダー」小タスクチームより教育案件の形成，実施管理，評価の際にジェンダーの視点を適切に取り入れていくためのジェンダーチェックリストが作成され，実務での活用が試行されている。このようなチェックリストの活用が事業管理のなかで定着していくことにより，担当者におけるジェンダー配慮の認識が喚起されることが望まれる。また，事業管理において男女別を含める細分化されたデータ分析を通して格差の傾向を一貫して把握していくことにより，教育指標における男女間格差の是正のみならず，社会における公正なジェンダー関係の構築にも配慮した案件が形成・実施されていくことが期待される。

第4節　教育分野におけるジェンダー平等にむけた協力事例

　上述してきたように，EFAに向けた国際社会のコミットメントが確認された1990年以降，基礎教育の拡充とこれに伴うジェンダー配慮は，日本の国際協力政策において常に重点課題として位置づけられ，ODAの実施を担うJICAの教育協力においても直接あるいは間接的にジェンダーの平等推進に取り組んできた。
　本節では，教育におけるジェンダー格差の是正を具体的な目標として掲げた協力事例（グァテマラ，イエメン）を紹介し，それらの成果と教訓を概説する。

1．グァテマラ女子教育協力支援[3]

　グァテマラは中米に位置し，21のマヤ系先住民族，ラディノ（先住民とヨーロッパ系白人の混血），ガリフナ民族，シンカ民族からなり，24言語が話される多民族多言語国家である。36年間の長期にわたる内戦の末，1996年に和平協定が締結されたが，男女，民族，地域間のあらゆる側面における格差の是正は喫緊の開発課題であり，均衡な社会経済発展の基盤となる初等教育の普及は政策的優先目標であった。
　女子教育分野では，1980年代後半からアメリカ国際開発庁（United States Agency for International Development, USAID）を中心としたさまざまな機関が支援を行ってきた。日本も1993年に日米包括経済協議の一環として打ち出された「日米コモンアジェンダ——地球的規模に立った協力のための共通課題」にかかる新たな分野として「途上国の女性支援」が加わったことを受けて，同分野における具体的な日米協調案件として1995年にグァテマラ女子教育協力を開始させた。

1）日本の支援の特徴

　グァテマラ女子教育協力は，UNDP／日本WID基金，草の根無償資金協力などの資金協力とあわせて，長短期専門家，青年海外協力隊，国別及び分野別研修事業，小学校建設（一般無償資金協力），単独機材供与などの多様なスキームを有機的に連動させ，政策及び実施レベル双方に統合的にアプローチした希少な事例である。このような包括的かつ柔軟な協力枠組みにより，政策提言から実践に至

るまで縦横断的に女子教育推進に取り組んだプログラムアプローチの先駆的な事例であり，それまでの日本の開発協力において先例のない革新的な協力が実現した。日本による基礎教育への協力の主流が理数科教育であった当時，教科教育に特化するのではなく，初等教育における横断的なジェンダー格差の是正に取り組むという新しい試みに挑戦できた背景には，日米コモンアジェンダという政策的コミットメントや，日本WIDイニシアティブ，新開発戦略の推進というグローバルレベルにおける日本のリーダーシップの存在が挙げられる。

2) 協力の概要

　グァテマラ女子教育協力は，初等教育における男女間格差の是正を開発目標として掲げ，中央及び県の両レベルへの働きかけを通じた女子教育推進のための能力強化に取り組んだ。中央政策レベルでは，女子教育推進のための5ヵ年国家戦略の策定支援を行い，県レベルでは，国家戦略に基づき，それぞれの地域の実情やニーズにあわせて女子教育を推進するためのプログラム形成・実施・モニタリング能力強化に取り組んだ。当時グァテマラ政府は，教育改革の一環として地方分権化を推進しており，その要となる県教育行政の組織体制と能力強化が喫緊の課題であったことから，日本による技術・資金協力はこれに対応する形で展開されている。なお，日本による女子教育協力の一環として，UNDP日本WID基金，草の根無償資金協力を通じた計74万米ドルの資金協力が実現し，そのうち25万米ドルが投入されて，対象7県[4]（2000年時点）における計85校（教員総数621名，生徒総数2万2,793名）を対象とした女子教育推進のためのパイロットプロジェクトが実施された（水野，1998；2001a；2001b）。これらは，全国22県の教育事務所が現場のニーズに基づいて形成したプロジェクトのなかから論理性，政策との整合性，実行可能性等の基準に基づき，教育省が審査，選定したものであった。各プロジェクトは，教員研修を主軸としたジェンダーに関する意識改革，教授方法や授業内容の改善，学校組織の強化を通じて，女子の就学促進や学習参加を向上させ，就学率や中途退学率における男女間格差の是正を目指すものであった。表3－1は，グァテマラ女子教育協力の概要をまとめたものである。

3) 成果と課題

　この協力事業では，専門家が核となって現場でのニーズ・目的分析に基づ

表3-1　グァテマラ女子教育協力の取り組み

初等教育（就学率・中退率・進学率）における男女間格差の是正

家族要因への取り組み
・学校が実施主体
・日本による間接的技術支援

保護者（家庭）における女子教育の重要性への認識が喚起される
・教員による保護者への働きかけ
・学校における女子教育啓発活動の実施
・教員の指導力向上による児童の学習意欲の向上
・児童とのコミュニケーションを通じた保護者の教育観の変化

学校要因への取り組み
・県が実施主体
・日本による間接的技術支援

プロジェクト活動を通して教員ジェンダー観及び指導法が改善される
・教員とジェンダー，多文化・参加型教授法，ミニライブラリーの活用，教材マニュアルの作成，学校管理，等をテーマとした教員研修の計画・実施・フォローアップ
・図書，視覚教材，学校教材，伝統工芸品作成材料など，研修を実施するために必要となる資機材の供与

教育行政要因への取り組み
・教育本省及び県教育事務所が主体
・日本による直接的技術支援

【地方レベル】
女子教育戦略5か年計画実施推進に向けた県レベルでの取り組みが強化される
・女子教育推進のためのパイロットプロジェクトの形成・実施——政策項目「教員の質改善による女子教育の推進」に対応する県レベルの活動の一環として，教員研修を中心とした女子教育推進パイロットプロジェクトが形成・実施される（7県）
・県レベルのプロジェクト・プログラム形成・実施能力が強化される——論理的枠組みに基づいたプロジェクト形成・管理手法の導入研修が全県の教育事務所を対象として実施される

【中央レベル】
国レベルで現場の特性・ニーズを反映した女子教育政策や戦略計画が策定される
・教員とジェンダー，多文化・参加型教授法，ミニライブラリーの活用，教材マニュアルの作成，学校管理，等をテーマとした教員研修の計画・実施・フォローアップ
・図書，視聴覚機材，学校教材，伝統工芸品作成材料など，研修を実施するために必要となる資機材の提供

国をあげた女子教育の重要性の喚起と女子教育推進に向けた経験共有や調整機能の強化
・女子教育ナショナルセミナーを通じて女子教育の重要性に関するグァテマラ全県の関係者に対する啓発の徹底
・教育省を中心として援助機関，NGO，CSOによる女子教育推進のためのネットワーク構築

出典：水野（2001b）p106を改訂

いた協力枠組みを検討し，これに対応する具体的な資金と技術協力について，JICA，大使館，外務省，国際機関（UNDP）のそれぞれに働きかけながら，国際機関への信託基金（UNDP／日本WID基金）も含め，日本のさまざまな協力枠組みや援助の供給源（リソース）が1つの包括的な事業（プログラム）のなかで実施された。他方，具体的な支援内容も含めた包括的な協力計画が，協力開始前に策定され，それに従い実施される技術協力プロジェクトとは異なり，支援の投入規模や方法について実施プロセスのなかで専門家が各関連機関と交渉せねばならない困難さを伴った。しかし，このような機動性を重視したアプローチにより，日本の持つ多様な援助リソースの有機的な連携が推進された結果，政策及び現場レベル双方への働きかけが可能となり，国レベルでの女子教育の推進に一定の貢献ができたと言えよう。

　学校現場でのインパクトについては，パイロットプロジェクトの対象校教員へのアンケート調査の結果から，ジェンダー平等に関する教員の知識向上に対するインパクトが確認されたが，一部の教員においては，研修やプロジェクト実践により習得した知識がジェンダー平等への内発的意識改革に結実せずに，男性優位主導の社会を根強く支持する傾向にあることも把握された。例えば「中学校進学における奨学金付与」についておよそ7割の教員が女子を選択し，その理由として「女子の教育機会が男子と比して阻まれている」とした教員が有効回答の44％であり，多くの教員が教育へのアクセスにおける男女の不平等性とその改善の必要性を認識している一方で，「主婦に教育は不要」と回答した割合は全体の12.5％を占め，そのなかには奨学金付与に女子を選択した教員の13％，性別で判断しないとした教員の20％が含まれていた。これは，長年その土地で受容されてきたジェンダー関係や女性の社会的役割に対する意識変革は，単発，短期間の研修のみにて達成されるものではないことを示唆している。すなわちジェンダーに関する意識や社会通念の変革を目指すような協力には地道で継続的な取り組みやフォローアップが重要であり，中長期的な視点からの案件形成と実施支援が不可欠であることが示された。

　さらに，プロジェクトの実施主体である県教育事務所が達成すべき目標を明確に対象校と共有した上で，地域社会のニーズ分析に基づいてプロジェクトを

形成・実施し，継続的にフォローすることが女子教育へのインパクト向上に不可欠であり，初等教育普及における公平性の確保に向けては，個々の学校と密接に関わるべき地方教育行政の能力強化が優先課題であることを定量的に検証し，同分野への教育協力の拡充を提言している（水野，2001b）。

2. イエメン女子教育協力
——Broadening Regional Initiative for Girls' Education (BRIDGE)

基礎教育分野にて初めての技術協力プロジェクトが実施されたのは1994年であるが，本節で取り上げるイエメン女子教育協力は，女子教育の推進を目標として明示している技術協力プロジェクトの唯一の事例である。

イエメン女子教育協力は、2005年から2008年の間，フェーズⅠが実施され、そこで得られた教訓や達成された成果に基づいて，2009年よりフェーズⅡを

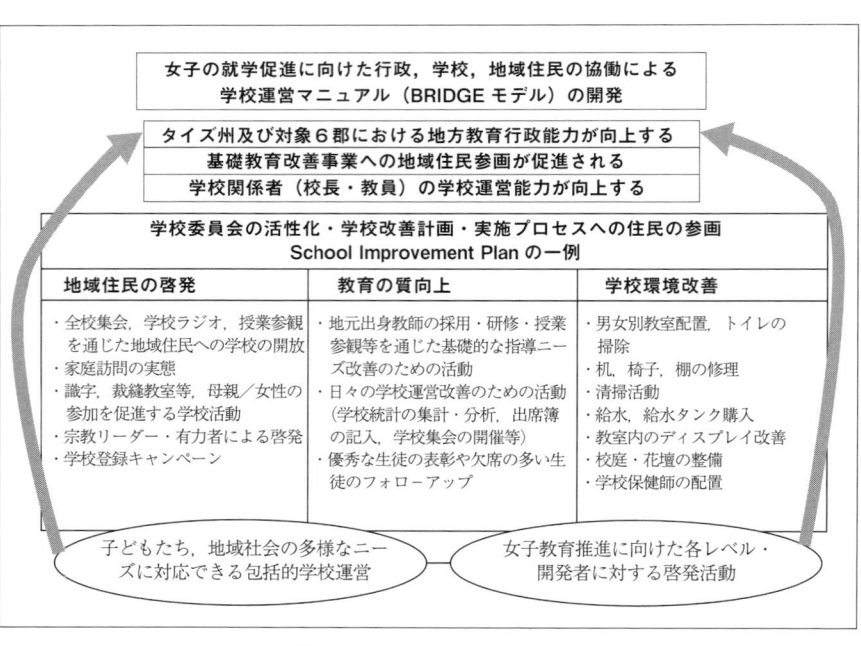

女子の就学促進に向けた行政，学校，地域住民の協働による学校運営マニュアル（BRIDGEモデル）の開発		
タイズ州及び対象6郡における地方教育行政能力が向上する 基礎教育改善事業への地域住民参画が促進される 学校関係者（校長・教員）の学校運営能力が向上する		
学校委員会の活性化・学校改善計画・実施プロセスへの住民の参画 School Improvement Plan の一例		
地域住民の啓発	教育の質向上	学校環境改善
・全校集会，学校ラジオ，授業参観を通じた地域住民への学校の開放 ・家庭訪問の実態 ・識字，裁縫教室等，母親／女性の参加を促進する学校活動 ・宗教リーダー・有力者による啓発 ・学校登録キャンペーン	・地元出身教師の採用・研修・授業参観等を通じた基礎的な指導ニーズ改善のための活動 ・日々の学校運営改善のための活動（学校統計の集計・分析，出席簿の記入，学校集会の開催等） ・優秀な生徒の表彰や欠席の多い生徒のフォローアップ	・男女別教室配置，トイレの掃除 ・机，椅子，棚の修理 ・清掃活動 ・給水，給水タンク購入 ・教室内のディスプレイ改善 ・校庭・花壇の整備 ・学校保健師の配置
子どもたち，地域社会の多様なニーズに対応できる包括的学校運営		女子教育推進に向けた各レベル・開発者に対する啓発活動

図3—1　BRIDGEの概要

出典：プロジェクト資料に基づき筆者が改訂

開始している。
1）女子教育をめぐるイエメンの概況

　イエメンはアラビア半島の南に位置するイスラム教国家である。同国は，初等教育の就学における男女間格差が世界的にも最も大きい最貧国の1つであり，ジェンダー不平等指数[5]も常に最上位に属する。イエメンにおける女子教育の阻害要因は，女性の行動範囲や社会での役割を著しく限定している伝統的価値観に根ざしたジェンダー観，貧困で伝統的価値観がより根強い農村部への人口分布の偏り（72％），遠隔地に小規模なコミュニティが点在する地理的特徴などが複合的に絡み合っている。

　このような状況においてイエメン政府は，貧困削減戦略にかかる優先政策として基礎教育の開発戦略を打ち出し，2015年までのEFA達成に向けて女子の就学率向上を優先課題として掲げた女子教育の拡充に取り組んでいる。

2）BRIDGEモデル

　2005年よりJICAは，イエメン国教育省とタイズ州・郡教育局をパートナーとして，「女子の就学促進に向けた行政，学校，地域住民の協働による学校運営モデル（BRIDGEモデル）の開発」を目標に掲げて女子教育協力を開始した。

　具体的には，女子の就学が阻まれ，就学者数における男女間格差が顕著な遠隔地域において女子教育を推進することを目指して，地域住民と学校が協働して女子の就学促進を共通目標として掲げる学校改善計画（School Improvement Plan, SIP）を作り，これを実施していくプロセスを定着させ，学校教育に対する地域住民のオーナーシップとコミットメントを強化すること，また，SIPの策定・実施のプロセスの一環として住民への啓発活動や女子教育に関する参加型問題分析をきちんと組み入れること，地域の教育行政官による学校レベルでの継続的なフォローアップを確保することに取り組んだ。すなわち，何か新しい制度や仕組みを導入するのではなく，既に存在する制度，仕組みを強化，活性化させるための関係者の能力強化や，実践を通じて具体的でわかりやすいガイドラインや運用ツールを策定し，プロジェクト期間を超えたモデルの普及や自立発展性に重点を置いている。

　また，女子の就学を阻む伝統的な価値観に根差した不平等なジェンダー観の変革を促すために，住民の啓発活動に地域リーダーや宗教指導者の参加を確保

すること，イスラム教の教えを啓発メッセージに効果的に取り入れること，学校改善計画に必ず母会の意見を反映させるような仕組みを確立すること，学校活動の一環として地域の女性を対象とした識字や裁縫教室を開催し，女性に学ぶ機会を提供しエンパワメントを促すことなどをモデルの主要アプローチとして取り入れている。

3) 成果と課題

BRIDGE モデルが試行・導入された地域では，4年間で女子の就学者数が1.5倍に増え，男子生徒数に対する女子生徒数の割合（GPI）は0.67から0.79に改善された。また，学校と地域住民の信頼関係や学校長におけるジェンダー観に目覚ましい変化が表れた。例えば，プロジェクト開始時（B/L）と終了時（E/L）に実施した保護者へのアンケート調査の結果を比較すると（国際協力機構ほか，2008），79％の保護者がB/L時点では「子どもの学校の教員を信頼している」という意見に対して「わからない」と答えたのに対し，E/L時点で91％が「全く同意する」と答えている。またE/L時点には，99％の親が「学校に喜んで協力する」と考えるようになり，90％近い校長が「学校運営における住民参加の重要性」を認識するようになった。

校長のジェンダー観について，「男女が平等に教育を受ける権利を有する」という意見に賛成した校長はB/L時点では10％に満たなかったのに対し，E/L時点では97％が賛成し，さらに70％近くの校長が「女性も社会でプロとしてキャリアを持つべし」という意見を支持するようになった。これらの結果が示すとおり，BRIDGEの対象校では就学率や就学者数などの教育統計における男女間格差の改善に留まらず，社会におけるジェンダー平等を推進する鍵となる校長を中心とした学校関係者の教育に関するジェンダー観にも著しい変化が見られた。

他方，E/L時点においても30％近くの校長が「結婚したら女性は家に留まるべし」という意見を支持しており，グァテマラのケースと同様に社会・文化的に形成・固定化されてきた女性に求められている伝統的な役割を短期間にて変革することの困難さも確認された。教育は次世代のジェンダー関係の形成に大きく影響を及ぼすことから，生徒を取り巻く学習環境や，教育の内容や教授法についてもジェンダーの視点から精査し，教育を通じて不平等なジェンダーが次世代にわたって再生産されないよう留意することの重要性が示唆される。

現在，タイズ州の独自の予算によりBRIDGEモデルの定着・普及がとり進められ，国レベルでは，同モデルを基盤とした学校運営・女子教育推進モデルの標準化が進められている。フェーズⅠでの教訓や知見が十分に生かされることにより，男女平等な教育機会の拡充が教育を超えた社会のジェンダー平等の構築につながっていくことが望まれる。

第5節　今後の課題と展望

　教育における，あるいは，教育を通じたジェンダー平等への取り組みには，教育を取り巻く伝統的価値観に見られるジェンダーの不平等性も視野に入れ，教育における男女間格差を形成している要因の構造を広い視野から捉えること，またそれらの要因の構造について教育現場を構成する校長，教員，児童や家庭，さらには地域コミュニティの視点から明らかにするプロセスが不可欠となる。すなわち，重層，多角的な視点から教育とジェンダー格差の相互作用に体系的に作用するアプローチを模索することが重要である。例えば，政策レベルへの支援においても学校，コミュニティの現状やニーズを十分に踏まえること，教員研修への支援であれば，教室や学校における教員の役割のみならず，社会や家庭における学校，教員の役割やジェンダー平等に関する考え方までも視野に入れること，児童への教育拡充を目指す時も，識字教育などの成人教育などを取り入れながら女性を含む地域全体のエンパワーメントにも配慮しつつ，不就学児童の保護者に働きかけ，保健や栄養プログラムとの連携も検討すること，さらには卒業後の進路の拡充の観点から，産業開発や労働市場の改善にも働きかけること，など学校教育という制度の枠を超えてあらゆる観点からあらゆる分野と協働して取り組むことが重要となる。

　このようなアプローチを推進していくためには，援助機関の体制，システム，人材の強化が不可欠となる。とりわけ，ジェンダー平等を政策レベルにおけるレトリックで終わらせず，現場レベルでの活動に着実に反映させていくためには，まずは援助機関を構成する個々人のジェンダー観の認識と意識改革が不可欠であろう。さらに，ジェンダーの視点を各事業に適切に反映させるための専門知識の強化と，それを活用していく組織の仕組みや体制づくりも肝要となる。

教育協力を通じてジェンダーの平等に取り組むには，学校を取り巻く社会・文化・経済環境も十分に考慮した事業計画が不可欠であり，さらには，教育以外の分野（例えば保健や農業，産業等）との連携も視野に入れた協力の推進が重要となる。ジェンダーの平等は，単独の領域のみで推進できるものではなく，対象とする人々を取り巻く複合的な分野から成るプログラムにより包括的に取り組み，進捗状況についても中長期的な視点からモニターしていくことが望ましい。とりわけ，ジェンダー格差の是正が優先的な開発課題となっている国については，教育を含める複数のプロジェクトを束ねたプログラムが形成され，横断的な取り組みが実現されることが期待される。

◆注
(1) 同政策は，2011年から2015年までに教育分野において35億ドルの支援を行い，少なくとも700万人（延べ2,500万人）の子どもに質の高い教育環境を提供することを表明している。
(2) 例えば，「教育援助拡充のためのタスクフォース」（1994～95），「教育援助にかかる基礎研究」（1995），「DAC新開発戦略援助研究会」（1996）など。
(3) 本節は水野（2001b）pp56-66，pp102-145を要約，再構成した。
(4) このプロジェクトは，その後UNDPによりフェーズⅡとして他県にも拡大した。ここでは，データ入手可能な2000年までの情報を記載した。
(5) 例えばGender Inequality Index, Gender Empowerment Measure, Gender Gap Indexなど。

◆引用・参考文献
開発援助委員会（1996）「21世紀に向けて――開発協力を通じた貢献」
外務省（1992）「政府開発援助大綱（旧）」
外務省（1995）「日本のWIDイニシアティブ」
外務省（2002）「成長のための基礎教育イニシアティブ（BEGIN : Basic Education for Growth Initiative）」
外務省（2003）「政府開発援助大綱
外務省（2008）「『成長のための基礎教育イニシアティブ（BEGIN）』に関する評価報告書」
国際協力機構（2008）An Impact Analysis of the JICA Broadening Regional Initiative for Developing Girls' Education（BRIDGE）Project : A comparative analysis of baseline and endline surveys Tokyo JICA BRIDGE
国際協力事業団（1994）「開発と教育分野別援助研究会報告書」

日本政府（2005）「ジェンダーと開発（GAD）イニシアティブ」
日本政府（2010）「日本の教育協力政策　2011-2015」
水野敬子（1998）「グァテマラ教育協力　個別専門家総合報告書（JICA提出）」
水野敬子（2001a）「ジェンダーに配慮した初等教育協力——グァテマラ女子教育パイロットプロジェクトの定量的分析」『国際協力研究』17(1), 9-22
水野敬子（2001b）「ジェンダーを中心とする格差是正に配慮した教育協力に関する研究」東京工業大学大学院社会理工学研究科博士論文
水野敬子（2008）「基礎教育に対する日本の援助政策の変遷」小川啓一・西村幹子編著『途上国における日本の基礎教育支援』学文社, 46-72
水野敬子（2010）「JICA/JNNE/ACCU共催シンポシウム報告書EFAグローバルモニタリングレポート2010すべての人がともに学ぶ未来へ——困難な状況にある子どもたちに焦点をあてて　JICA活動事例」『イエメン女子教育向上計画』31-36
佐藤由利子（1997）「貧困・WID援助と日本の経験」『国際協力研究』13(2), 9-24

第 2 部

地域別の現状と課題

「公立小学校の授業風景」
ウガンダ　2007年7月
撮影：西村 幹子

第 4 章

東アジアにおける傾向と課題
―― グローバリゼーションと少数民族女子青年をめぐって

新保　敦子

　1990年代以降，東アジアの女性たちは，市場化やグローバル経済の進行の下での経済発展，あるいは経済危機など，大きな変化のなかに曝されてきた。本章では，東アジアのなかでとりわけ変化の著しい中国において，少数民族女性がどのような状況にあるのか，近代教育の普及に伴い彼女達のアイデンティティはいかなる変容を遂げているのかを検討する。

第 1 節　東アジアの教育の現状

　東アジア地域においては，1990年代以降のグローバリゼーションの潮流のなかで政治・経済が転換期を迎えた。また市場論理に支配される過程で教育機会の拡大が急速に進展し，初等・中等・高等教育機関への就学率・進学率が急激に伸長した。

　例えば韓国において，大学への進学率は1991年に33.2％であったが，2008年には83.8％にまで達している（OECD加盟国中最高レベル）（韓国教育科学技術部・韓国教育開発院，2011）。女性に目を向ければ，従来，韓国において女性は家庭を支える存在であり，進学は短期大学・夜間大学・放送大学が主であった。しかしながら，1990年代以降には，男女を問わず一流大学への入学志望が全国的な傾向となり，女性の大学進学率も2009年には，男性を上回ることになった（女性82.4％，男性81.6％）。

　しかし，世界経済フォーラムの報告書（2011）によると，韓国における男女平等指数（男女間の政治的な権限，経済的な参加，保健・教育レベル等から算

出）は135ヵ国中107位に留まっている。女性は社会活動ができず，学歴は「一流の嫁」になるための手段に過ぎない。そのため，高学歴の母親は子どもの受験競争に拍車をかけ，学歴社会を再生産する主要な担い手となっている（李恩珠，2009）。さらに1997年のアジア通貨危機で韓国経済は大きな打撃を受け，韓国政府はIMF（国際通貨基金）の管理下に置かれることになった。この国家的な経済破綻を背景に，韓国社会で生き残るには，コネ，家庭の社会的背景，学歴，この3つであることの確信が母親たちの教育熱に火をつけ，受験競争をさらに過酷なものにしている。

　一方，中国では文化大革命（1966〜76年，以下，文革と略す）終了後の1970年代末から経済改革・対外開放の政策が採られ，社会主義体制の下での市場経済化を目指した。とりわけ2001年のWTO加盟以降はグローバリゼーションの潮流に乗り，経済発展は著しいものがある。

　こうした動向と表裏一体のものとして，教育事業は急速な拡大を遂げている。例えば，2009年の教育統計によれば，各段階の就学率はそれぞれ小学校99.4％，中学校99.0％，高校79.2％，大学24.2％である（中華人民共和国教育部発展規画司，2010）。特に，高等教育機関の在学生数は，インターネットによる通信教育も含めれば3,102万人に達しており，まさに教育大国の道を歩みつつある。

　このように，東アジア地域においては，90年代以降，急速に教育事業が発展を遂げ，これまで教育を受けることがなかった女性にも教育機会が与えられたことは注目できる。

　しかし，近代的な学校教育の普及は，同時に多くの矛盾も内包している。特に中国は55の少数民族を抱えているが，少数民族にとって近代教育の享受は，社会的上昇という恩恵とともに伝統的な文化や共同体のネットワークからの乖離を意味する。本稿においては，教育の近代化と固有の文化伝統との矛盾といった実態を，中国の少数民族である回族というムスリムを事例として考察していくものとする。

　具体的には，寧夏回族自治区南部の黄土高原という辺境に生まれた回族女性教師たちの実態を追うことで，グローバリゼーションに伴う激動のなかでムスリム女性のアイデンティティがどのように変容を遂げていくのかを検討したい。

　市場経済化の下での公教育の拡大は，回族女子青年・女性の社会的な上昇を

可能にし，エンパワメントにつながっていることは間違いない。しかし国民統合を目指す公教育の普及は，民族的差異の尊重ではなく，漢族と同じ土俵で受験競争を勝ち抜くことを求めるものである。また公教育を受けて教師となったことで教師としての職業生活と，ムスリムとしての家庭生活は時として対立し，彼女たちはさまざまな矛盾に直面せざるを得ない。こうした矛盾を本章では探っていくものとする。

本章の構成は，第1節で，近年の中国における教育普及をめぐる動向，第2節と第3節で寧夏における不就学状況及び女子教育への取り組みについて，それぞれ検討する。その上で，第4節においては，回族女性教員が果たしている役割や，彼女たちのナショナル・アイデンティティとエスニック・アイデンティティとの葛藤について論じていきたい。

第2節　近年における目覚ましい教育普及

中華人民共和国建国後，共産党政権の下で労働者・農民に対する教育が重視され，教育普及は順調に進んでいた。しかしながら，文革は，知識人への徹底的な攻撃や学校秩序の破壊を伴い，中国の教育界に甚大な被害を及ぼすことになった。とりわけ少数民族地域での被害は，筆舌に尽くしがたいものがあったと言われている。

文革後，経済発展のための基層レベルでの人材養成が重要視され，従来，高等教育と比べてあまり力が注がれてこなかった基礎教育の必要性が認識されるようになった。法的にも「中華人民共和国憲法」（1982年）では，「中華人民共和国の公民は教育を受ける権利と義務を有する」（第46条）と規定されている。

また1986年，ついに中華人民共和国義務教育法が成立し，「国や社会，学校，家庭は法により学齢児童，少年が義務教育を受ける権利を保障すること」（第4条）とされた。ここに義務教育が法的裏づけを持ち，児童が教育を受けることが権利として認められることになったのである。近代的な教育制度が導入された清末・民国期以降の懸案であった義務教育の導入は，画期的なことであった。

一方，女性に関わる法律に目を向ければ，「中華人民共和国婦女権益保障法」（1992年）においては，「国は女性が男性と平等の文化的教育を享有する権利

を保障する」（第15条）と高らかに宣言している。さらに「中国婦女発展綱要（2001〜10）」では，女性教育の発展目標として，女子に対する9年制義務教育の権利保障，高校及び大学への女性の進学率の向上，成人女性識字率の向上，女性が生涯にわたって教育を受ける期間を，発展中の国家における先進的な水準とすること，などが提起されている。

　こうした政策に基づいて，近年，中国女性の教育水準は著しく向上している。初等教育段階における就学率は92年に男子98.2％に対して，女子96.1％であり，男女の性別による差は2.1％であった。しかし2007年には，男子99.46％，女子99.52％となり，女子が男子のそれを0.06％上回ることになった（教育部，2008）。

　初等教育普及に伴い女性の非識字率も改善している。成人女性の非識字率は，82年の45.2％から，2006年の13.7％へと減少している（国家統計局，2007）。

　特に女子青年（15〜24歳）の教育レベルの向上は著しい。例えば2000年に女子青年の識字率（96.7％）は，男子青年の識字率（98.7％）に迫る勢いである（性別比は0.97）。ちなみに，中国は世界の平均値（男性89.9％，女性83.4％，性別比は0.93）より高く，2015年には，先進国の水準に達すると予想されている（莫文秀，2008：16）。

　こうした教育普及の結果，2006年の統計によれば，女性人口のうちで，中学校以上の教育レベルの者は，52.6％を占めている（国家統計局，2007年）。つまり，中国の大部分の女性は，すでに9年制の義務教育，もしくはそれ以上の教育レベルとなっている。

　また女性の高等教育の進展が著しいことは注目に値する。1978年に全日制の高等教育機関で学ぶ女性の大学生は20万7,000人であったが，2009年には1,082万6,000人に達している。実に1,000万人以上もの女性が高等教育を受けていることは特筆に値しよう。また，大学（短期大学を含む）学部に在籍する学生のなかで女性が占める割合は，78年には24.1％に留まっていた。しかし2009年には50.5％となっており，これは日本の43.3％を上回る数値である（中華人民共和国教育部発展規画司，2009；文部科学省，2009）。中国の経済発展の影には，こうした教育事業の拡大があることは注目できる。

第3節　寧夏における不就学の実態

　ところで，1986年に制定された義務教育法によって小学校の学費は免除されたものの，地方によっては，さまざまな要因が児童の就学を阻害していた。90年代における不就学実態を，回族の女子を中心として多くの不就学児童を抱えていた寧夏回族自治区について見ていきたい。

　回族とは，中国語を母語とするイスラーム教徒であり，唐代，及び元代に中国が西方へ領土を拡大し東西交流が活発化した時に，中近東から中国に流入してきたアラブ系・ペルシャ系・トルコ系の民族を起源としている。定住化に伴い漢族その他の民族からの改宗者も含みながら混血が進み，今日の回族社会は形成されてきた。またイスラーム教の強烈な信仰心が，民族としてのアイデンティティの根拠になっている。

　中国の西北部に位置する寧夏回族自治区の総人口は6,102万5,181人，その内，回族は218万2,260人であり，35.8％を占める（2007年）（寧夏回族自治区統計局・国家統計局寧夏調査隊，2008）。

　寧夏回族自治区の南部は，標高1,500～2,000メートルの黄土高原地帯であり，水不足からほとんど毎年，旱魃の被害に遭っている。また雨が夏季に集中して降るため，土壌浸食も深刻である。少数民族である回族は，この黄土高原地帯に集住している。

　寧夏南部では1人当たりの年収が全国的にも低く，教育に関しても立ち遅れ，特に不就学の女子の多さを特徴としていた。例えば89年統計によれば，7～11歳の学齢児童の未就学者（合計3万2,232人）のうち，女子は95.6％（3万786人）に上っていた。また寧夏全体の初等教育学齢児童の就学率は，同年に94.0％であったが，南部山岳地域の回族女子の就学率に限ってみれば約60％程度に留まっていた（寧夏女童教育研究課題組，1995）。

　女子を中心として不就学児童が多い原因としては，下記の5点が挙げられよう。
　第1に，寧夏南部の貧困である。義務教育法によって授業料は無料とされたものの，教科書代金などの雑費が徴収されていた。
　第2の原因としては，男尊女卑がある。女子は嫁に行き他家に嫁ぐので，金

をかけてもしかたがないと考える者が少なくない。そのため就学においては，男子が優先され女子は二の次になる。

　第3に女性教員の不足が指摘できる。回族地域では，イスラーム教という宗教的要因から男女の同席や交流が制限されてきた。成人男性のいる所に嫁入り前の娘を出すと，娘に傷がつくと見なされてきたのである。

　さらに早婚の風習があり15〜16歳くらいで婚約・結婚し，17歳で一児の母というケースも珍しくない。そのため女子が小学校高学年には年頃となるため，親は女性教員がいない学校へ娘を送り出さなくなる。つまり回族地域では，女性教員の不足が女子の就学を妨げてきたと言える。

　第4に家庭環境を挙げることができる。兄弟姉妹の数が多いため，女子は子守労働を担わなければならない。例えば同心県A村の回族家庭の場合，6人家族で子ども4人（長女，長男，次男，三男）のうち，長男のみが就学していた（94年現地調査）。長女は13歳であるが，幼い次男，三男の子守をし，また家事の責任を全て負っていたため，学校に1日も行ったことがなかった。両親は出稼ぎで家を留守にしていた。

　第5に学校不足・教室不足が不就学の原因となっている。学校が遠く，また山道であるため，小さい子どもの登校が困難である。

　ただし，90年代後半に入り，2000年までに9年間の義務教育を普及することが国家的課題となり，義務教育の実施が推進されることになった。また，共産党青年団傘下の中国青少年発展基金会によって希望工程という教育支援プロジェクトが実施され，貧困地域の児童に奨学金が支給された。世界銀行，ユネスコ，ユニセフのほか，国内外のNGOも，中国の教育支援に協力した。その結果，就学率が向上するようになった。

　さらに，2006年に義務教育法の改正が行われ，学費だけでなく雑費も徴収しないと第2条で規定された。この法の改正作業と連動する形で，「2つの免除，1つの補助」政策も実施され，2006年春の新学期から，西部地区農村の小中学校では教科書代と雑費とが免除され，寄宿舎の費用が補助されることになった。こうした官民の努力と国内外からの支援の結果，農村部においても，就学率は100％近くなり，不就学児童の問題は，解決に向かっている。

第4節　女子教育への取り組み
——近代学校設立と民族固有文化の尊重

　では，少数民族地域では義務教育はどのような形で進展していったのであろうか。文革後，寧夏では，女子の就学率の向上を目指してさまざまな努力がなされるようになった。

　まず1985年に，同心県韋州鎮に韋州回民女子小学校が設立された（写真4-1）。同心県は回族が集中して居住している地域であり，人口の80％以上が回族である。

　韋州回民女子小学校では，女子の就学を促進するため，開明的アホン（宗教指導者）がその社会的威信を利用して，イスラームの祭典など，人々が多数集まる折に，女子教育の重要性を宣伝した（楊立文，1995）。アホンによる説得は，敬虔なイスラーム教徒であるこの地域の回族には影響が大きかった。

　同校は，1992年以降，寧夏教育科学研究所のプロジェクト校であり（1992～2000年），同プロジェクトはユネスコの支援を受けていた。そのため創設当初この小学校のカリキュラムには，地域の伝統的文化を尊重しながら就学率向上を図るための工夫が施された。

　例えば授業のなかで女性のアホンがアラビア語の指導を行った。アラビア語のテキストには，アラビア語の字母，あいさつ，時間を尋ねる，四季，家庭状

写真4-1　寧夏南部の小学校にて。回族女児　筆者撮影

況，寧夏概況，回族民族，宗教信仰などの内容が盛り込まれているほか，クルアーン（コーラン）の一部が抄録され，来客を歓迎する歌が付録として掲載されている（寧夏教科所国家女童教育研究課題組，1992）。また，1課ごとに「本日の名言」が紹介されており，「知識を求めることはムスリムの天職である」「遠く中国にあっても，学問を求める」といった内容である。

　イスラームの文化を尊重した試みは，親の歓迎を受け，子どもを積極的に小学校に送り出すようになったという。韋州回民女子小学校では，イスラームの文化を尊重し教育内容の改革にまで踏み込んでいるが，少数民族の固有性を重視するユネスコの支持が，それを可能にした側面がある。

　また同校では「自立自強」がスローガンであり，女子が自立に向けての力をつけることを目標として教育が行われた。そのため，裁縫や刺繍，編み物，蔬菜栽培等の職業技術教育が学習のなかに組み込まれ，将来の日常生活や職業選択に役立つことが図られた。放送局や文芸部などの課外活動も活発で，女子は自分を表現する機会が与えられた。

　ところが，女子の就学率が向上して進学重視に傾くに伴い，イスラームの文化や女子の特性を生かした教育は姿を消すことになる。

　まず第1に，女子校が共学校へと改編された。韋州回民女子小学校は名称を残したものの，共学校となった。馬新蘭校長は，「女子校は女子校を無くすためにある」としている（中国広播網寧夏分網，2008）。また将来希望する職業として，運転手，警察，解放軍兵士などを挙げる女子も少なくない。そこには，男女の差異を認めた上で女性を尊重しようとするイスラーム式のジェンダー平等観ではなく，男性並みの平等を目指そうとする近代的ジェンダー平等観が見えてくる。

　第2に，寧夏教育科学研究所のプロジェクト終了後，正規のカリキュラムからアラビア語が姿を消したことがある。回族女性教師に尋ねると，「アラビア語を勉強すると中学校への試験勉強に遅れてしまう。回族の地域では，家庭で勉強は指導できないので，学校だけが頼りとなる」と語っていた。中学への進学率をあげることを迫られている学校側の事情があると思われる（ただし，韋州回民女子小学校では，アラビア語を課外活動として設置）。

　こうして市場経済化の潮流のなかで，漢族並みの平等を目指して受験競争

（現代の科挙試験とも言える）という土俵で戦うために学校教育においてはアラビア語が廃止され，カリキュラムも全国統一の規準に則して改められたのである。

このように学校教育からはイスラーム的な要素が排除される方向にある。しかし大部分の親は，イスラームの価値観とは懸隔があることを承知しながらも，公立学校での公教育を選択する傾向が強い。それでは，なぜ学校教育を選択するのであろうか。

その理由としては，経済的背景がある。改革開放後，商品経済が浸透し，学校教育を受けることで豊かになることが理解されたことがある。従来，女子は他家に嫁がせるので，学校への就学は無用と考える親が多かった。学校で学ぶことによってイスラームの教えに背き，それは良くない，ともされてきた。しかしながら，現在では，女子でも学校で学べば現金収入の道が開かれ，結婚においても条件が良くなり，社会的上昇が可能になるとして，親は女子を学校に送り出すようになったのである。

例えば，教師は回族の女子青年にとっても，親にとっても人気の高い職業である。女子に教育を受けさせれば，将来教師になる道も開かれる。教師になれば現金収入も得ることができる上に，農村戸籍から都市戸籍となり，親としての面子も立つ。農村―都市の格差の甚だしい中国において，農村戸籍に生まれた農民が都市戸籍保持者になるのは，真に大変なことである。さらに教師は，子どもの教育の専門家ということで嫁としても喜ばれ，医者や公務員など条件の良い配偶者を捜すことができるのである。

回族女子の上級学校への進学率の上昇は，回族女子が仕事を得て，社会的に上昇する可能性を増やすことになったが，これは，回族女子・女子青年が，世俗教育を受け入れることで進学競争に加わるようになったことも意味する。学校は国家統合の出先機関としての役割を果たしている。その結果，回族女子・女子青年は国民統合の潮流に巻き込まれていったのである。

第5節 回族女性教員をめぐって

1．回族女性教員が果たしている役割

　回族地域では，女性教員の不足が女子の就学を妨げてきた大きな要因であった。回族女性教員が少ないのは，回族女子で小学校卒業者が少なく，まして中学校，師範学校へと進学して教員になる者はごく少数だったことが指摘できる。また回族地域の農村は環境条件が厳し過ぎるため，漢族の女性教員の定着は困難であった。したがって，回族地域の女子の不就学問題の解決のためには，回族の女性教員を増やすことが必須の課題だったのである。

　こうして，1980年代半ば以降，寧夏では回族の女性教員の育成が推進されるようになる（写真4－2）。回族女性教員は，各県からの配属を受けて農村の村小学校に赴任していく。辺鄙な山村にある村小学校の場合，郵便さえ届かないこともある。実家から遠く離れた教員不足地域の学校に配属されるケースがほとんどであり，家族とも別れ孤立した環境にある。

　配属先の村小学校に若い女性教員は少なく，「休み時間に休憩室に戻っても，たばこを吸いながらくつろぐ男性教員の輪には入りにくい」。特に回族女性の場合，男女の別が厳しいため，「男性教員と話す時にも，視線を合わせにくい」という。

　しかし，少数民族地域において女性教員は少ないため，極めて大きな役割を

写真4－2　寧夏南部の小学校にて。回族女性教員
　　　　　　筆者撮影

果たしている。例えばBさんは，村にとって人民共和国建国以来，つまり中国の有史以来の初めての女性教師である（2002年調査）。

　Bさんは，農村の規準から言えば高給取りである。Bさんは村人の羨望の的，女子の憧れの的と言えよう。そのため，村人は，「女の子だって勉強すれば，学校の教師になれる」と考えるようになり，それまで娘を小学校にやらなかった親たちも，娘を積極的に小学校に送り始めた。Bさんは，ロールモデルの役割を果たしているのである。

　その結果，以前は女子が少なかったBさんの勤務する学校でも，女子が約半数を占めるようになった。いかに1人の女性教員が，多くの女子を小学校に引きつけるのかを如実に示している。

　こうして，回族女性教員が増え，寧夏全体においても，女性教員の割合が着実に増加している。例えば，小学校教員に占める女性教員の比率は，1953年は2.8％に過ぎなかったが，1985年には32.7％，2007年には49.4％となっている（＜寧夏教育年鑑＞編写組，1988年；寧夏回族自治区教育庁，2008年）。

　女性教師の増加によって，女子の就学者が増大し，寧夏では小学校学齢児童の就学率が上昇している。同就学率は1957年に40.3％，1990年に93.9％であったが，2007年には99.6％へと達している（2007年の全国平均は99.5％）（＜寧夏教育年鑑＞編写組，1988；中華人民共和国教育部発展規画司，2008年）。初等教育不就学児童の実数も，1990年の3万2,000人から，2007年の2,300人へと減少している（寧夏回族自治区教育庁，2008）。

　このように，増加を続ける女性教師たちの存在が，回族女子の教育機会を拡大しており，女子青年の発展に大きな影響を及ぼすことになったのである。

2. 国家の教師とムスリム女性としてのアイデンティティの狭間で

　回族女性教員たちは，もともと敬虔なイスラーム共同体のなかで生まれ育ち，ムスリムとしてのアイデンティティを保持している。日常生活もムスリムとして規範を守っている。しかし，学校は漢族文化を基盤としており，そのなかで彼女たちは児童期及び青年期を過ごしている上，勤務先，居住先も学校である。回族女性教師たちのアイデンティティはどのような変容を遂げているのであろうか。

　彼女たちが学んできた学校に目をむければ，国民を統合する装置として機能

Box 4.1

モスクに付設されたイスラーム女学

　回族はイスラームに強いアイデンティティを持っているため，寧夏や甘粛の回族の居住地域では立派なモスク（清真寺）が目を惹く。こうしたモスクには，アラビア語学校が付設されている所があり，女子のためのアラビア語学校（イスラーム女学，以下，女学と略称）もある。境内に一歩足を踏み入れると，ムスリムの青年期の女子たちがクルアーン（コーラン）を朗誦する若々しい声が響いてくる。

　女子学生は一般的に，10代後半の中卒者が多い。経済的事由，あるいは成績から普通高校に進学できなかった回族の青年期の女子が学んでいる。回族地域は早婚の風習が残るため，学校に行かずに家にいると，15歳くらいでも望まない結婚を強いられることになる。青年期の女子は女学で学ぶことで，封建的な軛から解放されており，その意味で女学は，彼女たちにセカンドチャンスを与えるセイフティネットとしての役割を果たしている。

　女学での教育内容はクルアーンやアラビア語学習を中心としている。卒業後の進路としては，各地の女学で女性指導者となって教鞭を執るほか，最近では，広東省広州や浙江省義烏でアラビア語の通訳として仕事をする者も増えている。安い中国製品を求めて，アラビア商人が広州や義烏に買い付けに来ていることに加えて，中国が中近東に経済進出していることもあり，中国ではアラビア語通訳の需要が高い。彼女たちは出稼ぎで故郷に仕送りをし，地域に経済的利益をもたらしてくれる存在である。

　現在，中国では大学を卒業しても就職難である。特に少数民族女性の場合，就職は不利に働くと言われている。そのため，寧夏では，高校進学段階で，女学に進学する女子も少なくない。女学は教育が貧困脱出に大きな役割を果たしている事例として注目できる。

　回族の場合，中近東やアフリカのイスラーム商人と中国をつなぐパイプ役となり，経済的に発展を遂げている。これは，グローバリゼーションのなかで，少数民族が民族固有の文化を持っていることで優位性を発揮している例とも言えよう。

している。寧夏山村の小学校にも毛沢東，マルクス，レーニン，スターリンの肖像画が掲げられ，国家に忠実な中国国民になるための国民教育が実施されていると言えよう。

　彼女たちは，生徒に自分たちが師範学校で学んだ内容を教えるが，それは漢族を標準としての全国共通のカリキュラムに依拠しており，地域や民族の文化に基づくものではない。例えば師範学校での授業科目は政治，国語，教師口語，言語基礎，数学，物理，化学，書道，音楽，美術，心理であり，特に「政治」は，マルクス・レーニン主義，毛沢東思想に基づく思想教育である（C師範提供資料）。

　このように女性教師たちは，「国家の教師」としてアイデンティティを新たに構築し，使命感に燃えている。彼女たちは，貧しい故郷の子どもたちを救いたいと切実に願っている。そのためには子どもたちを現代の科挙試験とも言うべき受験競争に駆り立て，漢族と同じ受験戦争という土俵で戦うことで貧困から這い上がろうとさせる。換言すれば女性教師たちは大学入試という試験制度を通じて，「国民」を創成し，国家統合を促進する役割をも担っているのである。

　一方，日常生活に宗教の色彩が感じられず，漢族の女性教師とほとんど変わるところがない回族女性教師も多い。クルアーン（コーラン）は読まない。イスラームの行事には参加するというものの，モスクへ礼拝には行かない上，家庭でも礼拝をせず，ラマダーン時にも断食はしない。自分の宗派は知っているが，宗教について質問しても興味を示さない。自分の父親はメッカに行ったという話はするが，宗教は高齢者に関わるもので自分には関係がないといった様子が伺える。

　また学校の教師はスカーフ（ムスリム女性のシンボル）を被ることが禁止されていることもあり，着用しない。結婚後に，帽子（寧夏でスカーフの代用）を一時期，被っていた女性教師も，次第に被らなくなっている。「モダンではない」といった理由からであった。

　このように，日常生活がイスラームの伝統から乖離しつつあり，社会的な文脈で宗教的実践を行うことに無関心になっている女性教師は多い。現世での成功への欲求が国家統合への意志に絡め取られる形で，非宗教化が進展しているのである。彼女たちは，ムスリムでありながら行動規範，価値観において，ほとんど漢族と変わりはなく，漢族文化への同化が見られると言えよう。とりわ

け，勤務先が漢族との混合居住地域や，学校に漢族教員が多い場合，この傾向が顕著である。

こうしてイスラームの行動規範から離れ，国家の教師として忠実に職務を果たす回族女性教師が増えている。また，漢族教師と同じ土俵で回族女性教師がサバイバルしていくため，教育熱心な漢族の親からの要望にも応えなければならない。女性教師自身が生き残りを賭けた競争を強いられているのである。

しかし，どんなに漢族化しているとは言え，結婚後の家庭生活において回族女性教師はムスリム女性としての規範に従う必要があり，一般的に回族家庭における妻の家事負担は漢族家庭よりも重い（金仙玉，2008年）。また，勤務先は一般的に実家から離れているため実家からの支援も期待できず，宗教を基盤とする地域共同体のネットワークやセイフティネットからも切り離され，孤立無援の状況に置かれがちである。結婚後はストレスに苛まれる女性教員も少なくない。

学校教育という選択肢が与えられたことで，貧しい回族農民家庭出身の女子青年にも教職という新しい可能性が開かれ，社会的上昇のチャンスが与えられた。しかしながら，回族女性教師は，国家の教師としてのアイデンティティ（国家への忠誠，仕事の重視）とムスリム女性としてのアイデンティティ（アッラーへの服従，家庭生活の尊重）というダブルアイデンティティを持ち，双方の間で揺らいでいるように思われる。換言すれば彼女たちは，ナショナル・アイデンティティとエスニック・アイデンティティとの葛藤のなかで生き，新たなる試練に晒されることになったのである。

近年，東アジア地域における女性教育の普及・発展は，急速に進んでいる。中国においても，女子教育の進展のスピードは速く，特に，改革開放後の発展は著しい。

しかし，近代的な学校教育の普及は多くの問題も内包している。本稿においては，教育の近代化と固有の文化伝統との矛盾といった実態を，中国の回族女性を事例として検討してきた。

寧夏南部の黄土高原は中国のなかでも最貧困地域であり，回族児童の教育も立ち遅れてきた。けれども経済改革・対外開放政策のなかで，市場化が急速に進展した。また女子の不就学の社会的要因として，女性教師の不足があったた

め，回族の女性教員の育成に力が傾注されることになった。

しかしながら，回族女性教師たちは，国家とムスリム共同体，世俗主義と宗教，競争と安穏，職業生活と家庭生活の板挟みになりながら苦闘している。そこには，世俗化に向かう中国に生きるムスリムの厳しい現実がある。

◆引用・参考文献

莫文秀主編，張李璽・宋勝菊・郭冬生副主編（2008）『中国婦女教育発展報告NO.1（1978～2008）改革開放30年』社会科学文献出版社，16
中華人民共和国教育部発展規画司（2010）『中国教育統計年鑑2009』人民教育出版社5，15
中華人民共和国教育部発展規画司（2008）『中国教育統計年鑑2007』人民教育出版社，15
中国広播網寧夏分網（2008）『回族教育的開拓者――馬新蘭』
韓国教育科学技術部・韓国教育開発院（統計庁）（2011）「男女別大学進学率」
韓国の男女平等度　http://www.wowkorea.jp/news/Korea/2011/1102/10090298.html
国家統計局（2007）『中国統計年鑑2007年』中国統計出版社，118-120
金仙玉（2008）「夫婦関係から見たイスラーム女性の地位――中国甘粛省臨夏市の回族社会を事例として」『国際開発研究フォーラム』36，153-169
教育部（2008）2007年全国教育事業発展統計公報 http://www.edu.cn/xin_wen_dong_tai890/20090505/t20090505_294800.shtml 2008-05-05
松本ますみ（2009）『イスラームへの回帰』山川出版社
寧夏女童教育研究課題組（1995）『寧夏貧困地区回族女童教育研究報告』
寧夏教科所国家女童教育研究課題組編印（1992）『阿語二百句』（試用本）
＜寧夏教育年鑑＞編写組（1988）『寧夏教育年鑑1949-1985』寧夏人民出版社，161，163，171
寧夏回族自治区統計局，国家統計局寧夏調査隊（2008）『寧夏統計年鑑　2008』中国統計出版社，79，81
寧夏回族自治区教育庁編（2008）『寧夏回族自治区教育統計手冊2007年度』175，209
文部科学省平成21年度学校基本調査速報　http://www.mext/go.jp/b_menu/toukei/001/08121201/1282588.htm
楊立文（1995）『創造平等』民族出版社，18-32
園田茂人・新保敦子（2010）『教育は不平等を克服できるか』岩波書店
李恩珠（2009）「韓国の学歴社会と男尊女卑思想」『早稲田大学教育学研究科紀要』17(1)，147-155
周衛主編『中国西部女童教育行動研究』寧夏人民教育出版社，56-82

第5章

東南アジアにおける傾向と課題

日下部　京子

　東南アジアは，アジアの他の国々に比べ，女性の経済社会進出が進んでいる上，教育水準でも男女差は大きくない。しかし，国内格差は依然存在しており，地理的・経済的に不利な状況にある家庭の女子は，未だ教育におけるアクセスの問題を抱えている。一方，男子の中途退学も課題となっている。学校教育と就職とのリンクも弱く，教育におけるジェンダー平等の成果が，労働市場におけるジェンダー平等に反映されていないことも問題である。

　東南アジア11ヵ国は，世界的な経済危機の影響を受けながらも，2009～10年の期間に5～11％の経済成長を達成している（表5−1）。しかし，経済発展のレベルは国によって大きく異なっている。世界銀行の分類では，シンガポールはすでに高所得国に入り，マレーシアとタイは高中所得国，インドネシア，ラオス，フィリピン，ベトナム，東ティモールは低中所得国，そして，カンボジア，ミャンマーは低所得国に分類されている（WDR, 2012）。また，東南アジアのすべての国は多民族国家であり，それぞれの国は，多様な言語を話す人々により構成されている。そこに，この地域の教育の難しさがある。

　本章では東南アジアにおける教育事情をジェンダーの視点から考察する。はじめに，この地域における近代教育制度導入の背景について述べ，その後，教育におけるジェンダー格差について議論する。東南アジアでは比較的，教育における男女間格差が小さいが，このことが必ずしも労働市場に反映されてはいない。最後に，近年におけるジェンダーと教育の新しい課題について言及する。

表5－1　東南アジアの国々の概要

国名	人口(2010年)(百万人)	一人当たり国民総所得（購買力平価）($)(2010年)	ジニ係数[4]	一人当たり国民総生産成長率(%)(2009-10)	民族	宗教
ブルネイ	0.41[1]	－	－	－1.9[2]	マレー，中国，先住民	イスラム教
カンボジア	14	2,040	44.4(2009)	5.5	クメール90%，ベトナム5%，中国1%，その他4%	仏教95%　その他5%
インドネシア	233	4,300	36.8(2009)	4.9	ジャワ41%，スンダ15%，マドゥラ3.3%，ミナンカバウ2.7%，その他39%	イスラム教86.1%，キリスト教8.7%，ヒンドゥー教1.8%，その他3.4%
ラオス	6	2,300	36.7(2008)	6.5	タイ-カダイ66.2%，オースソロ-アジア22.8%，モン-ヤオ7.4%，チベット-バルマン2.7%，その他0.9%	仏教65%，キリスト教1.3%，その他33.7%
マレーシア	28	14,360	46.2(2009)	5.4	マレー33.3%，中国26%，先住民11.8%，インド7.7%，その他1.2%	イスラム教60.4%，仏教19.2%，キリスト教9.1%，ヒンドゥー教6.3%，その他5%
ミャンマー	50	－	－	－	バルマン68%，シャン カレン7%，ラカイン4%，中国3%，モン2%，インド2%，その他5%	仏教89%，キリスト教4%，イスラム教4%，その他3%
フィリピン	94	3,930	44.0(2006)	5.8	マレー，中国	カトリック80.9%，イスラム教5%，その他キリスト教11.6%，その他2.5%
シンガポール	5	54,700	42.5(2009)	11.1	中国74.1%，マレー13.4%，インド9.2%，その他3.3%	仏教，道教，イスラム教，キリスト教，ヒンドゥー教
タイ	68	8,240	53.6(2009)	7.2	タイ89%，その他11%	仏教93%，イスラム教5%，キリスト教1%，その他1%
東ティモール	1.1[3]		31.9(2007)		マレー-ポリネシア，メラネシア・パプア，メソティーソ，中国	カトリック96.5%
ベトナム	88	2,910	37.6(2008)	5.5	54民族(キン85.7%)	仏教 約50%，キリスト教 約12%

出典：World Development Report 2012。ジニ係数はUNDPウェブサイト（http://hdrstats.undp.org/en/indicators/67106.html）
[1]　2009年統計。出典：US Department of State
[2]　2008年統計。出典：US Department of State
[3]　2010年統計。出典：US Department of State
[4]　ジニ係数は国内の所得・資産配分の不平等のレベルを表す。0が完全な平等，100が完全な不平等

第1節　東南アジアにおける近代教育制度の導入

　東南アジアの国々では，伝統的に寺やモスクを中心として，男子に対する宗教教育とともに読み書きなどの教育が行われてきた。政府が学校を建設し，制度として学校教育を普及させた，いわゆる近代教育制度は植民者によって導入されているか，西欧宗主国の教育制度をモデルにしたものである。

　例えば，インドネシアでは植民地時代の1848年に公務員養成の目的で近代教育が導入された。その当時，女子教育は目的に含まれておらず，女子生徒は2割ほどしかいなかった（Balatchandirane, 2007）。1945年の独立後，就学年齢の児童全員を対象とした公教育が大々的に普及され，初等教育の完全就学が実現した。

　マレーシアにおいては，同様に植民地時代の1835年にマレー系男子の学校が創設された。女子の学校はその後1883年に創設された。1908年から，義務教育が導入されたが，女子の就学は進まず，義務教育制度導入後，30年が経っても，女子生徒は全生徒の4分の1しか占めなかった（Balatchandirane, 2007）。独立後，マレー系優遇政策がとられ，マレー人の教育には補助金や奨学金，マレー人への優先的就学割当制度などが導入された。この政策で最も恩恵を受けたのは，それまで最も就学率の低かったマレー系女子であったと言える。初等教育6年は，マレー系の言語バハサ，中国語，タミール語が教授言語として使用されているが，中等教育では，教授言語はバハサのみとなるので，中国語とタミール語で初等教育を受けた生徒たちは1年の移行コースを受ける必要がある。しかし，90年代には多文化主義を肯定する（国際協力銀行，2002年）とともに，バハサ中心の教育制度が生徒たちの英語力低下につながったとして，教授言語の見直しが始まっている。

　フィリピンでは植民者スペイン人によって1863年に近代教育制度が導入され，各郡に小学校（男子校と女子校を1カ所ずつ）を設けることが義務づけられた（Balatchandirane, 2007）。20世紀に入り，米国の支配下に入ると米国式教育制度が導入され，英語による教育が行われるようになった。

　タイは唯一植民地化されなかった国である。伝統的に寺に設けられた学校で

男子への教育が施されてきた。1921年に7〜14歳の「子ども」は，全員学校にいくことが奨励された。しかし，当初，近代教育の目的は公務員養成であったため，公務員になることを期待されていなかった女子の教育は対象になっていなかった。女子教育が始まったのは，1890年代に王族の子女教育としてであった（Balatchandirane, 2007）。

ベトナムでは，1945年までは科挙試験があり，男子の教育は科挙試験に合格することが目的であった。フランスの植民地時代は，学校教育は普及されず，50年代に共産党政権移行後，公教育の普及が始まった。しかし，80年代に入ると各家庭が教育費を負担するように制度が変更され，多くの貧しい家庭の子どもたちは，学校から落ちこぼれざるを得なくなり，就学率が回復したのは世帯の収入が全体的に向上しはじめた90年代に入ってからであった。

第2節　東南アジアにおける就学率

東南アジアにおける教育水準は，成人も含めた全体で見ると，まだ識字に問題のある国もある。例えば，東ティモールでは国民の57％が教育を受けたことがない状況である（UNDP, 2011）。しかし，就学率で見ると，表5-2にあるように，すべての国で初等教育就学年齢の子どもたちの完全就学がほぼ達成されたと言える。しかし，カンボジア，ラオス，東ティモールなどの国々では，小学校で1〜2割の生徒が留年し，小学校から中学への進学時に多くの子どもたちが脱落する。他の国々は中学から高校への進学に課題が残っている。同時に，カンボジアとラオス以外の国々では就学率のジェンダー格差はほとんど見られない（表5-2）。タイ，マレーシア，フィリピンでは，反対に男子の就学率が女子よりも低い状況にある。国全体の平均で見るとジェンダー格差がないかのように見える東南アジアの国々であるが，さらに詳細に見ていくと，隠れた不平等が伺われる。以下に，それぞれの教育レベルにおけるジェンダー課題について考察する。

1．初等教育

先にも述べたように，東南アジア諸国は初等教育における完全就学を達成

表5-2　国別男女別総就学率（％）

国名	性別	初等教育	中等教育	高等教育
ブルネイ	男	111（2009）	106（2009）	14（2009）
	女	111（2009）	109（2009）	24（2009）
カンボジア	男	130（2009）	28（2002）	4（2002）
	女	122（2009）	17（2002）	1（2002）
インドネシア	男	119（2009）	75（2009）	23（2009）
	女	115（2009）	75（2009）	22（2009）
ラオス	男	117（2002）	46（2002）	5（2002）
	女	101（2002）	33（2002）	3（2002）
マレーシア	男	95（2002）	64（2002）	25（2002）
	女	95（2002）	70（2002）	31（2002）
ミャンマー	男	123（2009）	52（2009）	―
	女	122（2009）	54（2009）	―
フィリピン	男	107（2009）	82（2009）	26（2002）
	女	105（2009）	88（2009）	34（2002）
タイ	男	91（2009）	73（2009）	41（2009）
	女	90（2009）	80（2009）	51（2009）
東ティモール	男	112（2009）	58（2009）	19（2009）
	女	106（2009）	58（2009）	14（2009）
ベトナム	男	106（2009）	72（2002）	20（2009）
	女	102（2009）	67（2002）	20（2009）
シンガポール	男	104.8（2006）	69.5（2006）	23.9（2006）
	女	101.8（2006）	64.5（2006）	17.9（2006）

出典：UNESCO Institute for Statistics（http://www.uis.unesco.org/Pages/default.aspx），シンガポールの統計はNation Masterウェブサイト（http://www.nationmaster.com/red/country/sn-singapore/edu-education&all=1）
注1：総就学率とは，その学年の就学年齢の子どもの全数に対して，年齢に関係なく，その学年に就学している生徒数の割合
注2：括弧内は年

している（表5-2）。特に，カンボジアでは政府が女子生徒への奨学金などを通して積極的に進めた教育におけるジェンダー平等政策の下で（UNICEF, 2009），女子の就学率が伸び，1999年から2009年の間に0.87から0.94へとジェンダー格差が縮まった[1]。ラオスでは1999年から2008年の間に0.85から0.91に縮まった。他の国々は，10年以上前から初等教育における男女間格差の解消

は全国平均で見ると，ほぼ達成している（UNESCO Institute for Statistics）。

　東南アジアのなかでカンボジア，ラオス，東ティモールが他の国々に比べてまだジェンダー格差が温存されているのは，学校が村から遠いことと経済的な理由による。多くの貧しい家庭は，娘に家事や幼い弟や妹の世話などを手伝ってもらうので，学校が遠いと学校と家事の両立ができず，それだけ欠席する回数が増える。親も学校が遠いと，安全への不安から娘を通学させることをためらう。欠席が増えると，留年する可能性も増え，学校に行き始める年齢が高いこともあり，留年すると次第に小さい子どもたちと同級生になるのが恥ずかしくなり，学校から足が遠のいてしまうのである。

　国全体で見ると，就学率が高くジェンダー格差もないように見える国々も，詳細に見ると国内に多くの格差を抱えている。特に，所得による格差がこの地域では大きい。例えば，インドネシアでは2002年に，最高所得者層トップ2割では72％の子どもが就学していた一方，最低所得者層では50％の就学率しかなかった（Balatchandirane, 2007）。タイでは，最高所得者層での子どもの就学率は90％以上だったが，最低所得者層では80％に満たなかった（Caillods, 2010）。

　また，地理的な格差も大きい（UNICEF, 2009）。例えば，ベトナムでは少数民族が集中している山岳地帯などでは就学率が低く，ジェンダー格差も大きい。これは，学校への距離が長いことや貧困，両親が女子教育についての理解がないことなどが理由となっている。ラオスも同様で，モン・ヤオ系の民族などは，女子を学校に送らないために，女性の識字率が著しく低い。このような村々の女性たちは「国語」であるラオ語を話すことができず，さまざまな情報や機会から取り残されてしまっている。

　また，就学率はおおむね高いのだが，中途退学の率が高い国々もある。カンボジアでは半数近くが中途で小学校をやめてしまう（2007年の中途退学率は女子42.3％，男子48％）。男女ともに，経済的な理由や村内の小学校には低学年までしかないなどの理由から中途退学する。高学年になると遠くの小学校に行かなくてはいけなくなるので，やめてしまう。中途退学率は，2000年当時と比べても改善が見られていないことは憂慮に値する。ラオスでも中途退学率は高い。2007年に女子で32.2％，男子22.6％であるが，これは1999年に比べると改善されてはいる（女子46.2％，男子45.4％）。同様な傾向がミャンマーで

も見られる。

２．中等教育

　ブルネイ，インドネシア，マレーシア，フィリピン，タイ，ベトナムは，前期中等教育（いわゆる中学校）への就学率はほぼ100％であるが，カンボジア，ラオス，東ティモール，ミャンマーでは，依然として約50％である。しかし，ユネスコのデータによると，過去10年間におけるこれらの国々の就学率向上は著しい（UNESCO Institute for Statistics）。カンボジアでは1999年に22.7％だったのが56.4％に改善し，ラオスでは同年43.3％だったのが52.8％に達した。

　その一方で，ジェンダー格差を見ると，傾向によって3分類できる。第1類は，中等教育における就学率のジェンダー平等を達成した国々。ブルネイ，カンボジア，ミャンマーがこれに当る。カンボジアは，就学率自体は低いが，ジェンダー格差では大幅に改善した。1999年はジェンダー・パリティ指数が0.53だったのが，2009年には0.93に達した。第2類は，女子の就学率が依然として低い国である。ラオスがこれに当る。ラオスは1999年にジェンダー・パリティ指数が0.71，2009年には0.82と改善は見せているが，他の国々と比べると依然として女子の就学率は低い。第3類は，男子の就学率が女子よりも低い国々である。インドネシア，マレーシア，タイがこれに当る（UNESCO Institute for Statistics）。

　この傾向は，後期中等教育（いわゆる高校）の就学率を見るとさらに顕著である。国際協力銀行（2002年）の分類でいうユニバーサル・アクセス[2]を達成しているのは，ブルネイ，インド，フィリピン，シンガポール，タイのみである。カンボジア，ラオス，ミャンマーでは低い水準に留まっている。もっとも，カンボジアでは過去10年間において大幅な改善が見られた（1999年には10.5だったのが2007年には23.2）。

　カンボジアやラオスでは女子の高校進学率は男子に比べて低い。その一方で，マレーシア，フィリピン，タイでは女子の高校進学率が男子を上回る。これらの国々では男子は一家の稼ぎ手として早い時期から家計を助けることが期待されており，また，就職の機会も女子に比べて豊富なことから，学校をやめて就職することが多い（Caillods, 2010；UNGEI, 2008）。ベトナムやインドネシアでは，中学から高校に進学するためには試験に合格する必要があり，女子は往々

にして男子よりも成績が良いことから，女子の進学率の高さに貢献している。

　中等教育就学には初等教育に輪をかけて，多くの障害がある。家から学校までが遠い場合，交通費・食費・宿泊費などのコストがかさむだけでなく，教育の質の悪さも進学の妨げとなる。教員訓練を十分に受けていない教師や教師の欠勤（教師の給料が安いために副業をするので休むことが多い），強制的な補習（教師の副業の1つとして補習があり，補習を受けないと試験に合格できないケースが多い），教科書の不足，教師に対する生徒の割合が極めて高いことなどが留年と退学の引き金となっている。女子生徒にとっては，これに加えてさらに通学路の安全や学校の衛生施設の問題がある。トイレが完備されていなかったり，水が不十分だったり，男女でトイレが分れていないと，女子，特に中等教育を受ける年齢の女子には，学校をやめるきっかけとなる（Caillods, 2010）。

　両親が子どもを学校に送り続けるかどうかは，教育という投資に対して期待できる見返りに大きく左右される。女性の雇用機会が改善されると，親は娘に教育費用をかけることを容認し，女子の就学率は向上する。東南アジア地域の経済成長は，女子教育への費用対効果の改善につながったと言える。

　UNGEI（2008）によると，インドネシアにおいて女子が中等教育を中退する原因の1つは早婚にある。結婚してからは学校に通うことが奨励されず，結婚後は中退する場合がほとんどである。また，中等教育を中退することで，よりよい賃金が保障される正規職につくことができないこととあいまって，結婚後は，女性が家庭に入ることを期待されている風潮から，娘への教育の費用対効果は，低いままに留まる。その一方で，ベトナムでも女子の中途退学が多いが，これは早婚によるものではなく，娘は若い頃から家計に貢献することが期待され，学校をやめて働きだすからである。フィリピンではこの傾向が逆であり，男の子が家計を支えることが期待されるために男子の中途退学が多い。

　インドネシアでは，普通学校[3]の代替としてイスラム校（マドラサ校）がある。マドラサ校は文部省ではなく宗教省の管轄になっており，特に遠隔地の子どもたちが多く利用する（Balatchandirane, 2007）。マドラサ校は普通校がないような遠隔地にも存在する。特に娘のいる親にとっては，家の近くの学校に送る方が安心感がある。また，マドラサ校が必修とする宗教教育が女子に対するモラル教育となることを期待する親も多い（ADB, 2006）。そのため，公立

普通校に比べ、マドラサ校のほうが、特に高校レベルでは女子比率が高い。しかし、マドラサ校は普通校に比べて教育の質は低いとされているため、マドラサ校における女子比率が高いことは必ずしも喜ばしいことではない。

3．高等教育

　高等教育への進学率は、国によって大きな差がある。タイでは約半数が高等教育に進み、特に女子の進学率が高い。マレーシアでも30％近く進学する。高等教育が未だ「エリート段階」（国際協力銀行、2002年）であるのは、カンボジア、ラオス、ミャンマーとベトナムである。カンボジアでは7％（2008年）であるが、これは2000年には2％であったのに比べると、大きな伸びである。ラオスでも同様に1999年には2％であった高等教育への進学率が2008年には13％まで伸びた（UNESCO Institute for Statistics）。

　カンボジアとラオスでは、女子の高等教育進学率は低く、男子の半分に留まる。その一方で、ブルネイ、マレーシア、タイ、フィリピンでは、女子の高等教育進学率の方が男子より高い（表5－2）。特にブルネイでは、女子が男子の2倍多く進学している。タイとマレーシアにおいては、このような変化は過去10年ほどの間におきている。しかし、高等教育における専攻には男女による偏りがあり、女子は人文科学に集中しており、工学系分野では依然、男子が大多数を占める（UNGEI, 2009）。

　高等教育において女子の就学率が高いことは、必ずしもその社会においてジェンダー平等が進んでいる現れとは断定できない側面もある。労働市場におけるジェンダー差別のために、女子はより高い教育を受けない限り男子と同様な収入を得られない現状[4]もある。職業技術訓練校では、ベトナム以外の国では学生は大方男子である。これは、職業技術訓練校のコースが社会的に男性向けと考えられている技術[5]を教えていることと、男性の就職機会が多様であることの現れでもある。

第3節　学校から労働市場への移行

　東南アジアでは女性の経済活動への参加率は高く，またそれが期待されてもいる。上記でも見たように，女性の教育水準は大幅に改善され，ジェンダー格差も狭まってきており，国によっては，むしろ，男子の教育の遅れが問題になるほどである。教育を受けた女性労働者が輸出産業の発展と地域の経済成長に果たした役割は大きい（Wolf，1992；Kaur，2004）。

　しかし，その一方で，労働市場におけるジェンダー格差は依然として大きく，性別賃金格差も根強い。教育におけるジェンダー平等が労働市場における平等に十分につながっていないことが問題となっている（UNGEI，2009；World Bank，2011）。

　例えば，インドネシアでは，女性が正規労働市場に参入することは男性に比べて困難であり，特に低い教育レベルの女性にとっては，非正規労働しか選択肢がない（UNICEF，2009）。ブルネイを見ると，東南アジアのなかでもっとも女性の教育水準が高いにもかかわらず，賃金労働への参加は他の国々よりも低い[6]。タイのデータでは，教育レベルと年齢などの要素を考慮に入れ，統計

表5-3　教育予算の割合（2008年度）

国名	国家予算に占める教育予算（％）（2008年度）[注1]	教育予算のGDP比（2006年度）[注2]
ブルネイ	9.14%（2000）	5.9
カンボジア	12.39%（2007）	2.5
インドネシア	17.87%	1.3
ラオス	12.21%	2.5
マレーシア	17.23%	5.4
ミャンマー	8.05%（1999）	1.3
フィリピン	16.95%	2.4
シンガポール	15.27%	3.9
タイ	20.52%	3.9
東ティモール	11.72%	－
ベトナム	19.79%	5.9

出典：UNESCO Institute for Statistics
注1：括弧内は年度。書いていない場合は2008年度
注2：出典 http://www.seameo.org/images/stories/SEAMEO_General/SEAMEO_Statistics/Education_Histogram/ED_Histogram.htm

的に比較可能にしても賃金格差は存在し，格差の大部分は説明しきれない差別であると結論づけている（Fang & Sakellariou, 2011）。女子の教育水準の向上は，必ずしも女性の労働市場における地位や賃金の向上にはつながっていないのである。

女性は，教育水準が上っても，未だに政治参加は低い。女性議員の比率は，どの国をとっても低い水準である[7]。高等教育への女性の進学が進んでも，そのことが必ずしも女性議員の比率の向上にはつながっていないことがわかる。このように，教育におけるジェンダー格差の解消をどのように，労働市場や意思決定の場におけるジェンダー格差の解消につなげていくかが課題である。

第4節　教育におけるジェンダー格差改善への取り組み

1．国家教育予算

東南アジアにおける国家予算に占める教育予算の割合は10〜20％であるが，GDP比ではブルネイ，マレーシア，ベトナム以外は5％以下である（表5－3）。カンボジアとラオスは教育予算の割合を過去10年の間に大幅に増やした。1999年，カンボジアの国家予算のなかの教育予算は8.7％だったのが，2007年には12.4％まで増加した。ラオスでは，7.4％だったのが2008年には12.2％まで増えた。特にカンボジアは教育におけるジェンダー平等を目標として明示している数少ない国の1つである（UNICEF, 2009）。このような教育予算の増加はこの2ヵ国における著しい就学率の向上と教育における男女間格差の減少に反映されていると言える。

2．寄宿舎の建設

ラオスやベトナムでは，寄宿舎を小・中学校に設けることで遠隔地の子どもたちが学校に行けるように配慮している。これは女子寮のこともあるが必ずしも女子だけを対象としているわけではない。山岳地帯では人口がまばらに散らばっていることもあり，1つの学校が広範囲をカバーせざるを得ない。このようなところでは，子どもたちが何時間もかけて学校に通学しなくてはいけないので，寄宿舎を設けることで週日は学校に泊まり，週末のみ帰宅するようにし

ている。また、寄宿舎では食事の面倒も見ることで親の経済的負担を軽減するとともに、農業など生活上必要な知識を教えたり、寮は男女別にすることで親に安心感を与えるなどの工夫もなされている。

　ラオスには、少数民族用の寄宿制の学校が各県に設けられている。これは経済的に普通校に通うことができない少数民族の子どもたちを受け入れ、授業料免除のうえ、食事及び生活費を援助している。このような寄宿舎のおかげで、多くの女子生徒が中等教育を受けられるようになったが、それでも比率的には男子生徒が多い。

3．女子生徒への奨学金

　カンボジアでは、女子の就学率を上げ、中途退学を防ぎ、小学校から中学校への移行をスムースに行うために、女子生徒に奨学金を出している。奨学金は授業料と寮費をカバーする。グローンら（2005）によると、パイロット・プログラムの段階では90〜95％の成功率で女子の就学と中途退学の防止に役立った。ユネスコ（2010）はこのような奨学金により、女子の就学率が30％上がったと報告している。特に、最低所得者層で効果が最も高かった。インドネシアでは、アジア経済危機の際に中学校における中途退学を防止するために奨学金制度を導入した（UNESCO, 2010）。危機下では女子生徒の多くが中途退学してしまうことから、このような奨学金が女子の中途退学防止に役立っている。

第5節　近年の課題

1．移民労働者の子どもたちの教育

　東南アジアでは、域内労働人口移動が大きい。アセアン諸国の全移民のうち、約40％はアセアン域内の国で移動している（Martinez-Fernandez & Powell, 2009）。インドネシアやフィリピンからシンガポールへ、タイからマレーシア、シンガポールへ、またタイの近隣諸国ラオス、カンボジア、ミャンマーからタイへ数百万の単位で移動している。移民労働者は単身で移動する場合もあるが、家族とともに移動したり、移民先で家族を持ったりするので、この移民労働者の子どもたちの教育への配慮が必要である。タイでは、万人のた

めの教育（EFA）における目標に基づいた政策を掲げているので，両親のステータスに関係なく，タイにいる学齢期の子どもたちは教育を受ける権利があると謳っている（EFAについては，第1章参照）。つまり，制度上は不法滞在の外国人労働者の子どもたちもタイの学校に通えることになっている。しかし，現場では，その理念が実現されることは難しく，移民労働者の子どもたちの多くが学校に行くことができないでいる。このような子どもたちの多くは教育を受けられないのみでなく，国籍も持たない場合が多い。教育も身分証明もない子どもたち，特に女子は児童労働及び人身売買のターゲットになりやすい上に，大人になってからも収入を得る道は非常に限られる。移民労働者の子どもたちの教育と保護，さらに国籍取得には早急な対策が必要である。

2. 少数民族の子どもたちの教育

　東南アジア諸国は多民族・多言語国家であり，いわゆる「国語」を自由に話すことができない人々が多い。ラオスでは47民族が存在すると言われるが，町の近くに住んでいる人々以外は，「国語」であるラオ語を流暢に話せる人は多くない。特に遠隔地に住む女性は，自分の民族の言葉しか話せず，ラオ語は読むことはおろか，話すことも理解することもままならない。子どもたちは学校ではラオ語で勉強するが，学校以外は，すべて自分の民族の言葉である。そのために，必ずしもラオ語が自由に使える訳ではない（Box5.1参照）。

　カンボジアでは，例えば，少数民族のクルン族やタンプアン族が住んでいる地域では学校が遠く，学校に行かない学齢期の子どもの数の方が学校に行っている子どもよりも多く，特に女子の学校への出席率は10〜60％と報告されている。この少数民族では女性差別が強く，食事も家族のなかで最後にとり，栄養のある肉類などは食べることができない状態にいる（WDR, 2012）。

　少数民族の子どもたち，特に女子は女子教育を重んじない社会風潮や習慣，また，学校が村から遠いなど物理的な問題だけではなく，学校の使用言語によっても不利な条件に置かれている[8]。教授言語は国語である低地多数民族の言語が用いられ，少数民族の子どもたちは母語で教育を受けることができない。コルソン（Corson, 1993）は，母語で教育を受けられないことを不公平な教育言語政策と評し，この政策によって最も被害を被るのは，女性と女子，

> **Box 5.1**
>
>
>
> **少数民族の子どもたちに優しい教育**
> **――ラオスの事例**
>
>
>
> 　オーストラリアの協力で実施されているラオス基礎教育プロジェクトでは，教育の質の向上に努めてきた。このプロジェクトの目的は少数民族の女子が小学校5年間学校に行けるようにすることであり，そのために女子生徒に優しい環境作りが求められた。例えば，村において，子どもの教育を親がサポートしてくれるよう，教育の大切さについての啓蒙活動が行われた。また，教授言語が普段使っている言葉とは異なる言語であることが少数民族の子どもたち，特に女子にとって大きな障害になっていることに鑑みて，「国語」を話さない子どもに親しみやすい，年齢に即した教材が開発された。教師の赴任前研修も改善され，また同じ民族から教員候補を選び，訓練することで，より少数民族の子どもにとって馴染みやすい環境を整えていった。この努力の結果，少数民族の子どもたちの就学率が向上し，中途退学率は減少した。特に，少数民族の女子生徒にその効果が見られ，全国平均の2倍にまで，中途退学せずに在籍し続ける女子生徒が増えた。
> (UNGEI 2009：38)

貧しい人たちと他の言語を日常的に使用している少数民族であると指摘した。ベンソン（Benson, 2005）は，女子は家から遠くに行くことが少ないため，「優先言語（prestige language）」（公用語，学校での教授言語）に触れることが極めて少ないので，学校の授業についていくことが男子と比べて困難であると言う。女子は，このような困難を訴える機会もないために，教授言語による理解度に男女差が生じていることは往々にして教師及び教育政策策定者に見過ごされている。

3．宗教教育

　東南アジアでは多くの国で宗教が教育に大きな影響を及ぼしている。東南アジアのイスラム教は，伝統的にシャフィアイ（Syafi'I）系のナドラトゥル・ウラマ（Nahdlatul Ulama, NU）[9]が主流である（Rabasa, 2005）。NUの主な目的

は宗教教育にあり、数千の寄宿校を持つ。1980年から90年代にかけて、宗教教育に加えて一般教育の内容も含めることになった。ジェンダー平等の考え方はNUのなかでは受け入れられており、特に若い世代では一夫多妻制に対する強い反発がある。インドネシアでは10〜15%の就学年齢の子どもたちがこのようなイスラムの宗教学校に通っており、その40%は女子である（Rabasa, 2005）。

このような宗教学校だけでなく、東南アジアのイスラム教国は公教育のなかにも宗教科目を含めている。インドネシアでは公立学校では宗教の授業があるが、生徒は5つの宗教（イスラム教、カトリック、プロテスタント、仏教、ヒンドゥー教）から選択することができる。マレーシアではイスラム教が国教であるので、公立学校での唯一の宗教教育はイスラム教である。フィリピンでは国教分離政策をとっているが、キリスト教教会のグループが人を派遣して学校で道徳教育を施している。マレーシアと南タイにはポンドックと呼ばれる寮制のイスラム学校がある。宗教教育がジェンダーに関する社会規範にどのような影響を与えるかは見守る必要がある。

東南アジアは急速に経済的な統合を達成している一方で、民族の多様性を抱え、教育のジェンダー平等に独特な課題を持つ。国全体で見ると、ほとんどの国で就学率の男女間格差は解消している。しかし、地理的な格差及び所得による格差は依然として大きい。遠隔地に住む低所得家庭の女子は教育のアクセスに最も課題の残っているグループである。

また、就学率は向上したが、中途退学は未だに問題である。中途退学は国と地域により理由と男女でのパターンが全く異なる。貧しい女子は、教育へのアクセスに問題があったり、幼児婚や家事手伝いや家計を支えることを期待されて中途退学するところがある一方で、男子は稼ぎ手として期待されて中途退学している。

学校教育から労働市場への移行には、未だジェンダー格差の課題が残されている。女子の教育水準が高まり、教育上でのジェンダー格差がなくなっても、労働市場におけるジェンダー格差が残っていると、せっかくの女子教育への投資と成果が無駄になってしまう。この地域の経済成長は、教育におけるジェンダー平等達成に向けて好影響を及ぼしたと言える。しかし、教育におけるジェンダー格差の解消から、教育におけるジェンダー平等へ、さらに社会における

ジェンダー平等につなげていくには，労働市場におけるジェンダー差別の解消など，より意識的な政策努力が必要であると言える。

◆注
(1) ジェンダー・パリティ指数は1が最も格差がない状態を示す。
(2) 国際協力銀行（2002年）は東南アジアにおける教育制度を分析するのに，トロウ（Trow, 1970）にならって教育制度の段階を就学率で分類し，就学率15％未満をエリート段階，15％以上50％未満をマス段階，50％以上をユニバーサル・アクセス段階と呼んだ。
(3) 普通校は，文部省の管轄下にある学校で，無宗教（宗教教育をしない）学校を指す。
(4) Fang and Sakellariou（2011）は，タイの男女間賃金格差を2004年データに基づいて分析し，低賃金職においては男女間の賃金差別が著しい一方，高賃金職においては男女の賃金差は男女が就く職種に左右される割合が高いと論じた。つまり，低い教育レベルの女性は賃金の男女差別を受けやすい。両氏は同様な傾向がフィリピンでも見られると指摘した。
(5) 大工や自動車修理，溶接など。
(6) 東南アジアの平均が38％であるなかで，ブルネイの賃金労働従事者における女性の割合は30％である（LABORSTA, ILO）。
(7) 全議席に占める女性の割合が2010年度統計でカンボジア，ラオス，フィリピン，ベトナム，シンガポールでは20％強であるが，他の国々は20％以下である。もっとも，グローバル平均は19％であるので，相対的には低くはない（World Bank, 2011）。
(8) タイやベトナムでは初等教育には民族固有の言語を通した教授法（Lingua Franca教育）を認めている（国際協力銀行, 2002）が，実際にはすべての言語に対応することは難しい。
(9) スンニ・イスラム系のインドネシアの宗教団体。世界最大のイスラム団体と言われている。

◆引用・参考文献
ADB（2006）Indonesia Country Gender Assessment, Southeast Asia Regional Department, Regional and Sustainable Development Department, Manila, Philippines.
Balatchandirane, G.（2007）Gender discrimination in education and economic development: A study of Asia, V.R.F. Series, No. 426, 日本貿易振興機構アジア経済研究所
Benson, C.（2005）Girls, educational equity and mother tongue-based teaching, UNESCO Bangkok.
Caillods, F.（2010）Asia-Pacific Secondary Education System Review Series: Access to Secondary Education, UNESCO, Bangkok.

Corson, D. (1993) Language, Minority Education and Gender: Linking Social Justice and Power, Clevedon: Multilingual Matters.
Fang, Z. & Sakellariou, C. (2011) "A case of sticky floors: Gender wage differentials in Thailand", Asian Economic Journal 25, 35-54.
Grown, C., G.R.Gupta, A.Kes (2005) Taking action: achieving gender equality and empowering women, London:Earthscan.
Kaur, A. (ed) (2004) Women workers in industrializing Asia: Costed, not valued, New York:Palgrave Macmillan.
国際協力銀行 (2002)「教育セクターの現状と課題——東南アジア4カ国の自立的発展に向けて」JBICI Research Paper No.17, 開発金融研究所, 7月
Martinez-Fernandez, C. & Marcus, P. (2009) Employment and skills strategies in Southeast Asia: Setting the scene, OECD.
Rabasa, A. (2005) "Islamic Education in Southeast Asia", Current trends in Islamist Ideology, 2, Hudson Institute, Washington, DC. Downloaded on 29 September 2011 from http://www.currenttrends.org/research/detail/islamic-education-in-southeast-asia.
UNDP (2011) Timor Leste Human Development Report 2011: Managing natural resources for human development.
UNGEI (The United Nations Girls' Education Initiative) (2008) Making Education work: The gender dimension of the school to work transition, UNICEF East Asia and Pacific Regional Office, Bangkok.
UNGEI (2009) Towards gender equality in education: Progress and challenges in the Asia-Pacific region, Equity, gender and quality in education in Asia Pacific, Technical Paper, UNGEI Global Advisory Committee, Asia-Pacific Technical Meeting, 11-12 June 2008, Kathmandu, Nepal.
UNICEF East Asia and the Pacific Regional Office (2009) Gender equality in education: East Asia and Pacific Progress note, UNICEF, Bangkok.
Wolf, D.L. (1992) Factory daughters: Gender, household dynamics and rural industrialization in Java, Berkeley, CA: University of California Press.
World Bank (2011) World Development Report 2012: Gender Equality and Development, Washington D.C.

ウェブサイト

International Labour Organization LABORSTA. http://data.un.org/Data.aspx?d=LABORSTA&f=tableCode%3a5A
UNESCO Institute for statistics. http://data.un.org/Explorer.aspx?d=UNESCO
UNICEF (2008). http://www.childinfo.org/files/IND_Singapore.pdf

第6章

南アジアにおける傾向と課題

菅野　琴

　南アジアは教育の普及が世界で最も遅れた地域の1つである。世界の非識字人口の大多数もこの地域に集中している。近年，南アジア諸国での初等教育の普及は目覚ましいが，国内のジェンダー格差は顕著で，特に貧困層の女子の教育機会の欠如が見える。本章では，なぜ南アジアで女子・女性の教育参加と教育におけるジェンダー平等が難しいのか，その課題と挑戦について各国の経験や教訓を検証する。特に，ネパール女子教育政策に焦点を当てながら論じることにしたい。

第1節　南アジアの格差社会

1．社会経済的背景

　南アジア諸国[1]は，近年，経済活動の面でダイナミックな動きを見せる国々である。最近までスリランカとモルディヴ以外のほとんどの国が低所得国のカテゴリーに入っていたが，現在，低所得国と呼ばれるのは，ネパールとバングラデッシュだけである（世界銀行，2011）。しかし，目覚ましい経済的発展の裏で国内の収入格差は大きく，貧困層の人口は多い。2011年の『国連人間開発報告』によれば，1日2米ドル以下で生活している人の割合は，バングラデシュで81％，インドでは76％にも及んでいる（表6-1）。平均寿命は63歳前後である。教育・識字，平均寿命や所得，ジェンダー平等を含む人間開発指数もこれらの国は下位に位置する。

　南アジアの国々は多様な社会文化的背景を持ち，民族・宗教対立や領土問題

表6-1 南アジア諸国の人間開発指数

	人間開発指数 (177中の順位)	1人当たり国民総生産 GNP (米ドル／PPP)	1日2米ドル以下で生活している人口%
インド	119	2,960	76
パキスタン	134	2,700	60
バングラデシュ	125	1,440	81
ネパール	138	1,120	78
ブータン		4,880	50
スリランカ	91	4,460	40
モルディヴ	107	5,280	―

出典：Human Development Report 2011とEFA Global Monitoring Report 2011のデータを元に作成

を抱えている国も多い。インドとパキスタンのカシミールをめぐる対立，スリランカの民族対立など，紛争が繰り返されている。ネパールも10年にわたる反政府勢力による武力闘争の後，2006年に民主化運動で国王が失脚，その後共和制へ移行するが，政治的混乱は続く。このような不安定な社会情勢と貧富の差に加えて，インド，バングラデシュ，ネパールなどではカースト制による身分差別が根強く残っている。カーストによる差別は法的には廃止されていても，ダリットと呼ばれる不可蝕民への日常的差別や異なるカースト間の結婚の忌避まで，実際にはカースト差別は続いている。

2．ジェンダー不平等と教育的貧困

　南アジアの女性は，表6－2のジェンダー不平等指数で示されるように，困難な状況に置かれている。ネパールのように女性に対する法的差別がある国（Pandey, 2005）もあるが，法律上の平等が保障されている国でも法と現実との差は大きい。しかも，初等教育純就学率[2]，成人識字率，ジェンダー関連EFA指数と5年生修了率を含むEFA開発指数もほとんどの国で低い数値が報告されており，この地域の女子の不平等な状況を示している。

　この地域では，ヒンドゥー教，イスラム教や仏教などの宗教が，社会文化規範の枠組みとなって教育や家庭生活に大きな影響を及ぼしている。民族により，多様な家族制度や形態が存在しているが，男性が権力を持って優位な立場に立ち，女性の従属を強いる家父長制[3]が社会の主流の規範として，社会全般

表6-2 南アジア諸国のジェンダーと教育的貧困

	ジェンダー不平等指数（169ヵ国中の順位）	EFA開発指数（128ヵ国中の順位）	初等教育純就学率 %			成人識字率%（GPI）	ジェンダー関連EFA指数 GEI (0-1)
			全体	男子	女子（GPI）		
インド	0.748 (122)	0.769 (107)	90	91	88 (0.96)	63 (0.68)	0.834
パキスタン	0.721 (112)	0.656 (119)	66	72	60 (0.83)	54 (0.60)	0.727
バングラデシュ	0.734 (116)	0.723 (112)	85	85	86 (1.02)	55 (0.83)	0.909
ネパール	0.716 (110)	0.704* (115)	80*	81*	78* (0.96)	58 (0.64)	0.835*
ブータン		0.793 (101)	87	86	88 (1.03)	53 (0.59)	0.841
スリランカ	0.599 (72)	0.81**	99	99	100 (1.01)	91 (0.97)	
モルディヴ	0.533 (59)	0.963 (54)	96	97	95 (0.98)	98 (1.00)	0.964

出典：Human Development Report 2010, EFA Global Monitoring Report 2011と2010*, 2007**のデータから作成

での男女の地位から家族関係や役割分業，さらに妻と夫の関係まで規定している。女子は結婚し，親のもとを離れるが，男子は家を継ぐ。それゆえ，息子の教育費は，親にとって将来への投資として優先されるが，他家へ嫁ぐ娘の教育費は「無駄」と考えられる。息子を水準の高い私立学校へ送り，娘はお金のかからない公立学校に行かせている家庭も多い。結婚前は，生まれた家の労働力として，結婚してからは「嫁」として婚家で生産・再生産活動に従事する女性は，「娘の時は父，嫁いでからは夫，そして年老いては息子に従え」と教えられる。

　女性に対する制約はカーストによっても異なるが，裕福で教育もある高位カーストの女性が低位カーストの女性より自由であるとは限らない。宗教的制約の多い高位カーストの既婚女性にはさまざまな役割と同時に制約や義務が課せられているからだ。例えばネパールの最高位カーストでは，未婚の娘，つまり姉や妹は男の兄弟に力を与える「聖なる存在」として，宗教行事で一定の役割を与えられる。しかし，妻としての女性は「危険な存在」として，卑下される。夫が仕事から帰り，家に入る時，妻は夫の足を洗い，その水を飲むという

屈辱的な風習もあるという（Bennett, 1983）。低位カーストの家庭では男も女も外で働くが，女性は家事を一手に背負い，休む暇もない。夫が少ない現金収入を酒や煙草，ギャンブル遊びなどに注ぎ込んでも，何も言えない。このように，女性はカーストや民族にかかわらず，従属的な立場に置かれているのである。

　識字はすべての教育の基礎であり，識字率は国の開発レベルを示すものである。南西アジア地域の2005～08年の成人識字率は62％（女性51％，男性73％）であり，サブサハラアフリカと並び，世界でもっとも低い（EFA-GMR Team, 2011）。世界非識字人口の70％が集中している10ヵ国のうち，2位の中国を除き，南アジアのインド，パキスタン，バングラデシュの3ヵ国が上位4位を占める。南アジア地域の識字率向上の速度は遅く，女性が全非識字人口に占める割合（約6割）は減らない。特にパキスタン，ネパールとブータンでは成人識字率の男女比を示すジェンダー・パリティ（Parity）指数（GPI）が0.6以下で，男女の識字率が同じである場合の指数1には遠く及ばない（表6－2）。過去の女子の初等教育就学率の低さが，現在の女性成人識字率の低さとなって

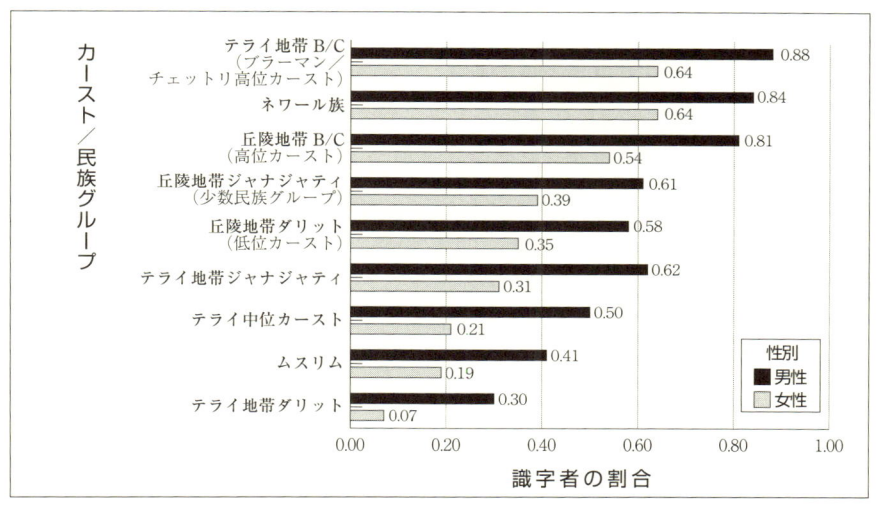

図6－1　ネパールの6歳以上の人口のカースト／民族別識字率
出典：全国生活水準調査，ネパール政府統計局2004のデータをもとにユネスコアジア太平洋地域事務所教育統計課が作成

現れ，しかも人口の急速な増加に識字普及活動が追いつかず，識字率がなかなか向上しないのである。

さらに，各国の識字の状況を詳しく見ると，国内での格差が明らかになる。例えば，ネパールでは15歳以上の成人識字率が，2011年には58％（男性71％，女性45％）に上昇している（EFA-GMR Team, 2011）が，GPIは0.62で男女間格差は大きい。ネパール政府の統計（Nepal Living Standard Survey, NLSS, 2004）によれば，最も貧しく地理的条件も悪い極西部では，男性65.3％，女性27.4％と大きな差がある。貧困層の女性識字率は全国平均11.6％で貧困層男性の識字率36.7％と比べても，その低さは顕著である。しかも，カーストによる格差はより深刻であるという指摘もある（Nepal Ministry of Education and Sports & UNESCO Kathmandu, 2007）。カースト差別でよく知られているインド国境付近のテライ平野地帯では，高位カーストの識字率は，男性88％，女性も64％と全国平均より高い水準であるのに反し，同じ地域の不可触最低位ダリット女性の識字率は7％，男性は30％である（図6－1）。このデータは，また，識字率の低いグループでは，男女間格差も大きいという傾向も示している（NLSS, 2004）。

第2節　教育へのアクセスの現状

南アジア地域では，初等教育就学率は著しく向上している。女子の初等教育就学率もパキスタンとネパールを除けば，ほとんどの国で90％近いか，それ以上である。GPIを見ても，ほとんどの国で初等教育純就学率の男女間格差は解消されていると言える状況である（表6－2）。初等教育課程を修了した児童の中等教育進学率は，パキスタン（76％）以外は80％を超す。前期中等教育（中学校）総就学率もパキスタン（45％）を除くと60％を超える。進学率，就学率とも中学校レベルではバングラデシュを除き，男女比も男子がわずかに多い程度である。女子に初等教育を修了させる保護者の多くは，少なくとも前期中等教育にも進学させており，女子の教育に一定の理解があることが推測できる。バングラデシュでは，初等教育から中等教育への進学率は女子の方がやや高いが，中等教育を修了する割合は男子23％に対し女子は15％に止まってい

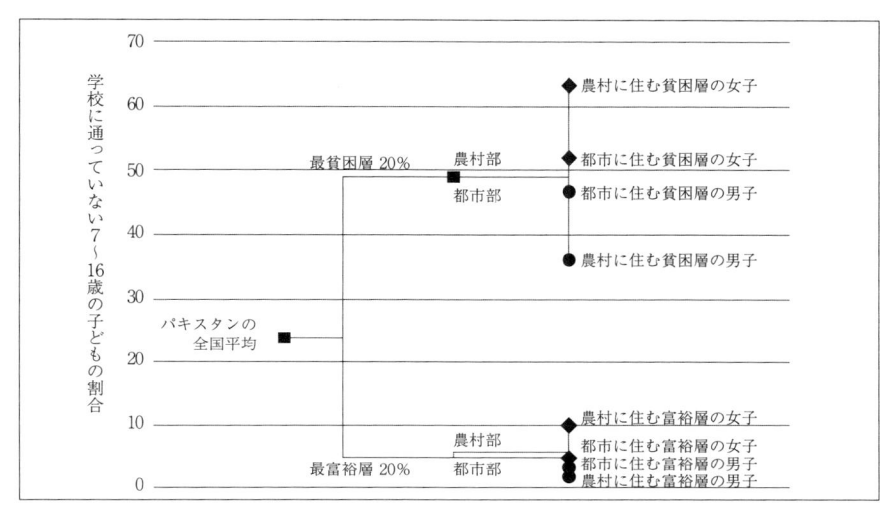

図6-2 パキスタンで学校に通っていない7～16歳の子どもの割合（2007年）
出典：EFAグローバルモニタリングレポート2011　図1.13

る（EMA-GMRチーム，2011）。さらに，後期中等・高等教育になると就学率の男女間格差は増加している（EFA-GMR Team, 2011）。

さらに，国内での格差も無視できない。例えば，ネパールでは8年生（中学校）修了の生徒のジェンダー・パリティ指数は全国平均では0.83だが，最低は山岳地帯で0.52，最高はカトマンズ渓谷（首都圏）の0.94と地域により大きな違いがある（ネパール教育省統計，2004）。パキスタンの例（図6-2）を見ても，居住地と貧富，性別で明らかな差があり，農村の貧困層の女子の就学が最も低いことがわかる。

南アジア各国政府や非政府組織（NGO）は，初等教育の完全普及のためにさまざまな努力をしている（Herz, 2006）。インドでは中央・州政府教育省主導のコミュニティ参加型の郡レベル初等教育事業（District Primary Education Program, DPEP）が成功し，2003年には女子の初等教育純就学率が76％，男子は88％に向上，女性識字率も1951年には9％だったのが，60％までに上昇した。インド南部のケララ州では1950年代半ばに革新的な州政府の主導で教育改革が始まる。成人識字は女子中学生が農村の成人女性の読み書き

> **Box 6.1**
>
>
> Bangladesh Rural Action Committee
> Education Programme, BRACスクール
>
>
> 　BRACの教育活動は1985年に保守的な農村地域の貧困層児童，特に女子を対象に各校1教室しかない22の小学校（3地域で700人）で始まった。現在，約110万人の児童（そのうち3分の2が女子）が，約3万4,000の学校で学んでいる。BRACスクールは，8～10歳の子どもを中心に，4年間で公立小学校1～5年生のカリキュラムを教え，中学校進学を奨励する。授業料は無償で，授業時間や教育内容も保護者や児童のニーズにあった柔軟性を特徴とする。教師が地元出身の女性が多いことも女子の就学率向上に寄与している。児童の90%は全課程を修了，うち85%が中学校へ進学する。さらに，学校教育を続けられなかった11～14歳の子どもたちにセカンドチャンスを与えるため，4年間で初等教育全課程を教える学校も開設した。1年間の幼児教育も1万6,000を超える施設で45万人の子どもたちに提供している。ここでは，地元女子中学生が教師役を務め，地域で女子の役割モデルになっている。BRACの革新的な教育プログラムは，貧困層の女子の初等教育就学率を劇的に上昇させ，公教育への移行や中等教育進学も増やした。政府もこの成功例に習い，女子教育普及施策に取り入れ，成果を上げている（Herz, 2006）。

を教えるなど労働集約的手法で識字率は100%となった。ケララ州では義務教育は無償で，すべての児童，女子も男子も小・中等教育を受けている。

　スリランカは，教育が普及していることでよく知られている。初等教育就学率も100%に近く，成人識字率も90%を超える。この国では1940年代から社会主義政権によって教育が最優先分野とされ，潤沢な政府予算が教育分野に割り当てられた。小学校は児童が通学可能な距離に建設され，中学校数も増加し，特に過疎地域では寄宿舎付きの学校も建設された。学費は高等教育にいたるまで無償とされ，奨学金制度も整えられ，少数民族や女子・女性の状況やニーズに配慮した教育も就学率向上に貢献した。現在，スリランカは，教育の質と学力の向上に重点を置いている。

　バングラデシュでは，NGOであるBRACの革新的な教育活動が成果を上げ，

政府もそのアプローチを取り入れて初等教育就学率を大きく向上させている（Box6.1参照）。パキスタンのバロチスタン州でもNGOが農村地域でコミュニティ学校を作り，中等教育を受けた地元の若い女性による基礎教育の普及活動を促進している。

就学率は，教育のアクセスを示す重要な指標ではあるが，実際の児童の出席状態とはギャップが見られる。農村や貧困地域では，在籍しているはずなのに欠席が続き，中途退学する子どもも多い。南アジアでは初等教育の留年率，中途退学率とも大きな男女差はない。しかし，インドとバングラデシュでは，僅かではあるが男子の留年が多い。世界的に見ると男子の留年は教育の継続と課程修了につながるが，女子は進級できない場合，留年ではなく，退学になるという報告もある（EFA-GMR Team, 2003/4）。

不就学や中途退学の理由や背景にある事情は男女によって違う。女子が幼児婚などの伝統的慣習や保護者の無理解，弟妹の世話で学校に行かなくなるのとは対照的に，男子の出席率低下や不登校の理由の多くは，家畜の世話などの農作業が忙しくなるためであり，また，道路でお茶を売るなど，簡単な雑用や仕事で現金収入の機会があるためでもある。スラムの男子は学校に行っていない男友だちの影響で学校に行かなくなることも多い（UNESCO Kathmandu, 2006）。一家の稼ぎ手として，あるいは，遊び仲間の一員として男らしさを誇示するような性別役割の固定概念が男子にもあるのである。

第3節　女子の教育参加の効果と課題

1．貧困と社会・文化的背景

教育は，経済社会開発への効果がある。例えば教育は，女性の現金収入に違いをもたらす。特に中等教育は女子にとってより大きな経済的効果がある。例えば中等教育を1年多く受けると，インドでは女子は7%の収入増が見込め，男子の4%より高いという報告もある（EFA-GMR Team, 2011）。女子教育は，また大きな社会的還元も見込まれる。女子の教育年数が長くなれば，幼児婚は減り，結婚・初産年齢が上昇する。その結果，健康な子どもを数少なく育て，子どもの教育機会も増す。多くの研究が母親の識字能力や教育程度が子どもの

就学に大きな影響を与えることを示している（Herz, 2006）。

　しかし，女子教育の経済的効果や社会開発への還元は速効性がなく，その効果は学校卒業後，仕事に就いてから，あるいは次世代の子どもに現れるのである。そこに多くの保護者が女子への教育投資をためらう原因がある。貧困家庭では子どもは有益な労働力である。特に，女子は幼い頃から母親を手伝い，家事労働，畑仕事，薪集めや水汲み，幼い弟妹の世話を任せられる。このような家族にとって必要不可欠な女子の仕事や役割を他の人に代わってもらってまで，女子を学校に行かせる余裕も意志もない。貧困と保護者，特に母親の教育程度が子ども，特に女子の就学に影響を及ぼし，それがさらに，次世代の貧困と不就学につながるという負の連鎖が見えてくる。

　幼児婚は南アジアでも女子教育の大きな阻害要因である。15歳から19歳までの女子の既婚率は，バングラデシュは51%，ネパールでは42%にものぼる（EFA-GMR Team, 2003/4）。学齢期の子どもは，結婚しても法律上は学校に通えるが，実際は結婚した時点で女子の学校教育は終わってしまう。さらに，農村における成人教育や識字学級は成人が対象で，15歳以下の若い嫁は対象外である。

　幼児婚が減らないのは，伝統的慣習のためだけではない。ネパールでは，紛争の激化により幼児婚が増加した。反政府武装勢力による学級全体の拉致が横行した頃，拉致された女子生徒は無事に帰宅しても，親の承諾なしに外泊したというだけで結婚できなくなるため，親は娘の結婚を急いだからである。同様に通学路の安全性の確保は，保護者の大きな関心事である。学校が近くになく，何時間も寂しい危険な道を歩かせてまで，女子に教育の機会を与えたいとは思っていない。娘が結婚できないということは家にとっても恥であり，親には到底，受け入れられるものではないからである。

　南アジアの家父長制社会の男性優先の環境で育ってきた女性は，自分自身の存在を価値の低いものと認識し，自信や自尊心が持てない。自分の意見もなく，そのことに無自覚でもある。また，わからないことを質問する「勇気」もなく，知るべき情報の入手手段を持たないために，成人識字クラスや生涯学習の機会も逃してしまう。母親が読み書きができなかったために申請書を提出できず，子どもが奨学金を受けられなかったケースや，少数民族の子どもで保護

者が出生証明書を提出していなかったために学校に入学できないケースもよくある。ここでも，教育の欠如が貧困を呼び，貧困が教育機会の不均等を招くという悪循環が見える。

2．教育サービスの提供者側の問題

　女子が学校に行かない理由は，貧困と保護者の無理解だけではない。保護者に教育への関心はあるが，保護者の期待や学習者のニーズに合っていないという認識があり，学校教育に価値が見出せない保護者も多い。つまり，女子が学校で習う学習内容が実生活にどのように役立ち，さらに卒業後の職業と収入にどう結びつくのかといった保護者の疑問に教師も学校も答えられないのである。教師自身もステレオタイプ化された性別役割観，男子優位の価値観を持っており，それが教師の無意識な態度や行為を通して子どもたちのなかで内面化され，再生産されていく。この「隠れたカリキュラム」の克服には，教師のジェンダー研修だけでなく，より戦略的で，包括的な教師のジェンダー意識啓発の施策が必要なのである。

　学校施設が女子のニーズを満足していない，特に女子専用のトイレがないという理由で思春期にさしかかった女子が不登校になる例も多い。特に南アジアでは，生理中は「血の穢れ」があるとして，人との接触を控えるように言われる。性別トイレの有無は女子生徒だけでなく，女性教師にも重要な問題となっている（Bista, 2005）。

　画一的な学校教育のあり方，柔軟性のない授業時間にも問題がある。農村で家の手伝いに追われる女子にとっては，朝から日中は仕事で忙しい。また両親が働いている間は幼い弟妹の世話もある。インドのDPEPやバングラデシュのBRAC学校の例（Box6.1参照）でもわかるように，コミュニティや家族の意向を尊重し，授業時間を女子生徒の生活サイクルに合わせ，学習内容も地元のニーズを満たすような柔軟性が女子の就学を増やす。また，不就学児童が学校外教育を受けて，再び学校に戻ることができる，あるいは，職業教育へ移行できるシステムがあれば，より多くの女子が教育機会を得ることができるだろう。学校や学校外教育において女子を対象としたガイダンス，カウンセリングや家族計画・性教育や保健衛生教育は，幼児婚の対象になる思春期の女子には

特に重要である。教育は彼女たちの人生の選択肢を広げ，自分を護り，夫や家族との関係，問題解決において，賢明な視点とスキルを与え，エンパワーするのである。

第4節　ネパールの女子教育政策

　ネパールでは，初等教育の女子就学率の向上が目覚ましい。本節では，ネパールの女子教育普及政策の主要な柱である女子奨学金制度と女性教師増強政策についてユネスコが実施した実地調査の結果をもとに課題を考える。

　ネパールでは1955年に良妻賢母型の女子・女性教育の普及を政策として打ち出した。さらに，1956年には国家教育計画委員会が「多くの西洋諸国のように，教職を女性の職業にしよう」というスローガンで女性教員採用を促した。1970年代には開発を進めるために女子・女性教育が強調されるようになる。「女性の教育への平等なアクセス」という開発協力事業で，初めて農山村の女子・女性の教育参加に焦点が当てられる。その後，1975年に始まる第5次国家開発5ヵ年計画からは女子教育普及のための女性教員増加と，そのための女子中学生寮建設と補助金支給が外部資金と技術協力を得て実施されるようになる。以来，ネパールの女子教育普及政策は女性教員増強と女子奨学金が中心[4]になっている（菅野，2008；2009）。

1. 女子教育奨学金制度の課題

　奨学金は女子教育普及の即効薬と言われる。ネパール教育省は女子と被差別グループ児童への奨学金支給を1980年半ばから続けている。NGOや国連機関もさまざまな奨学金や就学助成事業を行っている。2005年にユネスコが行った実地調査（Acharya & Luitel, 2006）によれば，奨学金制度は就学率や在籍率を上げるなどの一定の好ましい成果を出してはいるものの，中央政府レベルでも現場でも活動調整がないため，重複も多く，学校や受益者側の予想外の反応や課題も指摘された。例えば，学校での奨学金給付の方法や基準についても教育省や県教育委員会からの指示が徹底していないため，学校運営委員会の委員である村の有力者の発案により，奨学金予算が全児童の制服の費用などの

本来の目的に沿わない用途に決められていたり，女子奨学金受給者の選考に透明性が欠けていることも指摘された。また，学校によっては奨学金を多くの女子に「公平に」配分するという理由により，1年以上の継続はなく，効果が疑われるような例もある。女子の奨学金が1人当たり1年に平均500ルピー（約500円，2011年12月現在）[5]と教育費を補うにはあまりにも低すぎることも問題で，奨学金が知らないうちに家庭の雑費や父親の煙草代に消えていたりするケースも多い。

　世界食糧計画（WFP）は，1996年から2007年まで「教育のための食料支援」事業の一環として学校給食と出席率8割以上の女子生徒の母親へ食料オイルを毎月2リットル配給するという女子教育助成活動を実施した。食料オイル支給活動は女子就学率を上げる効果はあった。しかし，食料オイルを継続して得るために娘を意図的に落第させたり，姉妹を別々の学校に通わせて規定より多くの量を受け取る保護者の例も報告され，助成活動終了後の女子就学の継続性が懸念される。この事業だけでなく，保護者が女子奨学金の目的を理解していない，あるいは無視していることが多いことも報告されている。

　このような保護者の反応や態度は，地元コミュニティや学校関係者のジェンダー意識が低いためだけではない。行政が女子教育に関する政策の実施において一貫した姿勢と目標達成の確固たる信念を持たず，女子奨学金制度は現金の支給に，就学助成事業では物資の配給に終始しているからであろう。実地調査では，WFPの助成活動現場の教師は食料オイルの運搬と配給だけで精一杯で，保護者のジェンダー平等意識の啓蒙どころか，助成活動の目的を説明する時間すらない事実も明らかにされた。

　奨学金制度は，受益者を取り巻く教育環境の整備や質の向上，教員研修，保護者，教師，行政の意識向上などさまざまな包括的活動がなければ，その本来の目的の達成は難しい。ネパールの女子奨学金制度やWFPの活動は，事業期間内，あるいは支給期間における女子就学率向上への効果はあるが，奨学金や食料オイル支給の終了後の女子の教育参加への効果や，長期的な教育におけるジェンダー平等達成への貢献には疑問がある，とユネスコの調査は報告している。

　これらの調査結果は，教育省，ドナー代表，専門家，NGOや国連機関の担

当者らが集まった会議で報告されている。この会議では，限られた教育予算を奨学金に使うか，それとも義務教育の授業料無償化に使うか，さらに，奨学金の家庭での使い道はあえて問わず，女子が通学するようになればよしとするのか，それとも奨学金は女子の教育費のみに使われるよう指導すべきなのか，参加者からさまざまな課題が提示された。

2．女性教師増強政策の実態

ネパールでは，小学校でも女性教師の割合は30％以下，中学校では16％，高校では9％と非常に少ない。しかも，女性教師の多くは臨時代用教員か，契約雇用である。女子の不就学や不登校が多い遠隔地や農村地帯では，特に女性教師が不足している。ネパール教育省の2003年度の教育統計によれば，全国75県中33県で半数以上の学校に女性教師がいない（Bista, 2006）。ネパール政府は女性教師がどの学校にも配置されることを目指し，1校で教員数が3人かそれ以下の場合は1人，教員数4人から7人までは2人，7人以上の場合は3人以上を女性とするという政策を打ち出している。しかし，女性教師は人数が不足しているだけでなく配置にも大きな偏りがあり，この政策は多くの問題を抱えている。ユネスコは女性教師の実態と職場としての学校のジェンダー環境や，生徒と保護者の女性教師に対する認識を把握し，政策実施の現状と課題を探究するために実地調査を行った（Bista, 2006）。

(1) 女性教師のプロフィール

調査対象の女性教師は，多様な背景を持つ男性教師とは異なり，都市の高位カースト出身でネパール標準語を話し，経済的にも安定した教育レベルの高い家庭の出身である。彼女たちは地元出身の既婚者であり，家事や子育ての負担も背負っているため約70％が転勤を望んでいない。女性教師は仕事と家庭での責任の板挟みになっているのである。女性が教師として働きつつ，母親の役割を果たし，キャリアと家庭を両立しようとする努力が，往々にして職業人としての能力，義務感，やる気のなさ，と見なされてしまうという女性教師の声は難しい現実を表している。

(2) 女性教師を取り巻く環境

学校という職場においてジェンダーによる偏見や差別は多い。男性教師は，

女性教師が難しい仕事を引き受けない，よく休む，理数科系に弱く，管理能力にも欠けるという否定的な見方をしている。一方，女性教師は，校長が男性教師の方を優遇し，研修機会や重要な仕事は男性に与えられる，職員室の会話や会議においても男性教師は女性教師を無視すると見ている。しかし，多くの女性教師も自分の意見を述べることはなく，自信もなく，責任ある地位に就くことをためらう傾向にあることも報告されている。女性教師は常に孤立している。同じ職場に同性の同僚がいたとしても1人程度である。男性教師の情報交換のネットワークから女性教師は外され，入ってくる情報は少ない。教職員組合には女性部もなく，女性教師同士の協力，助け合いのメカニズムもない。女性教師は疎外感と孤立感を持ち，学校でも無力なマイノリティなのである。

(3) 保護者と生徒の反応

保護者の反応は多様である。女性教師は子どもの心を理解し，公平に接してくれるという好意的な見方がある一方で，教育課程を終えられない，クラスも統率できない，よく休むという批判的意見もある。これらの保護者の意見がステレオタイプ化された女性教師像に基づく主観的認識なのか，実際の経験なのかは，この調査では確認できていない。しかし，保護者の意見は，生徒が見ている女性教師の実態とは微妙にずれている部分もある。例えば，生徒の観察では，授業をよく休むのは男性教師の方だと言う。これは，教員研修や学外での仕事が男性教員に多く与えられていることの反映と見ることもできる。しかし，生徒も，教科に関する知識があり，授業の準備をよくしてくるのは男性教師だと言う。

(4) 女性教師の増加と女子就学率の関係

この調査研究では，教育省の統計をもとに女性教師数と女子就学率の統計的な相関関係[6]を調べた。その結果，女子の就学率の低い遠隔地や農村と全国レベルではその有意な相関関係が認められたが，就学率が一定程度に達している都市部では関係は否定されている。たしかに総体的に見れば，女性教師数が増加し，女子の就学率も上昇している。しかし，それをもって女子の就学率向上が，女性教員増加によるものかどうかはわからない。女子の教育参加と女性教師増加の両方に貢献する共通の社会的要因がほかにあるかもしれないからである。

> **Box 6.2**
>
> ネパール基礎・初等教育事業
（BPEP）ジェンダー・オーディット
>
> ドナーの依頼により，2002年にBPEPジェンダー監査（オーディット）が実施された。オーディットは，ネパールの女子・女性教育普及とジェンダー平等達成のためには，政府のリップサービスからの脱却，政策の実施が最大の課題と指摘する。ジェンダー／女子・女性に関連した施策に対する予算の低さ（2002年当時，全教育予算の1%）も教育省や財務省幹部の意識の低さ，コミットメントの欠如を反映していると指摘する。結論として，すべての教材でジェンダー偏見を取り除き，教員養成・研修にジェンダー課題を取り入れ，ジェンダー視点を教育省のすべての事業活動に入れること，すべての統計に男女別データを含めることを勧告した。さらに教育におけるジェンダー主流化のため，教育分野のジェンダー政策の強化を強調し，そのために(1)具体的なジェンダー目標，(2)行動目標の設定，(3)対象人口や地域の特定，(4)目標に対する時限の設置，(5)モニターと定期評価，のステップを踏んだ包括的でシステマティクなアプローチが必要であると結論づけている（Nepal Ministry of Education and Sports, 2002）。

(5) 政策実施の課題

　この調査では，女性教師増強政策の主要な課題として政策の「実施」が指摘されている。どんなに適切な政策であっても，効果的に実施されなければ意味はない。『ネパール基礎・初等教育事業ジェンダー・オーディット（監査報告書）』（Nepal Ministry of Education & Sports, 2002）も言及しているように（Box6.2参照），ネパールでは，女性教師増強政策にしても，政策の実施が中央教育省からの地方の行政への通達で終わり，実施に必要な予算や地方の人員増強が伴っていないのである。地方の現場でジェンダー関連政策を実施し，成果を上げるには，それに見合った財政的支援とともに，ジェンダー意識の啓発とジェンダー・ニーズ分析スキルなど，政策実施能力の強化が必要であることは認識されていない。つまり，ジェンダー主流化が教育省のなかで進んでいないのである。

ジェンダー主流化の遅れは、また、教育省のなかで女性教師政策実施の経験や教訓、そして成功例を教育におけるジェンダー平等に向けての制度的強化や教育計画へつなげていこうという意欲が見られないことにも現れている。中央だけでなく、地方の行政官や教育現場でも自分たちの経験や教訓を中央に伝えて状況を変えようという働きかけは見られない。女性教師を本気で増やそう、それにより女子の平等な教育参加を達成しようという堅固な自発的意志と実行力が、教育省全体に欠けているのである。また、政策立案にジェンダー視点と分析が欠如しているために、女性を1つの均質なグループとして扱い、女性の間の差異、カースト、民族、言語、居住地域の違いを考慮していないことも問題である。女性教師を必要としている社会的弱者や少数民族が多く住む地方で増強するためには、その地域の特性やニーズを十分に考慮し、焦点を絞った女性教員の採用計画、職業的発展、待遇・職場環境改善などが必要である。それと同時に女性教師自身のエンパワメントを促す具体的対策も不可欠である。

第5節　教育におけるジェンダー主流化とエンパワメントにむけて

南アジアは、女子教育普及に関する課題が累積している。そこには、アクセス、教育機会の問題だけではなく、教育プロセスでの不平等や、女子教育を取り巻く社会文化的文脈での問題も含まれる。教育開発が進み、アクセスが拡大された後に、最後に残った最も難しいターゲットグループの女子には、画一的な学校教育の枠組みを超えた柔軟なアプローチが必要とされる。実生活で直面している問題の解決、改善に結びつく実際的ニーズに即した教育、学習者のニーズに合った実利を重んじ、地域に適応した教育が期待されているのである。学校と家庭の協力だけではなく、コミュニティの参加、さらには地元にある人的・物的資源を最大限に活用し、地域住民の支持を得た活動も女子教育の普及には不可欠である。それだけでなく、強い政治的意志と行政の確固たる決意と行動により、女子教育を教育事業と政策の中心的課題とするとともに、ジェンダー平等、男女共同参画社会の構築という最終的な目標とそのための長期的戦略、ジェンダー主流化を明確に視野に入れることも忘れてはなるまい。

南アジアの女性たちは、徐々にではあるが、教育によりエンパワーされ、自

分自身の意志で生きる喜びと誇りを持ち始めている。ネパール農村の識字教室で読み書きと簡単な計算ができるようになった女性は，1人でバスに乗り，カトマンズにいる息子に会いに行く行動の自由を味わう。識字教室で自信をつけたダリット女性は，地区会議で自分の要求を主張したり，子どもの入学手続きも自分でできるようになった。また，コンピュータやテレビの修理を学んだ貧しい若い女性もいれば，大学に進学して経営学を学びたいと語るダリットの女子学生もいる。彼女たちは，困難な状況のなかで得られた教育の機会を最大限に活かし，自分と家族の生活を守って生きている。女性の教育は1人の人間の能力開発にとどまらず，女性を取り巻く家族，特に子どもへの波及効果が大きい。南アジアの経験はその事実を如実に示している。

◆注
(1) 本章では，南アジアを南アジア地域協力機関（South Asian Association of Regional Cooperation, SAARC）に加盟するインド，バングラデシュ，パキスタン，ネパール，ブータン，スリランカ，モルディブの7ヵ国に限定する。国連機関の統計や報告では，南アジア7ヵ国にアフガニスタンとイランを含め，南西アジアという地域区分を用いることも多い。
(2) 純就学率は国が決める学齢期児童の人口数のうち，何人が就学しているか，その比率（％）。総就学率は，粗就学率とも言われるが，年齢を問わず学校に来ているすべての児童を公式な学齢人口数で割った比率。
(3) 家父長制については第1章注(1)を参照。
(4) ネパールの女子教育普及政策は，ダリット女性教員養成，女子教育普及のアドボカシー，コミュニティ・住民の意識啓発，教育省内でのジェンダー関連活動の促進と調整を担うジェンダー・フォーカルポイント（連絡員）制の導入も加えられる。
(5) 教育省の奨学金の支給額は資金提供しているドナーにより月額350ルピーから1,000ルピーまでの違いがある。公立学校の学費は無料だが，その他の教育費用は月平均820ルピーという調査もある（Acharya & Luitel, 2006）。
(6) 全国と地域レベルの統計データを使い，学校教諭の女性率と女子就学率の2つの変数の相関係数（Pearson）を算出した結果である。詳しくは，Bista 2006 p39-41を参照。

◆引用・参考文献
Acharya S. & Luitel, B. C. (2006) The Functioning and Effectiveness of Scholarship and Incentive Schemes in Nepal, UNESCO Office in Kathmandu.

Bennett, L. (2002) Dangerous Wives and Sacred Sisters: Social and Symbolic Roles of High-Caste Women in Nepal, Mandala Book Point.
Bista, M.B. (2006) Status of Female Teachers in Nepal, UNESCO Office in Kathmandu.
EFA Global Monitoring Report Team (2003/4, 2007, 2008, 2010, 2011) EFA Global Monitoring Reports, UNESCO.
EFAグローバルモニタリングレポートチーム (2011)『EFAグローバルモニタリングレポート2011 隠された危機 ——武力紛争と教育 概要』ユネスコ
Herz, B. (2006) Educating Girls in South Asia: Promising Approaches, UNICEF Regional Office for South Asia.
菅野琴 (2008)「ネパールにおける女子の基礎教育参加の課題——ジェンダーの視点から」2007年度お茶の水女子大学ジェンダー研究センター年報『ジェンダー研究』11
菅野琴 (2009)「ネパール女子奨学金制度」『国立女性教育会館:研究ジャーナル』13
Nepal Ministry of Education and Sports (2002) A Gender Audit of the Basic and Primary Education Programme-Ⅱ, Ministry of Education and Sports.
Nepal Ministry of Education and Sports (2007) Education for All Mid-Decade Assessment: National Report, Ministry of Education and Sports and UNESCO Office in Kathmandu.
UNESCO (2006) Winning people's will for girls' education, UNESCO Office in Kathmandu.

　本稿は『国立女性教育会館:研究ジャーナル』第13号（2009年3月）に掲載された菅野琴「ネパール女子奨学金制度」と、2007年度お茶の水女子大学ジェンダー研究センター年報『ジェンダー研究』第11号（2008年3月）に掲載された菅野琴「ネパールにおける女子の基礎教育参加の課題——ジェンダーの視点から」の一部に加筆修正を加えたものである。

第7章

サブサハラアフリカにおける傾向と課題

西村　幹子

　サブサハラアフリカ（以下，アフリカ）においては社会・文化的な価値観や慣行と貧困がジェンダーと教育に複雑に影響している。本章では，主に基礎教育分野に焦点を当て，アフリカにおけるジェンダーの課題を考察する。また，社会的な文脈を理解するために，ウガンダを事例として取り上げ，女子の継続的な就学や学習過程がさまざまな社会経済文化的要因に規定されていること，また，社会のさまざまな構成員が持つジェンダー観が家庭と学校における役割分担を介して，男女の学習過程や学力に影響していることを示す。

第1節　ジェンダーと教育開発をめぐる理論的アプローチ

　一般に，1970年代半ばから国際機関やNGOなどで採られてきた「開発と女性（Women in Development, WID）」アプローチ（以下，WIDアプローチ）は，既存の開発計画や国家政策に女性の視点，経験，ニーズが反映されてこなかったために，女性は（特に開発途上国において），不利な立場に置かれてきたと主張する（Boserup, 1970；Tinker & Bramsen, 1976）。そして，女性の公教育へのアクセスの不足が，社会のなかで女性を不利な立場に立たせる理由の1つであるとし，女性への公教育の普及が女性の公的な経済活動への参加と社会的地位の向上につながるとした（Rathgeber, 1989）。女性への教育は，家庭に良い生活環境，健康，収入をもたらし，ひいては国の経済発展を促すという近代化論，人的資本論などの経済効率アプローチの流れを汲む考え方である。
　しかし，WIDアプローチは，ジェンダー不平等が発生する構造的な原因や

過程については必ずしも問題視せず，あくまで既存の構造のなかで女性の活動領域を広げることや，女性に特化したニーズに応えることに集中していた。こうした弱点は，WIDアプローチによるプロジェクトやキャンペーンの結果，多くの途上国で主だった改善が見られないなかで，厳しい批判を受けることになる（Goetz, 1998；Stromquist, 1998）。批判論者の多くは，ジェンダーをめぐる構造的な側面を注視せずに女子の学校教育へのアクセスだけを促進することの限界を指摘し，ジェンダー不平等に隠された社会文化的規範が作られる過程に関わる政治的，イデオロギー的な側面に注目する必要性を訴えた。このアプローチは「ジェンダーと開発（Gender and Development, GAD）」アプローチと呼ばれた。例えば，教育のジェンダー・パリティ[1]を達成している西欧諸国においても，女性の社会的地位は低く，政治的参加も限られていることや，アフリカ諸国を含む多くの国々では，学校教育の過程で女子の従属的立場を内面化させ，既存の男性優位のジェンダー関係が再生産されている現状が指摘された（Stromquist, 1990；Leach, 1998；Longwe, 1998）。

また，階層，地域，文化などさまざまな要因がジェンダー関係に影響することに関し，女性の間での文化的な多様性について指摘する声もある。例えば，アフリカにおいては，ジェンダーに植民地化や新植民地化などの問題が関わり，抑圧の構造がより複雑であるとの指摘がある。また，アフリカでは女性の自立が必ずしも個人の自由やアイデンティティによらず，西欧のジェンダー観とのギャップがあるとの指摘がある（Mikell, 1997；Okeke, 1996）。例えば，共同社会集団を基盤とした行動様式や出産・子育てなどの家庭における役割が，血縁によって集団を築いていく過程での社会政治的な参加を確保する手段となる場合がある。さらに，伝統社会において「ジェンダー」という概念に馴染みがないことに加え，公教育制度自体がそもそも「異国」のものであり，アフリカ社会に根づいた文化や伝統的な価値観と相反することも多いことに言及し，アフリカの女性は2つの価値基準の矛盾を抱えながら生きているとも指摘されている（Okeke-Ihejirika, 2005）。

こうしたジェンダーと教育開発をめぐる論点は，どれも教育や識字を通してジェンダー関係や経済的依存を見直す契機を与え得ることに関しては合意していると言ってよい。しかし，ジェンダーの定義やジェンダーの関係性に関す

る文化的配慮に欠けている点が問題視されている。国連ミレニアム開発目標（MDGs）の指標として示されている就学率や識字率などの量的側面における男女間格差の解消を目指すアプローチは，こうした議論を踏まえなければ，教育における真に有効なジェンダー政策を見過ごす危険性をはらんでいる。

第2節　アフリカの現状

1．地域レベルのデータに見るアフリカの現状

　国連によると，1999年から2008年の10年間に，アフリカ地域の初等教育レベルの純就学率は58％から76％（男子78％，女子74％）に上昇したが，2008年時点で学校に行っていない子ども約6,900万人のうち，46％がアフリカの子どもたちである（United Nations, 2010）。また，最終学年まで到達する確率は依然として低く，男女ともに約3割は小学校に入学しても途中で退学してしまう（表7－1）。中等教育の総就学率[2]は男子45％，女子36％で初等レベルよりも男女間格差が拡大する。中等教育以降においては，1999年以降，就学率の男女間格差は拡大傾向にある[3]（United Nations, 2010）。

　アフリカ地域における非農業セクターの賃金労働者の女性の割合は上昇傾向にあるものの，2008年時点で32.4％に留まっており，管理職や上級の職位に就く女性の割合は29％である（United Nations, 2010）。政治参加については，一院制あるいは二院制の下院における国会議員の数に占める女性の割合は2000

表7－1　アフリカ地域の主要基礎教育統計（重み付け平均値）

教育指標	アフリカ地域		途上国全体	
	男性	女性	男性	女性
成人識字率（15歳以上）	71％	53％	85％	73％
就学前教育総就学率	17％	17％	44％	43％
初等教育純就学率	78％	74％	88％	86％
初等教育の最終学年到達率	69％	72％	82％	84％
中等教育総就学率	45％	36％	78％	74％
予測進学年数	9.0年	7.6年	10.7年	10.0年

注：データ入手年については，成人識字率は2005～08年。初等教育の最終学年到達率は2007年，その他は2008年
出典：EFA Global Monitoring Report Team（2010）より作成

年の9％から2010年に18％と倍増したが，地域内格差もある（United Nations, 2010）。ジェンダーと教育に関連する万人のための教育（EFA）に関する国際目標とMDGsの達成[4]は極めて難しい状況である。

　学力に関しては，アフリカ地域全体で2つの国際学力調査が行われている。1つは，東南部アフリカ諸国を対象とするSACMEQ（Southern and Eastern African Consortium for Monitoring Educational Quality），もう1つは仏語圏アフリカで行われているPASEC（Programme de analyse des systèmes éducatifs de la CONFEMEN）である。前者は小学6年生を対象に読解（英語）と数学，後者は小学2年生と5年生を対象に読解（仏語）と数学をテストしている。これらの学力調査において，ジェンダーと学力の関係に顕著な傾向が見られる。SACMEQの2000年と2007年のテスト結果を見ると，学力における男女間格差のパターンがすべての国において一貫している。セイシェル，モーリシャス，ボツワナ，南アフリカでは，読解の得点において両年ともに女子が男子を上回っているのに対し，タンザニア，ケニア，マラウイ，モザンビークは，両年ともに数学の得点において男子が女子を上回っている（Saito, 2010）。2004～09年に行われたPASECでは，小学2年の時点では学力に有意な男女間格差は見られないものの，小学5年になると11ヵ国中，7ヵ国で数学の平均得点において男子の方が女子よりも高い（FAWE, 2011）。こうした学力傾向は，各国の社会経済文化的なジェンダーの文脈のなかで検証されなければならないだろう。

2．アフリカにおけるジェンダーと基礎教育の課題

　上記のような男女間格差の社会的な要因は複雑である。例えば，ケニアの学力調査結果の詳細な分析を見ると，ジェンダーと家庭の経済力や教育投資が入り組んで学力を形成していることがわかる（UNICEF, 2011）。スワヒリ語の読解において，総じて女子が男子を上回る学力を示しているが，貧困家庭の女子の学力は富裕層の男子よりも劣っている。また，同じ経済レベルの家庭であっても，追加的な授業料[5]を支払っている場合には男女ともにより学力が高いこともわかっている。

　アフリカの場合には，特に貧困が社会の諸問題と密接に関連している。貧困とジェンダー関係は，相互に関係しながら教育へのアクセス，過程，結果に影響し

ている。まず，貧困が家庭と国家の両レベルにおいて学習環境を整えることを困難にしている。家庭の側から見れば，たとえ授業料が無償となっても，学校に行くための制服，文具などを含む直接費用は家計負担となる。また，貧しい家庭において子どもは重要な労働力と見なされ，家庭内外の労働を含む機会費用が就学機会に影響を及ぼす。特に近年，HIV/AIDSなどの影響による孤児が学習機会においてより不利な立場に立たされている（Colclough et al., 2003）。

政府も財政難から学校や教室を十分に供給できない。教育施設などのインフラだけでなく，教員の士気の低さや病気による欠勤なども問題視されている（Bennel & Akyeampong, 2007）。また，多くのアフリカ諸国では初等教育無償化政策の導入以降，教員1人当たりの生徒数が数十から百を超える場合も少なくなく，学習環境はより一層厳しくなっている。こうした環境の下，学校に行けたとしても，基礎的な学力水準に到達していない生徒も多い（Hungi et al., 2010）[6]。

貧困を背景にした貧しい学習環境に加え，それぞれの国・文化におけるジェンダー関係が家庭，学校，職場，社会に浸透し，さまざまな形で男女の学習機会や過程に影響を及ぼしている。家庭においては，性別役割分業があり，家事負担の多い女子の機会費用が高い傾向にある。また，学校のカリキュラムが，社会において女子や女性に求められる家事などの能力と関連性が少ないことから，社会規範や慣行との乖離を恐れて女子を就学させないケースや，学校のカリキュラムが農村部の生活と程遠く，実利を伴わない，あるいは卒業後の就職の目途もつかないことから，男子を退学させるケースもある（Colclough et al., 2003）。学校では，掃除や水汲み，教員の身の回りの世話を女子に要求したり，教員が授業中に男子（または女子）の発言を多く促すなどの教員のバイアスがある（Stromquist, 2007）。また，学校内の教員や生徒による（主に女子に対する）セクシュアルハラスメントも問題化している（大津，2000；2001）。

社会におけるジェンダー関係としては，早婚やさまざまな伝統的な儀式，児童労働，妊娠をめぐる社会の考え方が挙げられる。アフリカ諸国には，女子にとっては就学よりも早婚が奨励されている地域がある（Colclough et al., 2003；Tuwor & Sossou, 2008）。また，割礼儀式が学期中に行われ，欠席や退学の誘因になっている。妊娠が女子の退学の主要な理由となっている国も多く，たとえ法的に復学が認められていたとしても親や社会がそれを許容するケースは稀

である。金品と引き換えに迫られる性交渉，結婚時に男性が妻となる女性の実家に支払う婚資目当ての早婚など，早婚や妊娠の背景には貧困が存在している。労働市場においては，フォーマルセクターにおける高い失業率を背景に，卒業後の就職の見通しが立たないことで，就学に無関心になる親が多い。特に，中等教育課程への進学の見込みがない場合，初等教育レベルにおいて無関心の度合いが大きい。また，西アフリカでは，女子が低賃金労働者として家事労働に従事し，そのために誘拐される事例もある（Tuwor & Sossou, 2008）。

第3節　ウガンダの初等教育の事例

1．初等教育無償化と就学・留年・退学における男女別傾向

　この節では，前節までの背景を踏まえ，ウガンダの事例を詳しく見ていこう。他のアフリカ諸国同様，ジョムティエンで「万人のための教育（EFA）」世界会議が開催された翌年の1991年，ウガンダ政府は20年以上も続いた教育政策の軽視を改め，初等教育の機会の拡大と質の向上に関する具体的な方策を採り

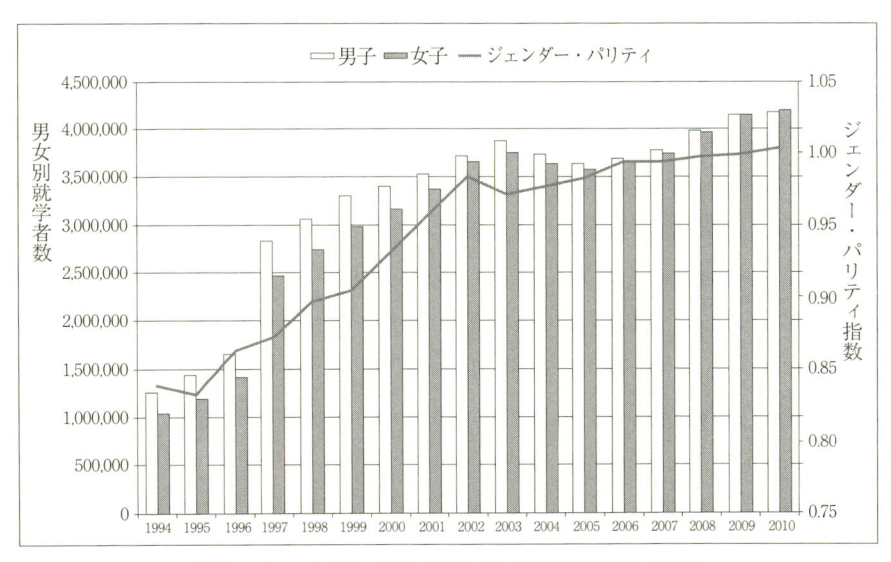

図7－1　ウガンダにおける男女別就学者数の推移
出典：ウガンダ教育省教育統計（各年）より作成。

始めた。その代表的な政策が1997年1月に導入された初等教育無償化政策（以下，無償化政策）である。

　無償化政策の効果は，急激な就学者数の増加によって如実に現れた。1996年には約280万人であった初等教育生徒数は，同政策が導入された1997年1月には540万人に急増した。この結果，純就学率は約91％となった。図7－1に見るとおり，就学人口はその後も上昇し，ウガンダにおいては初等教育就学者数のジェンダー・パリティは達成されている。

　しかし，就学におけるジェンダー・パリティは必ずしも学習過程や学習達成度における平等を意味しない。筆者らは，2004年と2007年にウガンダの農村部で収集された世帯のパネルデータを用いて，1,827名の子どもの追跡調査を行い，留年や退学の現状とそれらを規定する要因を男女別に分析した（西村 2006；Nishimura et al., 2008）。その結果，無償化政策の効果は男女に異なった影響を及ぼしていることが判明した。まず，同政策は貧困層の女子の初等教育へのアクセス改善に最も大きな影響を及ぼしているが，女子の修了率は，男子よりも多くの社会経済的要因に規定されている。例えば，1人当たり家計支出や母親の教育年数は男子の修了率には影響しないが，女子には影響している。

　また，留年と退学の傾向にも男女間で大きな差が見られる。全学年を通して男女ともに留年率は非常に高い[7]が，男子は留年しながらも卒業しようとする傾向があるのに対し，女子は留年を繰り返して一定の年齢に至ると退学のプレッシャーにさらされることが示唆された。男子の退学は年齢と母親の教育年数[8]にのみ影響されているのに対し，女子の退学は6～18歳の兄弟姉妹の数が多いことや家財の所有が少ないことにも影響されている。つまり，世帯が財政的に困窮した場合，また兄弟姉妹が多い場合には，女子よりも男子を優先的に就学させる可能性が高い。

　アクセスを一時点の就学と捉えれば，確かに無償化政策は貧困層女子に初等教育への「平等な」アクセスを保障したかもしれない。しかし，アクセスを継続的な就学と捉えた場合，必ずしも貧困層女子が平等なアクセスを保障されていないのである。

2．学力とジェンダー

　ウガンダ政府は，1996年より小学3年と6年の生徒に対して読解と数学の全国学力調査を行っている。2010年の学力状況を見ると，求められる達成度を満たした生徒の割合は，すべてのテストで男子が女子を上回っている[9]（UNEB, 2010）。

　学力の差異にはジェンダー関係がさまざまな形で影響している。1998～99年に4県の小学4年及び6年の生徒1,200名と小学校退学者384名を対象に行われた調査によれば，学力に影響を及ぼす主な要因として，貧困を背景とする女子の家庭内労働，教員や生徒自身の学力に関わるジェンダー・バイアス，そしてジェンダー観に基づいた学校運営のあり方が挙げられている（Tumushabe et al., 1999）。第1に，女子の家庭内労働の時間は学校に行っている生徒の場合で1日平均1時間半以上，退学した児童の場合には4時間半に及び，それぞれ男子の3倍以上である（Tumushabe et al., 1999：73）。そして，家庭内労働は小学4年の女子の英語と小学6年の女子の数学に統計的に有意な負の影響を及ぼしており，留年にもつながる（Tumushabe et al., 1999：92）。第2に，大多数の教員と生徒／児童が自身の性別によらず，ともに男子を女子よりも知性が高いと考えている[10]。このような認識は教員と生徒双方の学習過程や成果に影響を及ぼしている可能性が高い。

　最後に，学校において男女に与えられる役割がウガンダ社会におけるジェンダー観を色濃く反映しているだけでなく，女子の学習を阻害するように機能している。例えば，表7－2に示す通り，教員は学習に直接関係のない用事を授業時間中に女子生徒に多く指示している。このような環境では，セクシャルハラスメントも起きやすい（Tumushabe et al., 1999；Mirembe & Davies, 2010）。また，教員の担任配置については，女性教員の数が少ない[11]ことに加え，教員の資格や経験年数に関わりなく，低学年ほど女性教員が多く，高学年になるほど，また管理職ほど男性教員が多い[12]（Colclough et al., 2003）。女子の欠席や退学を引き起こす要因の1つとして指摘される初潮を迎える高学年において，女子生徒の相談に応じ，学校環境の改善を指摘できる女性教員が身近に存在しないことは，学校運営上も問題である（Tumushabe et al., 1999；Colclough et al., 2003；FAWE, 2011）。このようにジェンダー関係と学校教育

表7-2 初等教育の授業時間中の男女別役割分担の状況

教員に指示される役割	役割を担っている割合（複数回答式）	
	男子（609人）中の割合（%）	女子（591人）中の割合（%）
校庭の整備・水やり	45.2	51.9
教員の使い走り	25.9	34.2
ベビーシッター	5.1	12.7
水汲み	70.1	82.7
薪拾い	57.0	54.1
鍋，皿，コップなどの洗浄	12.2	34.2
調理	9.2	44.8
校長/教員室の掃除	48.6	72.4
教室の掃除	90.0	89.5
トイレ掃除	82.6	83.4

出典：Tumushabe, et al.（1999）p112より筆者作成

は密接に関連しており，男女の学力に少なからず影響している。

3．ウガンダにおけるジェンダー関係と政策的取り組み

ウガンダにはジェンダー関係を規定する社会文化的規範や慣習がある。例えば，社会の指導者となる王国の王，酋長，クラン（一族）の指導者はすべて男性である（Muganbe Mpiima, 2008）。婚姻は全ての男女が行うべきものとされ，婚姻の際には男性側から女性の実家に婚資が支払われ，女性が家の資産の一部と見なされる慣習がある。さらに，実際にあまり広く行われてはいないが，夫が亡くなると，夫の親戚によって妻が娶られる慣習行為もある。労働市場では，約9割の女性が賃金のない家業従事者であり，現行の憲法の下でも女性の財産所有権，相続権，ジェンダーを基盤とした暴力に関しては，男女が平等な権利を保障されていない（Muganbe Mpiima, 2008）。農村社会においては，女子や女性は家事に従事することが当然のこととされ，結婚すれば，他家の財産になる存在であり，学校教育は必要ないという考え方が広く浸透している（Kabesiime, 2010）。

他方，政治的参加という側面ではジェンダー平等に関するさまざまな法律が

施行されている。1995年に公布された憲法には政治的,社会的,文化的な男女平等が謳われている。また,女性差別撤廃措置として,各県において必ず最低1名の女性の国会議員を選出することが義務づけられ,村議会においては3分の1の議員枠が女性に割り当てられている（Muganbe Mpiima, 2008）。

ウガンダの基礎教育分野においては,就学,修了,進学における男女間格差,早婚や児童労働などの社会文化的慣習や態度,教材におけるジェンダーステレオタイプ,女子に配慮のない学習環境,妊娠や早婚による女子の退学が主な課題として注目されてきた（Nishimura & Ogawa, 2009）。これらの解決策としては,数多くのプログラムやプロジェクトが国連児童基金（UNICEF），アメリカ国際開発庁（USAID），FAWE（Forum for African Women Educationalists）（Box7.1参照）といったNGOなどの支援を得て実施されている[13]。また男女に平等なアクセスを保障するという観点から,1997年に実施された初等教育（7年制）無償化に加え,2007年に前期中等教育（4年制）の無償化が導入された。ジェンダー・パリティを達成した社会において,これらのプログラムがどの程度,ジェンダー平等に影響を及ぼし得ているのかについて注視する必要がある。

第4節　ジェンダー・パリティからジェンダー平等へ

これまで見てきたように,アフリカにおいては社会・文化的な価値観や慣行と貧困がジェンダーと教育に複雑に影響している。EFAやMDGsで掲げられている初等教育の完全普及は,ジェンダー・パリティを主要な指標としてモニタリングされているが,ジェンダー平等を達成するためにパリティは必要条件ではあっても十分条件ではない。男女がそれぞれの社会のなかでどのように位置づけられ,学校内外でいかに制約を受けているかに注目しなければ,目標達成は瞬間的な幻想に終わる可能性が高い。ウガンダは,初等教育の就学という意味ではパリティが達成された社会であるが,学習環境,過程,結果においてはジェンダー平等が達成されておらず,女子の継続的な就学や学習過程にはさまざまな社会経済文化的要因が影響している。

ジェンダーに関する社会文化的な価値観は,社会制度や法・慣例で規定されたさまざまな権利とも関連して男女の生活に影響する。こうした社会におけ

= Box 7.1 =

Forum for African Women Educationalists (FAWE)

　FAWEはアフリカ地域の32ヵ国において活動する汎アフリカNGOである。1992年に5人のアフリカ人女性の教育大臣によって，ジェンダーという議題を教育政策に主流化させるためのシンクタンクを作るという目的で設立された。政策にインパクトを与えるためには，何が良い対処法なのかを示すことが重要との観点から，調査研究を行い，パイロット事業を実施し，その結果を提示することを主な活動とする。ケニアの首都ナイロビに本部があり，その下に中部，南部，東部，西部の4つの地域事務所，さらに各地域事務所の下に8以下のナショナルチャプターを有する。地域レベル，国レベルは，それぞれ事務局，実行委員会，総会を持ち，意思決定を行う。財源は主に多国間及び二国間援助機関，アフリカ域外の民間財団などであり，アフリカ地域内における財政基盤は弱い。また，政策アドボカシー型のNGOという性格上，地域内の政策対話を促すことには貢献できても，政策実施については各国政府のリーダーシップに負うこととなり，国の間でもFAWEの活動の充実度合にはばらつきがある。

　2000年より，ジェンダーに配慮したモデル学校を設置する活動が十数ヵ国において実施された。政府やアフリカ開発銀行の支援を得てモデル学校を全国展開したウガンダはその成功例として知られる。（2011年7月26日，FAWE本部事務局に対する筆者インタビューノートより）

2011年の年次総会の様子　　　筆者撮影

る価値観や制度と切り離して就学だけを達成することは難しい。性別に関わりなく教育を受ける権利は，その後の人生の歩みにおいても，性別に関わりなく選択権が持てる社会においてこそ，一人ひとりに実感を持って受け止められるであろう。したがって，まずパリティありきではなく，ジェンダー平等（あるいはジェンダー差別）の意味が，各社会において解釈されていき，貧困のなかにあって，どのような社会を実現していくのかという幅広い議論を経なければならない。アフリカにおいては，一部の国内指導者と外国の援助機関によってジェンダー平等に関するさまざまな政策が採られているが，それらが実際の社会や学校現場でどのように解釈されているのかについても注意を払う必要がある。教員，生徒，親等，社会のさまざまな構成員が持つジェンダー観は，家庭と学校における役割分担を介して，男女の学習過程や学力に影響しているからである。ジェンダー平等な教育のあり方は，ジェンダー平等という普遍的価値を念頭に置きつつ，各社会において内発的に模索されてこそ意味を持つだろう。

◆注
(1) ジェンダー・パリティとは，就学率や識字率などの量的側面において男女の平等が達成された状態を指す。主に，男子の就学者数などの数値を1とした場合の女子の数値の比率を示すジェンダー・パリティ・インデックス（指数）によって測られることが多い。
(2) 純就学率は，学齢児童に対する学校に行っている学齢の子どもの比率を指すのに対し，総就学率は，学齢児童に対する全生徒数（学齢によらない）の比率を表す。
(3) 就学者数の男女間格差を表すGPIは，初等教育レベルで2008年に1999年レベルを0.06上回る0.91を達成しているが，中等教育では0.79，高等教育では0.67と，いずれも1999年レベル（中等教育レベルで0.83，高等教育レベルで0.71）を下回っていると報告されている。
(4) 「万人のための教育（EFA）」目標については第1章を参照。MDGsにおけるジェンダーに関する目標とは，2005年までに初中等教育における男女格差の解消，2015年までにすべての教育レベルにおける男女格差を解消することにより，ジェンダーの平等の推進と女性の地位向上することである。達成を測る指標としては，初等，中等，高等教育における男子生徒に対する女子生徒の比率，15～24歳の識字率における男女別比率，非農業部門における女性賃金労働者の割合，国会における女性議員の割合が設定されている。
(5) ケニアでは，2003年より初等教育の授業料が無償化されているが，放課後や夏休み期間を利用して，教員が追加的な授業を行うことが一般的である。追加的な授業料とは，

⑹ 2007年に行われたSACMEQIIIの調査によれば，東南部アフリカ地域の参加14ヵ国（及びザンジバル）における61,396の生徒の学力テストの結果，基礎的学力を達成していない生徒（Level 1及び2）は，読解で男子18.9%，女子15.7%，数学で男子31.0%，女子31.8%に及ぶ。
⑺ 男女ともに全学年を通して，2004～07年の期間に1回以上留年した生徒の割合は6～7割に上る。
⑻ 年齢及び母親の教育年数が退学に負の影響を，年齢の二乗値が正の影響を及ぼしている。
⑼ 求められる達成度合いを満たしている生徒の割合は，小学3年数学で男子74.1%，女子71.6%，小学3年英語で男子57.9%，女子57.3%，小学6年数学で男子57.9%，女子52.1%，小学6年英語で男子50.7%，女子50.2%である（UNEB, 2011）。ただし，格差は縮小傾向にあり，英語ではほとんど差が見られず，2009年までは10ポイント以上あった小学6年の数学における差も，2010年現在では5.8ポイントとなっている。また，2007年のSACMEQ IIIの結果を見ても，基礎的レベルに達しないレベル1及び2に該当する生徒の割合は，読解で男子19.2%，女子21.5%，数学で男子36.5%，女子40.9%であり，男女間格差の傾向については政府の調査結果とほぼ一致している。
⑽ この傾向はより最近の中等教育に関する研究においても指摘されている（Mirembe & Davies, 2010）。またタンザニアの教員についても同様の調査がある（大津，2001）。
⑾ 2007年現在で39%に留まっている（Nishimura & Ogawa, 2009）。
⑿ この現象は他のアフリカ諸国においても見られ，ジェンダー観に基づいた学校運営と言える（Colclough et al., 2003）。
⒀ プログラムリスト及び事例については，Mpiima（2008）及びNishimura & Ogawa（2009）を参照のこと。

◆引用・参考文献

Bennell, P. & Akyeampong, K.（2007）Teacher Motivation in Sub-Saharan Africa and Asia. *DFID Researching the Issues*, 71.

Boserup, E.（1970）*Women's Role in Economic Development*. London: George Allen & Unwin.

Colclough, C., Al-Samarrai, S., Rose, P. & Tembon, M.（2003）*Achieving Schooling for All in Africa: Costs, Commitment and Gender*. U.K. and U.S.A.: Ashgate.

EFA Global Monitoring Report Team（2010）Education for All Global Monitoring Report 2011. Paris: UNESCO.

Forum for African Women Educationalists（FAWE）.（2011）Strengthening Gender Research to Improve Girls' and Women's Education in Africa. *FAWE Research Series, 1*. Nairobi: FAWE.

Goetz, A.M.（1998）Mainstreaming Gender Equity to National Development Planning. In

Miller, C. & Razavi, S. (Eds.), *Missionaries and Mandarins: Feminist Engagement with Development Institutions* (pp.42-86). London: Intermediate Technology Publications in association with the United Nations Research Institute for Social Development.

Hungi, N., Makuwa, D., Ross, K., Saito, M., Dolata, S., Cappelle, F., Paviot, L., & Vellien, J.（2010）SACMEQIII Project Results: Pupil Achievement Levels in Reading and Mathematics. *Working Document*, 1. Paris: UNESCO IIEP.

Kabesiime, M.（2010）Schooling Ugandan Girls: A Policy Historiography. *Journal of Critical Education Policy Studies*, **8**(1), 326-359.

Leach, F.（1998）Gender, Education and Training: An International Perspective. *Gender and Development*, **6**(2), 9-18.

Longwe, S.（1998）Education for Women's Empowerment or Schooling for Women's Subordination? *Gender and Development*, **6**(2), 19-26.

Mikell, G. (Ed.)（1997）*African Feminism: The Politics of Survival in Sub-Saharan Africa*. Philadelphia: University of Pennsylvania Press.

Mirembe, R. & Davies, L.（2010）Is Schooling a Risk? Gender, Power Relations, and School Culture in Uganda. *Gender and Education*, **13**(4), 401-416.

Muganbe Mpiima, D.（2008）Gender Policy in Uganda: The Thorny Road to Gender Equality. In Thundu, N., Kiaga, A.K., & Mwangi Omondi, S. W. (Eds.), *Assessing Gender Policies in the East African Region: Case Studies from Ethiopia, Kenya, Sudan, Tanzania and Uganda* (pp.203-234). Nairobi: Development Policy Management Forum.

西村幹子（2006）「ウガンダにおける初等教育政策の効果と課題——教育の公平性に注目して」『国際協力論集』14(2), 93-117.

Nishimura, M., Yamano, T., & Sasaoka, Y.（2008）Impacts of the Universal Primary Education Policy on Educational Attainment and Private Costs in Rural Uganda. *International Journal of Educational Development*, **28**(2), 161-175.

Nishimura, M. & Ogawa, K. (Eds.).（2009）Universal Primary Education Policy in Sub-Saharan Africa: A Comparative Analysis of Ghana, Kenya, Malawi, and Uganda and Policy Recommendations. Kobe: Kobe University.

Okeke, P.E.（1996）Post-Modern Feminism and Knowledge Production: the African Context. *Africa Today*, **43**(3), 223-234.

Okeke-Ihejirika, P.（2005）Achieving Gender Equity in Africa's Institutions of Tertiary Education: Beyond Access and Representation. In Abdi, A.A. & Cleghorn, A. (Eds.), *Issues in African Education: Sociological Perspectives* (pp.159-174). New York and Hampshire: Palgrave Macmillan.

大津和子（2000）「南アフリカにおける教育開発——ジェンダーの視点から」『国際教育協力論集』3（2），97-114.

大津和子（2001）「タンザニアにおける教育開発——ジェンダーの視点から」『国際教育協力

論集』4 (1), 101-119.
Saito, M. (2010) Has Gender Equality in Reading and Mathematics Achievement Improved? *SACMEQ Policy Issues Series*, 4.
Rathgeber, E.M. (1989) Women and Development: An Overview. In Parpart, J.L. (Ed.), *Women and Development in Africa: Comparative Perspectives* (pp.19-32). Lanham, MD: University Press of America.
Stromquist, N.P. (1990) Women and Illiteracy: The Interplay of Gender, Subordination and Poverty. *Comparative Education review*, **34**, 95-111.
Stromquist, N.P. (1998) Agents in Women's Education: Some Trends in the African Context. In Bloch, M., Beoku-Betts, J.A., & Tabachnick, B.R. (Eds.). *Women's Education in Sub-Saharan Africa: Power, Opportunities and Constraints* (pp. 24-46). Boulder: Lynne Reinner.
Stromquist, N.P. (2007) The Gender Socialization Process in Schools: A Cross-National Comparison. Background Paper prepared for the Education for All Global Monitoring Report 2008: Education for All by 2015: Will We Make It? Paris: UNESCO.
Tinker, I. & Bramsen, M. B. (Eds.). (1976) *Women and World Development*. Washington, D.C.: Overseas Development Council.
Tumushabe, J., Barasa, C.A., Muhanguzi, F.K., & Otim-Nape, J.F. (1999) Gender and Primary Schooling in Uganda. *Research Report*, **42**. Brighton: Institute of Development Studies, University of Sussex.
Tuwor, T. & Sossou, M. (2008) Gender Discrimination and Education in West Africa: Strategies for Maintaining Girls in School. *International Journal of Inclusive Education*, **12**(4), 363-379.
UNEB (Uganda National Examination Board) (2010) The Achievement of Primary School Pupils in Uganda in Numeracy, Literacy in English and Local Languages. Kampala: UNEB.
UNICEF (2011) Equity in Education: Sharing the focus, addressing the challenge. A presentation material prepared for the MDGs Follow-up Meeting (June 2-3, 2011).
United Nations (2010) The Millennium Development Goals Report 2010. New York: United Nations.

本稿は,『教育研究』第54号 (2012年3月) に掲載された西村幹子「サブサハラアフリカにおけるジェンダーと基礎教育——ジェンダー・パリティからジェンダー平等へ」の一部に加筆修正を加えたものである。

第8章

アラブにおける傾向と課題

結城　貴子・亀山　友理子

　本章では，北アフリカからアラビア半島に広がる地域を対象とし，同地域の教育の機会と質におけるジェンダー課題中心に議論を進めていく。女性の教育向上とミレニアム開発目標の保健や貧困問題との関連性についても言及する。ジェンダー平等には包括的な視点が不可欠であり，また同時にジェンダー平等は社会・経済発展にも大きな貢献となることを考察していく。

　アラブ地域[1]（または，中東北アフリカと呼ばれる地域）には，主要言語（アラビア語）・宗教（イスラム教）・主要産業（石油）などの共通点があるものの，国家の近代化プロセス，他宗教に対する許容度，近代教育の導入時期，経済発展段階などでは，違いがある。世界銀行の世界開発指標によると，この地域21ヵ国中，約3分の1が湾岸諸国と呼ばれる石油資源の豊かな高所得国であり，他の3分の1はチュニジア，レバノンなどの高中所得国，残り3分の1がイエメン，モロッコ，エジプトなどの低中所得国である[2]。1人当たりの国内総生産（以下GDP）が2009年で6万1,531米ドルと最も高いカタールと比べると，最も低いイエメンでは1,130米ドルである。この地域全体の人口は，2010年には，およそ3億8,200万人であるが，約8,000万人のエジプトから約80万人のジブチまで大きな差がある。人口増加率は他の地域に比べて年間1.97%[3]と高い。

　アラブ諸国の伝統的な慣習は，多くの場合イスラム法に則っており，男性優位とも解釈される身分法などの国家の法令にも影響している（World Bank, 2004）。ただし，近代化の過程で，ほとんどの国（21ヵ国中19ヵ国）は，女性差別撤廃条約（CEDAW）に加盟（うち4ヵ国が批准）しており（United Nations, 2011b），男女平等な基礎教育の機会，雇用，政治参加，家族関係[4]

を推奨するとしている。

第1節　教育機会（アクセス）

1．教育機会の拡張

近年，アラブ諸国では，「万人のための教育」に向けてかなりの進展を遂げ，男女間格差の解消も進めてきた。GDPに占める公的教育支出割合は4.9%（1999）から5.0%（2006）へとほぼ横ばいであるものの，世界平均（2006年，4.6%）を過去10年間は常にやや上回っている。UNESCO（2011：7）によると，同地域に対する外国からの初等教育援助額は，生徒1人当たり2002年の5米ドルから2008年の12米ドルと2倍以上増加している。

初等教育に関しては，1998年から2008年の間，学齢期人口の高い増加率（平均約6%）をさらに上回るペースで就学者数を増やし（UNESCO, 2011：2），地域平均の（調整後）純就学率を1998年の75.9%から，2008年には85.6%[5]に向上させた。ただし，イエメン，ジブチは初等教育の完全普及からは依然遠い位置にいる。

初等教育の総就学率におけるジェンダー・パリティ指数[6]（Gender Parity Index, 以下GPI）も，アラブ地域としては，0.88（1999年）から0.93（2008年）に緩やかに改善している。2009年までに男女間格差を解消した国（GPIが0.97以上）はデータのある21ヵ国中13ヵ国である。しかし，残りの8ヵ国のうち，2015年までに目標に届くと予測されているのは，ジブチとエジプトのみで，イエメンには加速的な取り組みが必要とされている（UNESCO, 2011）。

国内差も大きく，例えば，あるイエメンの調査によると，6～14歳の女子の就学率でさえ，都市部では74%，農村部では30%と差が著しい（結城，2008）。また，初等教育段階からの就学機会における差異は，成人の就学年数にも影響を与える。2004～05年都市における女性の平均教育年数（17～22歳）は，村落部の女性と比べて，モロッコでは約3.5倍，イエメンでは2.5倍も高い[7]。

一般に，多くの国は男女間格差の解消前に，男子の総就学率が100%を超えるとされている。ヨルダンでは初等教育の完全普及達成前に男女間格差の解消が達成されたが，チュニジア，シリアでは，男子の総就学率が100%を超えた

後，GPIが0.95を超えるまでに15年要した。イラクでは，1985年以来，男子の就学率は100%を超えているが，GPIは約0.85からほとんど変化が見られない（World Bank, 2008）。

中等教育においても，過去10年間，初等教育と同様の進展が見られた。1998年から2009年の間，地域平均の総就学率は66.3%から74.4%に増加し，GPIも0.88から0.92へと改善している。サウジアラビアのように，総就学率が比較的高いにもかかわらず（2009年で96.8%），GPIは，アラブ地域の平均以下という国もあるが，総就学率が80%を超える国の多くではGPIも高く（0.95以上），むしろ女子生徒の数が男子生徒を上回っている場合もある。他方，イエメンやジブチといった就学率も低い国では（50%以下），GPIも初等教育においてよりはるかに低く，状況の改善が急がれる。

高等教育に関しても，アラブ諸国地域の平均総就学率が1999年から2009年までに約8%向上し，総就学率が28.1%と，世界平均をやや上回る程度になり，GPIも0.2近く向上し，ラテンアメリカや東アジアと大差ない。ただし，初等中等教育同様に，イエメン，ジブチ，モロッコなどでは男女間格差は大きいままである。専攻別で男女差を見てみると，女子の就学率が高い国でも，工学系分野は男子，教育学系は女子生徒が多いという傾向があり，労働市場における職種のジェンダー差を反映している。

就学前教育の状況は，1999年から2008年までに就学児が320万人程増加した

調査に参加するダマール州の高学年の子どもたち（JICA研究所イエメン教育開発研究所共同研究）2011年3月　　筆者撮影

(UNESCO, 2011：2) ものの，地域の2007年の総就学率は26%と，サブサハラアフリカ以外の他地域からは大幅に遅れをとっている。国による差も顕著で，例えば，アラブ首長国連邦は94.3%である一方，ジブチは2.9%である。就学前教育への参加は，その後の初等教育の修了，保健栄養などに大きく影響することから，重要課題となっている (EFA-GMR Team, 2011)。

　アラブ諸国においては，武力紛争中，または武力紛争の影響下の国もあるため，教育機会の保障が困難になることも懸念されている。学校が攻撃されることや，校舎が武力行使や緊急状況下での基地になることが頻繁に見られる。また，社会状況が不安定ななかで，貧困家庭はより貧困に陥る傾向があることから，子どもたちが労働力として必要となる。学校も決して安全な場所ではなくなり，最悪の場合児童兵士や人身売買の対象として，拉致されるというケースもある。こういうことから，特に女子の就学が減ることも指摘されている (EFA-GMR Team, 2011)。

2．教育機会におけるジェンダー格差解消への具体的対策

　アラブ地域のジェンダー格差の社会的な要因として，女子よりも男子の就学の方が優先されてきたことがある。また，近代的教育システムの下，女子や農村の貧困家庭の子どもは，男子及び都市部の子どもほど教育を受ける機会を得なかった。したがって，多くのアラブ諸国にとって，農村部，特に女子の基礎教育への不平等な教育機会への取り組みは優先課題となった (World Bank, 2008)。

　男子に比較し，女子の就学の機会費用は高い。例えば，イエメンの農村では，家畜の世話や水汲みなど，終日労働が必要になることを挙げ，特に農村女子の機会費用の高さが，女子の教育の機会を促進する障壁になっていることを指摘している (結城，2008)。こういった特徴を抱え，主に基礎教育において，途上国政府や国際機関，NGOなどから，需要側 (就学する子どもたちやその家族) に 数々の対策が施された。学習教材の無償提供，寄宿舎，食糧配布などのインセンティブの供与は，特に貧しい家計が女子を就学させることに伴う負担を軽減するために実施された。例えば，ジブチでは女子の就学を促進するために，2000年から給食が提供された (World Bank, 2008：159)。また，女子教育に対する保護者の理解や協力を向上させるため，さまざまな啓蒙活動，学

校運営の改善，コミュニティへの参加の促進活動も行われた（第3章のイエメン事例参照）。ただし，こうした教育の需要側に対する促進プログラムが，外部資金や人材へ過度に依存して導入された場合，短期的な女子の就学向上への効果は高くても，外部からの支援終了後，効果の持続性という観点では問題を残すこともしばしばある。長期的視点を持った継続的取り組みが必要である（Yuki, Mizuno, Ogawa, & Sakai, 2011）。

供給側（学校や政府教育関係機関）においても，女子が通学しやすい学習環境の整備が進められてきた。例えば，男子用と女子用とに分けたトイレ，外部の目から守る学校の門，家からより安全に徒歩で通える場所での学校建設などが重視されてきた。また，中等教育以上における女子校の設置，教材等の教育システム全体への配布という努力もなされた（World Bank, 2008：142）。さらに，女子生徒の学びのニーズをより考慮したカリキュラムの導入の試みもされている（Beatty, Taher, Al-Thawr & Al-Dein, 2009）。また，中退や不就学の学齢期の女子に通学の機会を与えることも重要である。エジプトでは，村落部での一教室学校[8]の開設など，退学した子どもなどが対象であるさまざまなセカンドチャンスのための学校プログラムを展開している（Sabri, 2007）。

アラブ諸国における教職の女性化（feminization）は，1980年から進み，初等教育教員に占める女性の割合は，1980年代半ばには50％に達した。しかし，世界平均と比較してみると，初中等教育ともに女性教員の割合は，低い状況である。また，女性を含む教員不足は，国内での地域間格差があり，深刻である。例えば，イエメンの基礎・中等教育（1年生から12年生）における男子生徒に対する女子生徒の割合が0.49と低いサアダ州においては，女性教員の割合も13％と極めて低い[9]。アラブ諸国での女子の就学は，女性教員が学校にいることが決め手となるため，女性教員の採用，継続的雇用と地位の確保に一層注力する必要がある。

第2節　教育の質

1．教育の成果

多くのアラブ諸国では，学習達成度が低く，教育の質改善が急務となってい

る。47ヵ国が参加している早期読書プログラムの2009年の調査によれば、エジプトの小学2年生の男子、女子、ともに、50%が1文字の音も認識できなかったとの報告がある（RTI International, 2011：6）。別の調査では、2006年の国際読書力調査PIRLS（Progress in International Reading Literacy Study、以下PIRLS）の小学4年生用読解力テストにおいて、モロッコを含むアラブ4ヵ国で、約70%の生徒が基礎レベルの読解力を習得していないことが判明した（Mullis, Martin, Kennedy, & Foy, 2007a：69）。このうち、クウェートやカタールの高所得国においても、所得レベルから予想された読解力を大きく下回り、同調査の最低のランクとなった（EFA-GMR Team, 2011：84）。この学習到達度の低さは、書き言葉と日常口語で使用されるアラビア語の大きな違い、カリキュラム、教員免許を有する教員の割合、家庭での学習に対する態度に起因するとされている（Bouhlila, 2011）。

　男女別では、概して女子の方が男子よりも成績が良い傾向にある。国際数学・理科教育調査（Trends in International Mathematics and Science Study, TIMSS）での4年生と8年生の算数のテストの結果、エジプト、サウジアラビアなど参加したアラブ諸国15ヵ国（パレスチナ含む）のうち9ヵ国で、女子は男子よりも成績が大幅に高かった[10]（Martin, Mullis, & Foy, 2007；Mullis, Martin, & Foy, 2007b）。この結果について、総じて女子の方が男子より就学率が低いイエメンでは、学校に来ている女子は、勉学に熱心な家庭の児童であり、通学を継続する確率が高いこと、さらに、そのような家庭環境では、女子のほうが家庭での勉強時間が長いことが理由として考えられる（Al-Mekhlafy, 2009）。また、女子生徒の間での学習結果の差については、男性教員より女性教員から学ぶことが良い成績につながるとしている（Al-Mekhlafy, 2009）。

2．識字

　アラブ諸国では、就学率の高い国でも、成人識字率の課題を抱えている。初等教育の普及と女子教育の向上に伴い、識字率におけるジェンダー・パリティ指数も2008年には0.78までになったとされるが、同地域の女性の非識字率の平均は未だ65%と高い（EFA-GMR Team 2011：65）。また、成人非識字人口は、15歳以上の人口の増加とともに増え続けている（UNESCO, 2011）。識字の男

女間格差について，成人男性は，職場において，読み書きの学習の機会を得てきたためだとされている（World Bank, 2008）。また，国内の地域別の成人女性識字率の格差も大きい。例えば，イエメンでは，2009年の識字率は62.3%であったが，都市に住む女性は，地方に住む女性の約3倍の識字率である傾向が見られ，貧困層の下位20％の家庭の女性は，最も裕福な家庭の女性と比較して，10分の1の識字率である（UNESCO, 2011：4-5）。

　このような状況の下，女性の識字率を上げることも，最優先課題である。例えばモロッコでは，首相を筆頭とした国の委員会が，省庁間，地方自治体，NGO，法人の調整役を担い，基礎識字，生計向上技術や職業訓練につき，特に女性を対象としたNGOのプログラムに公的資金を投入している。他国でもNGO，モスク等をパートナーとして，女性の識字プログラムが展開されているケースもある（World Bank, 2008）。

第3節　教育のジェンダー平等と社会経済開発

1．教育と保健開発目標との関連

　一般に，教育が普及することにより，出生率や幼児死亡率を低下させたり，平均寿命をのばす効果が見られる（UNESCO, 2011）。このような効果は，特に女性の教育が普及している途上国で見られ，過去数十年の間にジェンダー格差が縮小してきた多くのアラブ諸国でも期待される（World Bank, 2008）。アラブ諸国の出生率は，他の地域と比べて依然として高いが，2008年には2.7人まで減少しており[11]，これは，将来的に貧困削減につながると思われる。また，女子の教育レベルが上がり，若年層の出産が減少し，衛生的な出産環境が整備されたことにより，アラブ諸国の妊産婦死亡率も1990年から2008年の間に58％も減少した。

　さらに，エジプト，ヨルダンなどのアラブ地域6ヵ国の保健状況に最も影響するのは，所得水準，そして母親の教育水準であり，これらの水準が高い家庭の子どもは，水準の低い家庭の子どもと比較して，子どもへのワクチンの接種などの健康へのケアを3～4倍も受けることができるとしている（WHO, 2007：74-77）。同様に，乳幼児死亡率も，所得水準と母親の教育水準に密接に

関係している。子どもの栄養・健康の不良は，学習の低下，欠席から中退へとつながり，就学の大きな妨げとなる。母親（女子）への教育，就学前教育の機会の拡大とともに，子どもの栄養・健康状態の向上が一層必要とされているのである。

2. 教育と雇用・経済機会との関連

過去数十年の間，アラブ諸国の労働力は，急激な人口増加のため，急速に増大してきた。しかし，女性の労働参加率は，1991年から2009年の間18%から22%とやや増加しているものの，男性の労働市場参加率の約70%に比して著しく低い（図8-1）。女性の労働市場参加率の低さ，女性が多く雇用されている農業セクターの賃金の安さ，社会保障や福利厚生を欠いた仕事への従事率の高さ，管理職への低い昇進率など，女性雇用については多く問題を抱えている（World Bank, 2011b）。

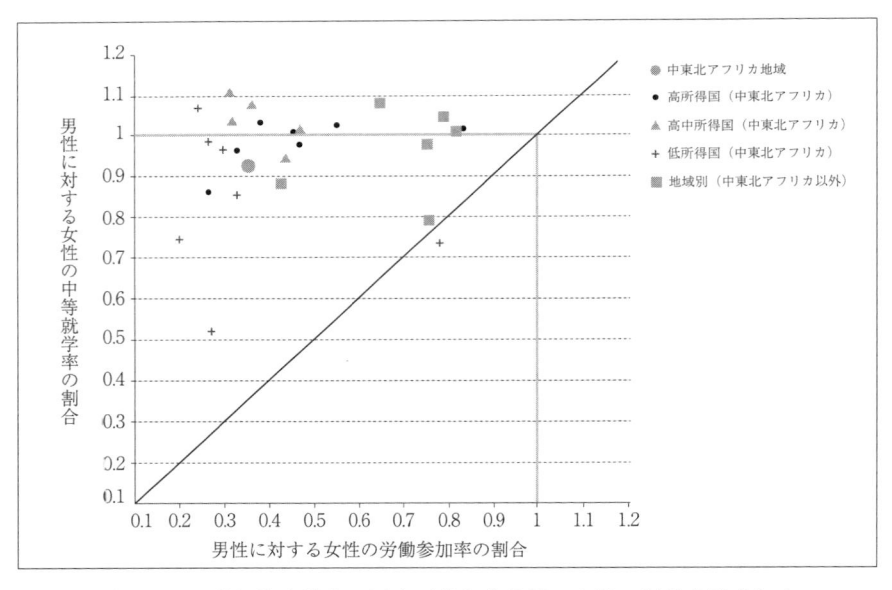

図8-1 進む教育機会の男女平等と依然低い女性の労働市場参加率

出典：世界開発指標，イエメンは世界銀行（2009），2009年もしくは最新のデータを使用。中東北アフリカは19ヵ国のみ。

> **Box 8.1**
>
> ## ノーベル平和賞とアラブの女性活動家
>
> 　2011年，ノーベル平和賞がイエメンの若い女性活動家，タワックル・カルマン氏に与えられた。同氏は，イエメンの首都サナアにあるサナア大学を卒業後，「鎖につながれない女性ジャーナリストたち」という組織を設立し，女性の権利，表現の自由を主張してきた。「アラブの春」では，同氏を始めとし，学歴の高い女性たちが多くの女性を社会変革運動へ導いていることが注目されている。女性の政治デモ等への積極的参加は，政権側との非暴力的方法による諸問題の解決の必要性について，国内外で世論を高める力ともなり得る 。イエメンNGOの女性同盟議長兼アラブ女性同盟の事務長を務めるラムジア・アッバス・アリヤーニ議長らが展開する，脆弱な読み書きのできない女性たちの自立を導くための教育や職業訓練，不利な立場で投獄された女性の弁護や援助活動なども注目に値する。男性優位な社会のなかでも，志を高く持つ高学歴の女性が，ジェンダー平等へ向けた社会の連帯を強めていくことに期待したい。

　さらに，アラブ諸国では，女性が労働力として社会に参入していても，多くの高学歴の人が農業などの労働集約的仕事に従事しており，労働生産性の高い仕事よりも，教育水準の高い人々が多く参入している（World Bank, 2008）。UNDP（2009）は，多くのアラブ諸国の教育水準は比較的高いにもかかわらず，教育課程で得た知識や技術と実際の労働市場で求められている知識や技術間において不整合が大きいと指摘している。アラブ諸国の政策は，労働市場の要請に応え，世界や地域の経済の機会に適合する知識ベースの技能を促進するように，教育政策を改革しなくてはならない。

3. 教育と政治・社会への参加，家庭の関連

　より高いレベルの教育を受けた女性は，情報へのアクセスを幅広く確保し，また，自分の置かれた状況に対して疑問を持ち，自ら考え，行動する能力を所有し，時には教育も低く，不利な立場にある女性を支援することが，具体的

なものとなってきている（Box8.1参照）。アラブ諸国と南アジアは，女性のエンパワメントが比較的弱いと指摘されてきた。実際，2000年代にバーレーン，オマーン，カタールなど数ヵ国が女性の選挙権を認め（UNDP, 2010），ようやく最後にサウジアラビアが2011年9月に承認すると発表した。教育を受けた女性が社会に参加し，貢献する機会が増えつつある。

また，女性の政治への参加率は，他地域と比較し，概して下位のランクである。例えば，アラブ諸国での女性の下院議員の割合は2001年に3.8%だったが，2011年には10.9%に増加し改善はしたものの，依然として最下位のままである（Inter-Parliamentary Union, 2011）。

アラブ諸国の法律や憲法では，言語や宗教，教義に基づく差別を命じていないが，女性に対する差別は，多くの国のイスラム法に見られる。さらに，ほとんどのアラブ諸国が1979年のCEDAWのほかにも関連する国際規約[12]に加盟及び批准しているが，ジェンダー平等に関する条項は，イスラム法に抵触がないよう，留保をつけている（UNDP, 2009）。

教育を受けた女性は，家庭でより積極的な役割を果たし，家族とも自立的な関わりを持つようになる。例えば，アラブ諸国では，通常，女性が医療機関にかかる際，家族の男性の許可が必要だとされるイスラム法に基づいた社会規範がある。しかし，世界銀行によるアラブ諸国と南アジア諸国19ヵ国の調査では，収入の高い女性より，教育水準が高い女性の方が，男性の許可なしに医療機関に通うことができていることが明らかになった（World Bank, 2011b：169）。女性が自分自身で考え，行動するようになるには，女性自身が経済力をつけること，社会的に誇りを持てる行動をすることが重要な鍵となるが，そのためには，良質な教育を受けていることが前提である。また，このような資質を持つことで，家庭内暴力の被害者になるリスクが減ることも確認されている。家庭内暴力は，女性だけの問題ではなく，暴力から暴力を生むゆがんだ世代間にわたる社会を形成するリスクが高い（World Bank, 2011b）。

女性への教育投資は，彼女自身のためのみならず，家族，コミュニティ，経済の発展に大いに裨益する。同時に，経済社会制度の発展は，女性の地位向上に不可欠である。2010年末から「アラブの春」という歴史的な民主化運動が

第8章 アラブにおける傾向と課題 155

起こった。国によっては，女性もこの民主化運動に積極的に参加，貢献している。このような女性の政治，社会運動への参加も一過性のもので終わることなく，幅広い女性のエンパワメントと地域社会の向上，さらには，新しい公正な国づくりにつながることが望まれる。女子／女性教育の普及への投資は，そのためにも，緊急に必要とされているのである。

◆注
(1) 本稿使用の国際連合教育科学文化機関（UNESCO）からの参考文献では「アラブ諸国」とし，20ヵ国（アルジェリア，バーレーン，ジブチ，エジプト，イラク，ヨルダン，クウェート，レバノン，リビア，モーリタニア，モロッコ，オマーン，パレスチナ，カタール，サウジアラビア，スーダン，シリア，チュニジア，アラブ首長国連邦，イエメン）が含まれる（EFA-GMR Team, 2011：269）。また，世界銀行からの資料では，「中東北アフリカ」と明記し，記述諸国に非アラブ国のイラン，イスラエル，マルタ（データの地域平均の割り出しに使用）を足し，スーダン，モーリタニアを除いた21ヵ国が含まれる。本章では，基本的に世界銀行の21ヵ国を基準とする。
(2) 世界開発指標（オンライン，2011年9月ダウンロード）による分類。本章でのデータは特記がない限り，世界開発指標を使用する。
(3) 2010年の他地域の人口増加率は，サブサハラアフリカ地域で2.49％，南アジア地域で1.41％，東アジア地域で0.65％となっている
(4) 例えば，CEDAW第16条「家族および婚姻法」では，婚姻の自由，資産所有の権利，子どもの親権などについての男女間の平等を推奨している（United Nations, 2011a）。
(5) 国際連合教育科学文化機関教育統計所（UNESCO Institute for Statistics）より。2011年9月ダウンロード。
(6) 就学や就業などの男女間の差を測る相対的数値。「女子の数÷男子の数」で表す。1.00は男女間の差がないこと，1.00以下は，男子と比較し女子の数が少ないことを表す。
(7) 人口保健調査（DHS: Demographic and Health Survey）データを用いて筆者計算。
(8) 1つの教室にて，複数の学年の子どもたちが1人の教員から基礎的な学習を教わる形態の学校のこと。途上国の農村地域で見られる。
(9) イエメン教育省データ（Annual Educational Survey, 2007/08）を用いて筆者計算。
(10) 理科についても，第4・8学年合わせて，8ヵ国で女子の成績が高く，統計的に有意であった（Martin et al, 2007：56-57）。また，PIRLSで，アラブ諸国の参加4ヵ国中，イランを除く3ヵ国の女子の結果の平均が男子より高く有意であった（Mullis et al, 2007a）。
(11) 例えば，初等（基礎）教育のジェンダー格差が大きく残るイエメンで5.4人，ジブチで3.9人の出生率であるが，教育の男女間格差の解消がより進んだレバノン，アルジェリア，クウェートでは，出生率は約2人である。
(12) 市民的及び政治的権利に関する国際規約，経済的・社会的及び文化的権利に関する国

際規約。

◆引用・参考文献
Al-Mekhlafy, T.A.（2009）Performance of Forth Graders of the Republic of Yemen in TIMSS 2007: A secondary Analysis. Yemen, Sana'a.
Beatty, S., Taher, I., Al-Thawr, S., & Al-Dein.（2009）National Review of Program Experiences in Support of Girls' Education in the Republic of Yemen. Ministry of Education Girls' Education Sector. Yemen, Sana'a.
Bouhlila D.S.（2011）"The Quality of Secondary Education in the Middle East and North Africa: What Can We Learn From TIMSS' Results?" Compare Vol.41, No.3, May 2011, 327-352.
EFA Global Monitoring Report Team（2011）EFA Global Monitoring Report 2011: The Hidden Crisis: Armed conflict and education. Paris: UNESCO Publishing.
Inter-Parliamentary Union（2011）"Women in National Parliaments", 2011年9月ダウンロード
Martin, M.O., Mullis, I.V.S., & Foy, P.（2007）TIMSS 2007 International Science Report: Findings from IEA's Trends in International Mathematics and Science Study at the Fourth and Eighth Grades. Boston. TIMMS & PIRLS International Study Center.
Mullis, I.V.S., Martin, M.O., Kennedy, A.M., & Foy, P.（2007a）PIRLS 2006 International Report: IEA's Progress in International Reading Literacy Study in Primary Schools in 40 Countries. Boston. TIMMS & PIRLS International Study Center.
Mullis, I.V.S., Martin, M.O., & Foy, P.（2007b）TIMSS 2007 International Mathematics Report: Findings from IEA's Trends in International Mathematics and Science Study at the Fourth and Eighth Grades. Boston. TIMMS & PIRLS International Study Center.
RTI International（2011）"Improved Learning Outcomes in Donor-Financed Education Projects: RTI's Experience", 2011年9月ダウンロード
Sabri, A.（2007）Egypt non-formal education country profile. Background paper for EFA Global Monitoring Report 2008.
UNESCO（2011）Regional Overview: Arab States. Paris: UNESCO Publishing.
United Nations（2011a）"Convention on the Elimination of All Forms of Discrimination against Women", 2011年11月ダウンロード
United Nations（2011b）"United Nations Treaty Collection", 2011年9月ダウンロード
UNDP（2009）Arab Human Development Report 2009: Challenges to Human Security in the Arab Countries. New York. United Nations Publications.
UNDP（2010）Human Development Report 2010: The Real Wealth of Nations: Pathways to

Human Development. New York. Palgrave and Macmillan.
WHO (2007) World Health Statistics 2007. Geneva. World Health Organization.
World Bank (2004) Gender and Development in the Middle East and North Africa: Women in the Public Sphere. Washington D.C.. The World Bank.
World Bank (2008) The Road Not Traveled: Education Reform in the Middle East and North Africa. Washington D.C.. The World Bank.
World Bank (2009) Republic of Yemen: Education Country Status Report Summary. Washington D.C. The World Bank.
World Bank (2011a) Global Monitoring Report 2011: Improving the Odds of Achieving the MDGs. Washington D.C.. The World Bank.
World Bank (2011b) World Development Report 2012: Gender Equality and Development. Washington D.C.. The World Bank.
結城貴子 (2008)「イエメンにおける女子の就学決定要因分析とその政策的含意——家計調査のミクロデータ分析」『アジア経済』XLIX-12 (2008.12), 27-28.
Yuki, T., Mizuno, K., Ogawa, K., & Sakai, M. (2011) "Promoting Gender Parity Lessons from Yemen: A JICA Technical Cooperation Project in Basic Education." Japan International Cooperation Agency Background Paper for the WDR 2012.

第 3 部

分野別の課題

「識字教室で学ぶ女性たち」
ネパール　2009年3月
撮影：長岡 智寿子

第9章

科学教育におけるジェンダー

前田　美子

　本章では，科学教育のジェンダー課題について取り上げる。まず，世界的な傾向として理系分野を専攻する女性が少ない現状を概観する。次に，なぜ理系女性が必要とされるのかについて論じる。また，女子の理系離れの要因について，特に学習環境に焦点を当てて考察する。最後に，科学教育における男女間格差を是正するための国際社会及び日本の取り組みについて検討する。

第1節　理系分野における女性の比率

　他の学問分野と比較し，工学・理学分野で女性の人材育成が遅れているのは世界的な傾向である。ユネスコの統計（UNESCO Institute for Statistics, 2010：74）によると，2008年の高等教育修了者は，比較可能なデータが得られた97ヵ国中76ヵ国で女性の数のほうが男性を上回っているにもかかわらず，工学系の分野だけに限定すればほとんどの国で女性の比率が低い（図9-1）。また，同統計によると，理学系の分野でも生命科学を専攻する女性の比率は高い一方で，物理学を専攻する女性の比率は低い。

　ただし，上記の国際比較統計には，南西アジアやサブサハラアフリカ地域などにある開発途上国のデータは数えるほどしか含まれていない。しかし，開発途上国も同様の傾向を示すことが，地域や国レベルのさまざまな調査から明らかになっている（Makhubu, 1996；Masanja, 2010；RESGEST, 2006）。

　女性の理系離れは，教育レベルが上がるにつれて顕著になってくる。学力に着目すると，TIMSS（Trends in International Mathematics and Science

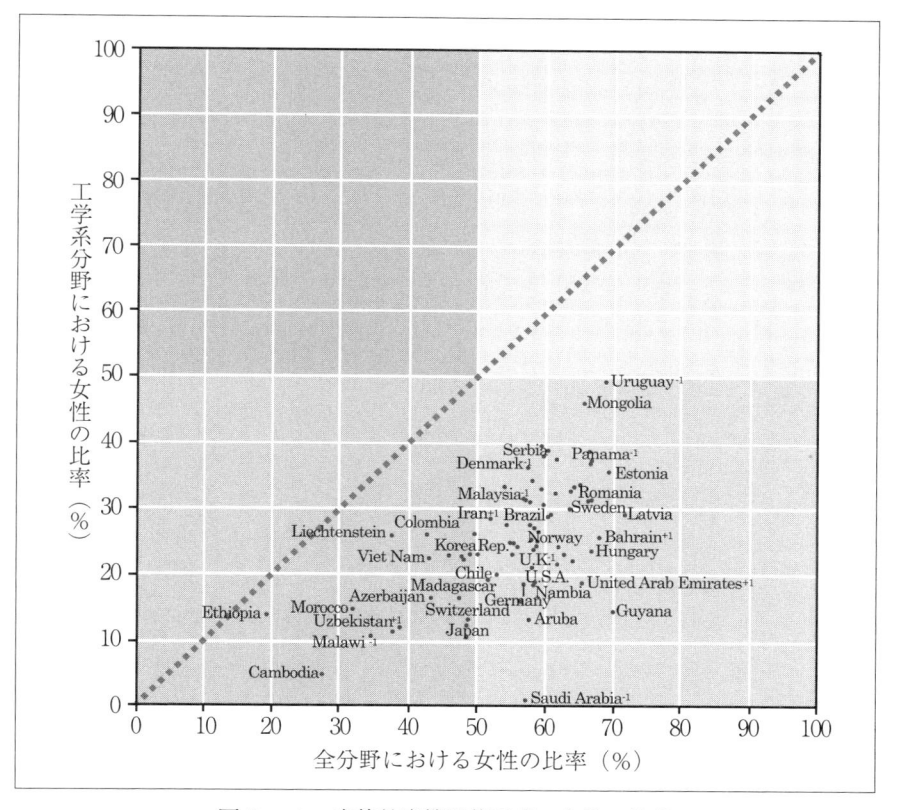

図9－1　高等教育機関修了者の女性の比率

出典：UNESCO Institute for Statistic（2010:75）

Study）やPISA（Programme for International Student Assessment）のような国際比較調査から，一般的に中学校レベルまでは理科・数学の成績において男女間に大きな差はないことが知られている（Martin, Mullis, & Foy, 2008；OECD, 2010）。アメリカやイギリスなどの先進諸国では，1980年代以降，その差が小さくなり女子のほうが成績がよいという現象も起きている（Ma, 2008）。しかし，高校レベルで科目選択制になると，理数系科目，特に，ハードサイエンスと言われる物理や技術系科目の選択に女子は消極的になり，その成績についても，女子は男子より劣るようになってくる。

途上国にもこうした傾向は見られる（Hoffmann-Barthes, Nair, & Malpede, 1999；Thiam, 1999；World Bank, 2008）。例えば，ルワンダでは，高校に当たる後期中等教育の2009年の総就学率は男子が18.4％，女子が15.4％でその差がほとんどないにもかかわらず，数学・物理コースを選択している生徒のうち，女子の占める割合は36％である。技術系科目を選択する女子の割合はさらに低く，電気が14％，自動車整備が3％，建設が7％である（Rwanda, 2010）。また，南アフリカでは，2010年の後期中等教育修了時の国家試験で選択科目の数学を受験した男子のうち，進学に必要な最低限の成績に達している生徒の割合は52.1％であるのに対し，女子は43.5％である。同じく選択科目の物理科学では男子が50.2％，女子が45.7％である（South Africa, 2010）。

第2節　理系分野における女性の必要性

さて，そもそも理系の女性が男性に比べて少ないことがなぜ問題とされるのか。その理由として，一般に理系の職種は高所得であり，男女間の所得格差の問題につながっているということが挙げられる。また，豊かな天然資源を有する途上国においては，女性の科学への参入による国家の経済発展が期待されていることも理由の1つである。石油，レアメタル，多様な生物などの有効活用を促すために，女性科学者の知恵や経験が役立つと考えられている。

さらに，雇用の機会均等や国家の発展の観点に加え，性差を超えた人類の知恵の必要性という考え方からも，理系女性が求められている。小川（2001）は，科学の客観性とは個々人の主観や認識と別に存在するものではなく，女性を含めた多様な人々の主観や認識を集約して成り立つものであるという。そして，人類の存亡がかかる環境問題やアイデンティティに関わる生殖技術などの複雑な課題に対応するためにも，女性が男性とともに科学に参入する意義があると主張している。小川（2001：24）は次のように指摘する。

「過去において男性ばかりによってなされた自然というテキストの解読に，女性が参加することによって，また西洋以外の人々が参加することによって何かが違うかもしれないという期待が抱かれたとしても不思議ではない」

途上国の女性は，先進国の男性の領域であった科学の発展から，先進国の人

でないこと，男性でないこととしてこれまで二重に疎外されてきたのである。いま，彼女らの積極的な参加が科学に求められていると言えよう。そして，高度な専門性でなくとも，男性とともに女性が基礎的な科学的知識・考え方（科学的リテラシー）を身につけることは途上国の経済的・社会的発展のために不可欠である。

第3節　理系離れの要因

就学以前の幼い頃から，女性は科学の世界から遠ざけられている。家庭では男子と女子で異なる玩具が与えられている。男子は自動車の模型を組み立てた

写真9－1　針金で作った自動車で遊ぶマラウイの男子
　　　　撮影：Chikoza Phiri

写真9－2　ままごと遊びをするネパールの女子
　　　　撮影：武壮隆志

り，積み木遊びをしたり，また，点数を数えるスポーツやゲームをするように，女子は人形遊びやままごとをするように仕向けられる（写真9-1，9-2）。学校で理科や数学を学習する以前から，男子のほうが遊びを通じて理数科に関連する概念や技術を体得し興味や関心を高めている（Aldridge & Goldman, 2002；Tindall & Hamil, 2004）。

就学年齢に達しても，途上国の貧しい農村の家庭では，女子は水汲みや子守などの家事労働を強いられ，学習機会そのものを失うこともある。家庭内では女子より男子の教育が優先される。

さらに，広く社会に蔓延している，科学技術の男性的イメージが，家庭のなかで子どもに伝えられている。女子は男子に比べて能力が低く，女子が理科や数学を学習しても役に立たないと考えている保護者は多い。学校では良妻賢母となるために役立つ科目や，「女性らしいソフトな」教科，文学や文化／芸術を学習してほしい，女子が理科や数学に興味や関心を示すことは不自然である，理数系科目が得意な女性は魔術師や男性的な女性と見られ結婚の妨げになるとまで考える保護者もいる。また，文系に比べて理系は比較的教育期間が長いため，結婚が遅れることを心配することもある（Mfou, Quaisie, Masanja, & Mulemwa, 1997）。

女子が理系離れをする要因は，以上のような家庭環境のほか，労働市場の需要など多様である。しかし，大きな影響を与えているのは初等・中等教育の学習環境といっても過言ではない。教育内容，教員の態度と指導方法，評価方法の不適切さ，施設・設備やロールモデルとしての女性教員の不足などが，女子の理系進路への阻害要因となっている。

1．教育内容

途上国のカリキュラムや教科書の多くは，先進諸国からの借用であり，大幅な改訂はなされていない。そのため，途上国の教育内容をジェンダーの視点で分析した場合，先進国で見られる問題点をそのまま引き継いでいる。具体的には，次のような問題点が，多くの研究によって指摘されている（例えば，Blumberg, 2007；Mulemwa, 1999）。

第1に，教科書の挿絵，写真，記述を通して，学習者はステレオタイプ化した性別による役割分担や好ましい性格・行動様式を無意識に学んでいる。教科書に

第9章　科学教育におけるジェンダー　165

描かれる男性は，技術者，研究者，ビジネスマン，運転手などの外で働く人物として，女性は家事や育児をする姿あるいは男性の補助的仕事をする人物として描かれている。農業を営む様子を描いたものは，男性がトラクターなどの機械操作をし，女性が手で種をまいている。病院の風景では，男性が医師，女性が看護師として描かれている。また，教科書に記載されている男性は自主性のある，主導的な，勇敢な人物，女性は消極的な，素直な，協力的な人物である。

　理科の教科書の写真や挿絵では，男子が実験操作を活発に行っているのに対し，女子はただそばで見ているだけ，あるいは全く女子が描かれていないというものもある（写真9-3）。

　また，教科書のなかで使われている名前に関しても男性のほうが多い。例えば，パキスタンの小学校算数の教科書では，男性が73％，女性が27％の割合で使われており，算数は男性の教科であるという印象を与えている（Halai, 2010）。

　第2に，理数科の教育内容が女子より男子の関心や生活体験に基づいている。例えば，物理分野の「てこの原理」の学習には，女子より男子が日常的に使うことが多い自転車や機械が示され，台所にある栓抜きや天秤，人間の関節

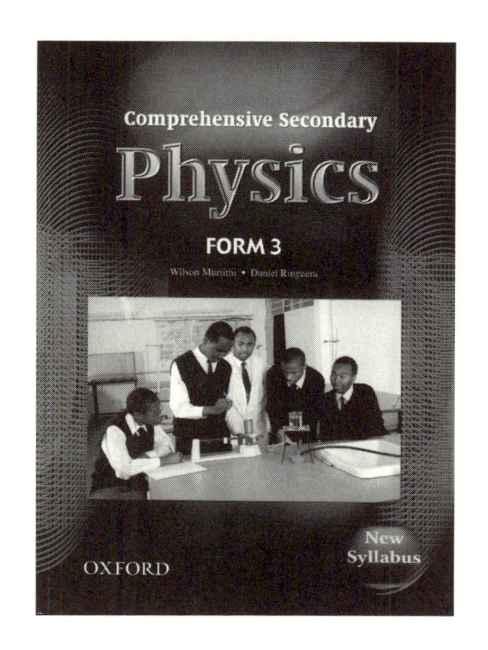

写真9-3　東アフリカで使用されている物理の教科書の表紙

Photo courtesy of
Oxford University Press, East Africa Ltd.

のような女子にも馴染みのあるものを示す工夫がなされていない。理数科の学習は経験的・具体的な事象を起点に抽象的な概念の獲得へと発展していくものであるが，女子はこの学習過程から疎外されている。こうして，理科や数学は女子にとって理解が難しい教科となってしまう。

2．教員の態度と指導方法

　教員の生徒への対応や態度が生徒の性別によって異なることが，女子生徒の理数系科目への関心や学習意欲を失わせている要因の1つである。これは，男性教員であろうと女性教員であろうと同じである。マイラ・サドカーとデイヴィッド・サドカー（1996）が『「女の子」は学校でつくられる』で指摘しているように，女子は学校のなかで伝統的な社会的役割を強く認識させられる。そして，男性的な教科とされる理科や数学から遠ざけられる。教員の抱く，男子の方が理科や数学の能力や適性があるという思い込みや，伝統的な性別役割分担への期待が次のような指導方法の違いとなって表れる（Mulemwa, 1999）。

(1) 教員の発問に対して回答させたり，発言を求めたりする回数は，女子より男子の方が多い。
(2) 男子には説明をさせたり，理由を聞いたり深く考える必要のある質問をし，女子には定義や法則などの記憶だけで答えることができるような簡単な質問をする。
(3) 発問に対して回答するまで待つ時間は，女子のほうが男子より短い。
(4) 女子が答えに困ると，男子に助けるように指示する。
(5) 試験の点数が同じでも，女子にはよくできたと言い，男子にはまだ努力が足りないと評価する。
(6) 実験実習には危険を伴うことを殊更に強調し，男子に積極的に行わせる。
(7) 実験や観察などの活動では男子に装置や器具を扱うような主導的な役割を，女子には記録係のような補助的な役割をさせる。

　実際，教員自身は男子と女子では指導方法が異なることを認識している。例えば，パキスタンの数学教員らを対象とした調査（Halai, 2009）によると，男子と女子で教え方が異なる理由を尋ねたところ，「男子の方が知的であり，深く考えて質問をしてくるが，女子は努力家でよく話を聞き質問をしないで学ぼ

うとするから」「男子の方がいろいろな活動に興味がありエネルギーがあって腕白だが，女子は恥ずかしがりで行儀がよく教えやすいから」のような回答が見られた。また，同調査では，女子より男子の成績が良いのは，「アラーが男性の方が女性より優れているようにつくったから」と回答した教員がいたことも紹介している。

　また，共学校では，こうした教員の言動や考え方は，同じ教室で学ぶ男子生徒にも影響を与える。女子に理系科目の授業では消極的であることを期待し，自らが教員の関心を引いたり，リーダーシップをとろうとしたりする。一方で，女子校では，女子が理系科目に積極的に取り組むという傾向も見られる。

　そして，教員の指導方法において何よりも問題とされるのは，女子に対して

Box 9.1

女子校の生徒は優秀？

　著者が青年海外協力隊員の理数科教師として赴任していたケニア西部のセカンダリースクールは共学校であり，科学学習の男女格差は顕著であった。実験実習に必要な水を，学校から1キロメートル離れた小川に汲みに行くのも，実験器具などの後片づけをするのも女子である。全国レベルの科学学習のコンクールであるサイエンスコングレスでは，発表者として表舞台に立つのは男子で，裏方のタイムキーパーは女子である。このような学習環境で，理系科目を積極的に学習しようとする女子はほとんど見られなかった。

　一方，近所の女子校は，国家試験やサイエンスコングレスで上位の成績を収め，理系キャリアを目指す生徒も少なくなかった。この学校以外にも，ケニアには優秀な女子校は多い。2010年の中等教育修了試験で，全国ベスト10に入った成績優秀校のうち6校が女子校である。科目別の成績では，物理の成績がトップだった学校は女子校である。

　共学より女子だけの学習環境のほうが，理科や数学の学習態度や成績にプラスの影響を与えるという調査結果は多い（Bosire, Mondoh, & Barmao, 2008；Mallam, 1993；Ndunda & Munby, 1991）。ただし，単純な比較はできず，その効果については，学校のリソース，教員の資質，生徒の民族や能力，家庭の経済力などの要因を考慮して議論する必要がある。

のみならず，人種，国籍，宗教などを理由に，特定の生徒に対して差別的な態度がとられていることである。

3．評価方法

他の教科にも言えることではあるが，理科や数学の評価方法が，女子には不利である。ほとんどの場合，教員は学期末などの定期試験だけで評価している。日頃の学習段階に応じて小テストなどを継続的に行い，平常点として最終的な成績に反映させるような方法で評価を行っていない。定期試験だけの評価方法は，学校を欠席しがちな生徒には不利である。女子は男子よりも家庭の責任が重く，病人や幼い弟・妹などの世話や家庭の用事のために，定期試験を受けることができないこともある。また，自身の生理期間と試験の日が重なり，欠席したり，実力が出せなかったりする場合もある。

また，試験問題そのものも，特に女子には適切ではない。暗記に頼るような問題が多く，試験勉強にはかなりの時間を要する。女子は日々の家庭での学習時間が少なくなりがちで試験勉強の時間がとれない（Mulemwa, 1999）。

4．施設・設備

学校内の不十分な施設や設備が，女子の継続的な学習を妨げ，理系離れを助長する。他の教科と比較すると，理科や数学は，基礎から応用へ，具体事象から抽象概念へと，学習の系統性や連続性が特に重要とされる教科である。継続的・段階的な学習を妨げる要因が与える影響は，理科や数学の学習において殊更に大きい。

衛生的で安全なトイレの不足が女子の通学の制約となる。途上国の学校では，トイレの数が少なく，さらに男女兼用になっていることが多い。また，汚れていたり，壊れていたりして使えず，学校の近くの川や草むらで用を足さねばならないこともある。女子は男子の目につかないように，学校からさらに離れた場所に行かねばならない。学校に清潔な水もなく，衛生用品の処理システムもない。月経をタブー視する文化にあって，生理中の女子がプライバシーを守られて，ナプキンを交換したり汚れた衣服を洗ったりできる場所が学校にない。そのため，多くの女子生徒が生理中は学校に居づらくなり，欠席が増えた

り退学したりする。ウガンダでは，3人に1人の女子生徒が生理中は早退，遅刻，欠席をしているという（Kirk & Sommer, 2006）。

また，トイレの場所が遠く人の目が届かない場合，レイプされる危険がある。女子がトイレに行くところを見られることはよくないとする文化もあり，トイレが校舎から離れて作られていることは珍しくない。

女子生徒のみならず，女性教員にとってもトイレの問題は深刻である。このために，女子教員の欠勤が増え授業が行われないこともあり，明らかに教育の質の低下をもたらしている（World Bank, 2005）。

5. ロールモデルとしての女性教員

ロールモデルとしての理科や数学の女性教員が少ないことも，女子の理科離れの要因である。「変わった髪型でメガネをかけて白衣を着ている白人男性」という科学者のイメージは，女子，特に，途上国の女子が理科系のキャリアを目指すことを妨げている。こうしたイメージを払拭するには，理科や数学に携わる女性により多く出会うことが重要である（Mwetulundila, 2000）。しかし，最も身近なところ——学校のなか——に，そのロールモデルを見つけることが難しい。

例えば，ネパールの女性教員に関する調査では，高等教育機関で教育を受けた女性教員のうち，ほとんどの教員がネパール語（42％）や社会科学（28％）を専門分野としており，数学（4％）や自然科学（3％）を専攻した教員の割合は少ない。男性教員で数学（15％）や自然科学（8％）を専攻した割合と比較しても，ネパールでは理数科の女性教員がかなり珍しい存在であると言える。そして，同調査によると，「女性教員は理科や数学のような難しい教科を教えるのが苦手である」という考えを，312人の男性教員の61％，653人の生徒の72％が持っている（Bista, 2006）。

理科や数学を女性教員から学びたいという女子生徒は少なくない。男性教員には質問しづらい，話をするのが恥ずかしい，従順な態度をとらなくてはならないと感じている女子生徒もいる。しかし，女性教員から学ぶことで，女子生徒の成績が必ずしもよくなるわけではない。女性教員の教科に対する自信が生徒の成績に影響を与えることもある（Beilock, Gunderson, Ramirez, & Levine,

2010)。また、地方の学校では、治安や労働環境の悪さから女性教員が働きたがらない傾向にあり、教育レベルが低い女性教員が配置されて生徒の成績が伸びないというケースもある（Bista, 2006；Warwick & Jatoi, 1994）。どのように質の高い女性教員を確保するかが問題となっている。

第4節　国際社会の取り組み

　初等・中等教育レベルの科学学習における男女間格差を是正する取り組みは、欧米諸国においては1980年代頃からすでに盛んに行われている。教師教育・指導方法・学習内容の改善、及進路指導による、さまざまな施策が実施されてきた。これらの施策に共通する成果には、「生徒・教師の科学に対するジェンダー固定観念の変容」「女子の科学への興味の向上」「男女別学の集団編成による男女の科学学習の促進」がある（稲田, 2008）。

　途上国で行われた大規模な取り組みの代表格は、1996年より6年間にわたりアフリカで行われた、ユネスコによる「アフリカにおける女子の理数科教育（Female Education in Mathematics and Science in Africa, FEMSA）」プロジェクトである。カメルーン、ガーナ、タンザニア、ウガンダなど11ヵ国が参加し、ジェンダーや科学教育分野の非政府組織（NGO）や援助機関との協働によりすすめられた。このプロジェクトでは、まず、女子の理数科の学習に関する現状を調査することから行われた。そして、その調査をもとに、コミュニティや学校レベルから国家レベルに至るさまざまな関係者が、女子の科学教育を推進するための改善策を実行した。主な活動は以下のとおりである。

(1) 生徒、保護者、教員、政策立案者に対する女子の科学教育の問題点や重要性に関する啓発活動
(2) 科学クラブや科学キャンプの企画、科学コンテストの開催など、女子の科学に対する関心を高める活動
(3) 女子が学びやすい学習環境づくりを担う教員の能力開発
(4) 既存のシラバスや教科書などの問題点を補う教材や評価方法の開発
(5) 女子に対する補習授業の実施
(6) コミュニティの学校支援を促す活動

以上のような活動を通じて見られた成果には，女子の成績の向上や自信の獲得，女子の科学学習に対する関係者の理解や態度の変化，教員の専門性の深化，FEMSAの活動に対する関心の高まりなどがある（O'Connor, 2003）。

しかし，一般に，こうした取り組みは短期的であり，実施直後の成果しか評価できていないという問題をかかえている。また，文化的に作られてきた科学教育における男女差は，科学教育の改善だけでは克服できない側面もある。長期的な介入や国家レベルの制度改革を通して，その成果を持続させ，定着させていく努力が必要である（稲田，2008）。FEMSAプロジェクトの今後にも課題が多い。

第5節　日本の科学教育支援

さて，日本の政府開発援助に目をむけると，日本は教育開発支援のなかでも科学技術・理数科教育協力を得意分野としてきたが，ジェンダーの視点を取り入れた支援を行ってきたとは言い難い。それどころか，日本国内の問題が深刻で，他の先進諸国と比較して女性の科学技術分野の人材育成が遅れていることが，ようやく議論の的になってきたところである（例えば，村松，2004）。男女間格差を是正する取り組みが活発化したのも，2000年代に入ってからのことである。大学・企業による女子中学生・高校生を対象とした実験教室や科学キャンプ，内閣府男女共同参画局の「チャレンジキャンペーン——女子高校生・女子学生の理工系分野への選択」による理系キャリア推進のための情報提供，理系女性専門家の生き方について書かれた書籍の出版（宇野・坂東，2000；鳥養・横山，2008）などの取り組みがある。

こうした国内における議論や取り組みの遅れが，国際協力のアプローチや体制に反映されている。ケニアやマラウイなどの理数科教育プロジェクトで，教員研修にジェンダー課題に関する啓発活動を取り入れた事例はあるが，ほとんどのプロジェクトでジェンダーについての配慮が重要視されていない。日本が長年にわたって行ってきた理数科教育支援の経験や知見をまとめた調査報告書『理数科教育協力にかかる事業経験体系化——その理念とアプローチ』（国際協力機構，2007）にも，ジェンダー視点に関する記述はほとんどない。理数科教育支援を

ジェンダーの観点から検討した研究もわずかである（例えば，大津，2000）。

また，国際協力の人材に理系女性が少ない。青年海外協力隊員の派遣実績を見ると，2011年7月現在の累計隊員数は3万6,341人で，そのうち約45％が女性である。しかし，職種を理数科教師だけに限定すると，女性の割合は約28％でしかない（国際協力機構，2011）。また，日本では理系の女性大学教員や研究者が少ないため，専門家として途上国に派遣されるのも，本邦研修で研修員の指導を担当するのも男性であることが多い。援助する側にロールモデルが圧倒的に不足しているのである。

日本国内における科学教育の男女間格差の問題に取り組む一方で，科学教育分野の援助を主導してきたドナーの責務として，ジェンダーの視点に立った援助を行うことが強く求められている。

◆引用・参考文献
Aldridge, J. & Goldman, R.L.（2002）Current Issues and Trends in Education. Boston: Allyn and Bacon.
Bista, M.B.（2006）Status of Female Teachers in Nepal. Kathmandu: UNESCO Kathmandu office.
Blumberg, R.L.（2007）Gender Bias in Textbooks: A Hidden Obstacle on the Road to Gender Equality in Education. Paper commissioned for the EFA Global Monitoring Report 2008, Education for All by 2015: Will We Make It?
Bosire, J., Mondoh, H., & Barmao, A.（2008）Effect of Streaming by Gender on Student Achievement in Mathematics in Secondary Schools in Kenya. South African Journal of Education, 28, 595-607.
Halai, A.（2009）Gender and Mathematics Education: Lessons from Pakistan. Paper presented at the 3rd international conference to review research on science, technology and mathematics education, Homi Bhabha Centre for Science Education, Mumbai, India.
Halai, A.（2010）Gender and Mathematics Education in Pakistan: A Situation Analysis. The Montana Mathematics Enthusiast, 7(1), 47-62.
Hoffmann-Barthes, A.M., Nair, S., & Malpede, D.（1999）Scientific, Technical and Vocational Education of Girls in Africa: Summary of 21 National Reports. Nairobi: UNESCO.
稲田結美（2008）「女子の科学学習促進を目指した『介入プログラム』の特質」『理科教育学研究』49(1), 9-21.
Kirk, J. & Sommer, M.（2006）Menstruation and Body Awareness: Linking Girls' Health with Girls' Education. Royal Tropical Institute(KIT), Special on Gender and Health, 1-22.

国際協力機構（2007）「理数科教育協力にかかる事業経験体系化 ――その理念とアプローチ」国際協力機構，国際協力総合研究所
国際協力機構（2011） 青年海外協力隊派遣実績 http://www.jica.go.jp/volunteer/outline/publication/results/jocv/（2011/9/14アクセス）
Ma, X.（2008）Within-School Gender Gaps in Reading, Mathematics, and Science Literacy. Comparative Education Review, 52(3), 437-460.
Makhubu, L.P.（1996）Women in Science: The Case of Africa. In World Science Report 1996. Paris:UNESCO publishing. 329-333.
Mallam, W.A.（1993）Impact of School-Type and Sex of the Teacher on Female Students' Attitudes toward Mathematics in Nigerian Secondary Schools. Educational Studies in Mathematics, 24(2), 223-229.
Martin, M.O., Mullis, I.V.S., & Foy, P.（2008）TIMSS 2007 International Mathematics Report: Findings from IEA's Trends in International Mathematics and Science Study at the Fourth and Eighth Grades. Chestnut Hill, MA: TIMSS & PIRLS International Study Center, Boston College.
Masanja, V.G.（2010）Increasing Women's Participation in Science, Mathematics and Technology Education and Employment in Africa. Paper presented at the UN Daw and UNESCO, Expert group meenting on "Gender, science and technology", Paris.
Mfou, R.E., Quaisie, G., Masanja, V., & Mulemwa, J.（1997）Parents' and Community Attitudes Towards Girls' Participation in and Access to Education and Science, Mathematics and Technology（SMT）Subjects. Nairobi: Forum for African Women Educationalists.
Mulemwa, J.（1999）Scientific, Technical and Vocational Education of Girls in Africa: Guidelines for Programme Planning. Nairobi: UNESCO.
村松泰子編（2004）『理科離れしているのは誰か――全国中学生調査のジェンダー分析』日本評論社
Mwetulundila, P.（2000）Why Girls Aren't Fully Participating in Science and Mathematics. Reform Forum, 11.
Ndunda, M., & Munby, H.（1991）"Because I Am a Woman": A Study of Culture, School, and Futures in Science. Science Education, 75(6), 683-699.
O'Connor, J.P.（2003）School Science and Technology for Girls in Sub-Sharan Africa. In E. W. Jenkins (ed.), Innovations in Science and Techinology Education Vol. VIII. Paris: UNESCO Publishing, 171-199.
OECD（2010）PISA 2009 at a Glance. Paris:OECD Publishing.
小川眞理子（2001）『フェミニズムと科学／技術』岩波書店
大津和子（2000）「南アフリカにおける教育開発――ジェンダーの視点から」『国際教育協力論集』3（2），97-114

RESGEST（Regional Secretariat for Gender Equity in Science and Technology）（2006）Report on Gender, Science and Technology Five Asian Countries. Jakarta: UNESCO office Jakarta.

Rwanda, the Republic of.（2010）Education Sector Strategic Plan 2010-2015.

サドカー，M.・サドカー，D. 著　川合あさ子訳（1996）『「女の子」は学校でつくられる』時事通信社

South Africa, the Republic of. (Basic education department)（2010）Report on the National Senior Certificate Examination Results.

Thiam, C.（1999）Scientific, Technical and Vocational Training of Girls in Africa - a Synthesis of Country Surveys. In A. Mariro (ed.), Access of Girls and Women to Scientific, Technical and Vocational Education in Africa. Dakar: UNESCO Regional Office for Educatoion in Africa (BREDA).

Tindall, T. & Hamil, B.（2004）Gender Disparity in Science Education: The Causes, Consequences, and Solutions. Education, 125(2), 282-295.

鳥養映子・横山広美（2008）『素敵にサイエンス 研究者編――かがやき続ける女性キャリアを目指して 女性のための理系進路選択』近代科学社

UNESCO Institute for Statistics.（2010）Global Education Digenst 2010: Comparing Education Statistics across the World. Montreal: UNESCO Institute for Statistics.

宇野賀津子・坂東昌子（2000）『理系の女の生き方ガイド――女性研究者に学ぶ自己実現法』講談社

Warwick, D.P. & Jatoi, H.（1994）Teacher Gender and Student Achievement in Pakistan. Comparative Education Review, 38(3), 377-399.

World Bank（2005）Toolkit on Hygiene Sanitation & Water in Schools: Gender Roles and Impact. http://www.schoolsanitation.org/BasicPrinciples/GenderRoles.html（2011/9/14アクセス）

World Bank（2008）Gender Equity in Junior and Senior Secondary Education in Sub-Saharan Africa. Washington D.C.,The World Bank.

第10章

高等教育におけるジェンダー

杉村　美紀

　高等教育におけるジェンダーの問題は，女性の社会的地位向上とともに，グローバル化のもとでの知識基盤社会の形成と経済発展を目指す上で重視されるようになっている。本章では，高等教育におけるジェンダーの意義を明らかにし，その将来へ向けての展望を，国際社会の支持のもと，女性地域リーダーの育成を目的に設立された「アジア女子大学」を事例に考察する。

第1節　高等教育と女性参加の高まり

　女子・女性教育は，基本的人権のみならず，社会的経済的効果や開発問題への取り組みという観点から重要性が指摘され，ダカール世界教育フォーラム（2000）では，2005年までの初等・中等教育におけるジェンダー格差の解消や，2015年までに教育におけるジェンダー平等達成が目標として掲げられている。菅野（2002：27）は，こうした理念を反映しているユネスコによるジェンダー平等教育を，「相互の尊敬，対話と責任の共有にもとづいた男女間の新しいパートナーシップの形成を促し，最終的には公正，公平で，維持持続可能な21世紀社会をつくるための根幹となる活動である」と位置づけている。

　女子・女性教育改善への取り組みは，国や地域の程度差はあるものの，世界全体ではこれまで着実に改善が見られた。高等教育分野においても一定の成果が認められるが，結城（2005：184）によれば，「女性の参加が増加し，特に全就学者に占める女性の割合では途上国において最も向上したが，サブサハラアフリカやアラブ地域では大きなジェンダー格差があり，アジア太平洋地域の

数ヵ国でも女性は男性の3分の2以下であること，また女性はしばしば教育，保健・福祉または人文系を学び，工学や建築分野を専攻することは少なく，特に科学や農業ではきわめて少ない」と指摘している。

他方，Ito（2011：11-12）のユネスコ統計データをもとにした分析によれば，高等教育の女子就学は，世界のなかで高い地域があるものの，同じ地域内でも国によっては差があることを指摘している。就学率が高い順に挙げると，カリブ海地域58％，北米・西ヨーロッパ56％，中央・東ヨーロッパ55％，太平洋地域55％，ラテンアメリカ54％，中央アジア52％，アラブ諸国50％，東アジア48％，南・西アジア42％，サブサハラアフリカ40％であるが，例えばアラブ諸国のなかで最も女性の就学率が高いバーレーンが68％であるのに対し，イエメンは26％であり，中央アジアでは最も高いモンゴル61％に対してタジキスタンは27％，東アジア・太平洋地域ではブルネイの65％に対してカンボジアは35％と差異が見られる。

以下では，こうした高等教育におけるジェンダーに関する論点を概観したあと，バングラデシュ政府からの土地提供を受け，国家の枠組みを越え，2008年に民間の寄付で設立された国際的な女子大学「アジア女子大学（Asian University for Women）」の事例に注目し，グローバル化や国際化のもと，高等教育におけるジェンダー平等達成がどのような意義と課題を持っているかということについて整理する。

第2節　高等教育におけるジェンダーをめぐる論点

女子・女性教育の基盤となるジェンダーをめぐる公正性と平等の問題は，人権と関連して論じられてきた。それは，世界人権宣言（1948年），教育における差別撤廃条約（1960年），女性差別撤廃条約（CEDAW）（1979年）において国際的な人権規約として重視されたほか，1980年代以降，国連及び国際関係機関のさまざまな会議で議論されてきた。

1990年代に入りユネスコと英連邦会議が行った高等教育のマネジメントに関する調査では，女性の高等教育機会がまだ限られており，任用や昇進の点でも差別があること，そのための政策や法整備も十分ではないことが指摘され

た。また，たとえ高等教育を受けたとしても，女性の場合，政策決定に関わるような立場に立つことは少なく，特に科学技術領域においては非常に制約があることなどが指摘された。

高等教育全体をめぐっては，1990年代以降，グローバル化や国際化の進展に伴い，次のような問題が顕在化している。
(1) 高等教育の大衆化に備えた，より多くの多様な人々を対象にした教育機会均等に対処する必要があること
(2) 政府による関連予算の継続的削減への対応
(3) 学生人口の大幅な増加に伴う高等教育の質及び適切な評価方法の維持，強化の必要性
(4) 高等教育の学位やディプロマの再評価と雇用問題
(5) 人材や知識の流動に伴う高等教育・研究における国際化への対応の必要性

こうした高等教育をめぐる動向のなかで，女性に対する社会的不平等や差別的態度が，女性の政策決定プロセスへの参加を阻害していること，特に高等教育については，以前と比べれば急激に変化しつつあるものの，男性と比べれば高等教育への進学率は引き続き低いことや，高等教育のカリキュラムのなかに，ジェンダーの課題を取り上げているものが非常に少ないことが指摘されている。

高等教育における女性のアクセスやジェンダー視点の欠如の問題は，1993年に発表されたユネスコと英連邦事務局との共同研究のなかでも，特に仕事や雇用機会の場での女性差別との関連でその原因が指摘されている。それらは，採用や昇進時の差別，家庭と職場での二重の役割をめぐるストレス，家族の理解欠如，キャリアの中断，女性に対する文化的偏見，男性社会からの疎外，昇進等における暗黙の制約，女性の社会参加を促す適切な政策や体制の欠如である。こうした制約を乗り越えるためには，とりわけ高等教育を受ける機会を増やし，社会的な体制整備を進めること，またその際には，女性の教育ニーズに対応したプログラムや女性の進学や就業の機会を促すアファーマティブ・アクション（積極的差別是正）の実施などが求められるとしている。

1995年に北京で開催された第4回世界女性会議は，ジェンダー課題への関心を高め，かつ，それまでの会議と比してより具体的な提言が示されたという点

で女性の社会的エンパワメントとリーダーシップを考える上で大きな転機となった。この世界女性会議の後，特に高等教育に関しては，国際化とグローバル化が進む社会にあって，大学の役割を見直し，大学のカリキュラムにおいて，ジェンダーの課題を考慮すること，ならびに草の根レベルにおける社会的問題への対応が課題とされるようになった。

　もっとも，ジェンダーという観点から高等教育における人材育成に注目することは，「諸刃の剣」としての側面もある。天野（1986：13-14）は，女性を対象とした高等教育についての研究のなかで，パーソンズ（Parsons, T., 1973）が示した「研究機能」「教養教育機能」「専門教育機能」「啓蒙機能」という高等教育の4つの社会的機能をとりあげ，女子のみの高等教育機関の場合は「教養豊かな市民の形成」を図る「教養教育機能」と「実務的なプロフェッションの養成」である「専門教育機能」の2つの機能しか担っておらず，しかもその2つの機能も男子高等教育の機能とは異なると述べている。この指摘は，「女子大学」が，高等教育においてジェンダー平等の促進に貢献するという位置づけに対し，教育内容にまで踏み込んでその意義を確認する必要性を示唆している。すなわち，教育機会を得ながらも，そこでの教育が，本来の高等教育が持つべき機能の一部に限られ，女性の社会的活躍を前提としていない，あるいは活躍には結びつかない内容に留められてしまう可能性があるという点である。このことは，女性の高等教育機会への関心が高まるなかで，ジェンダーという視点から高等教育を考える際には常に留意すべき点であると考える。

第3節　高等教育におけるジェンダーの意義

1．なぜ高等教育か，なぜ女子大学か

　1990年代以降，女性の高等教育への進出とその必要性が強調されるようになった背景には，経済発展とそのための知識基盤社会の確立及びそれを担う人材の育成という観点が大きな影響を与えたと言える。前述のとおり，女子・女性教育と高等教育の問題は，人権や教育を受ける権利といった観点からその必要性が語られてきた。特に開発途上国では，教育機会そのものがまだ多くの制約を受けている状況のなかで，女子・女性の教育発展が一貫して重要な課題と

なってきたことは改めて繰り返すまでもない。ただ，今日，留意すべきことは，1990年代以降，グローバル化の進展とともに各国・地域での経済格差が進み，教育機会と教育の質をめぐる格差が，また新たな格差の連鎖を生んでしまうという状況である。そのような文脈のなかで，階層間移動や世代間移動に直接つながる高等教育の機会が従来以上に重要な意義を持つようになってきている。

そのことは，アジアの女性人材育成機関を目指して2008年に開学した「アジア女子大学」（詳細は後述）の実質的創設者として知られるカマル・アフマド（Kamal Ahmad, 2001）が述べた同大学の設立の意義にも示されている。すなわち，従来，開発途上国において高等教育，特に女性の高等教育参加はそれほど重視されてきたわけではなかった。しかしながら，グローバル化と情報技術改革が進み，知識基盤社会という社会のあり方が重視されるようになった結果，教育格差が経済格差に直接結びつき，知へのアクセスが社会経済発展に重要な意味を持つようになった。また，なぜ女性だけの高等教育機関にこだわるかということについては，かつてアマルティア・セン（Amartya K. Sen）が，南アジアにおける女性人口が男性に比べて著しく少なく，その原因を性差別に帰せられるとして「喪われた女性たち（missing women）」と表現したように，存在そのものが否定されてしまった女性がいたり，差別されたり冷遇される女性が多いことが指摘できる。女性の権利と地位向上を図ることと同時に，女性の高等教育参加の波及効果，つまり，彼女たちを教育すれば，その女性を通じて家庭の教育レベルの向上に寄与できることや，さまざまな知識や技術が女性の手を通じて伝えあうことが期待できるのではないかという理由から，あえて女性だけを対象とした大学を設立することの意義が認められる。

2．女性と高等教育マネジメント

他方，高等教育活動のなかでジェンダーの課題を学生や教育研究機関がどのように取り扱うかということとは別に，大学の運営側に立つ女性の活躍を意義づける動きも見られる。1998年の高等教育に関する世界会議（World Conference on Higher Education）を受けて2002年にユネスコが発表した「高等教育における女性とマネジメント」と題する報告書では，先進国では，女性の高等教育進学がかなり改善されてきたものの，理工系分野ではまだ全体的に

女性の就学者の割合は低く，人文科学や言語，教育，看護，薬学といった分野に偏りがちであることを指摘している。また，高等教育機関における女性の就業という点でも，教育・研究活動のいずれにおいても，給与や雇用，待遇面で男性と格差があり，機会均等がまだ十分に保障されていない実態を挙げている。

こうした状況を改善するために，同報告書では，インドやオーストラリア，イギリス，アフリカの高等教育における女性の地位向上への取り組みの実例を挙げている。そこには，女性の大学院学生の量的・質的拡大，大学に勤務する女性教職員の研修プログラム，女性大学人のネットワーク，女性教職員の先輩に学ぶメンター制度，女子大学・カレッジの開設，学問としての「女性学（Women's Studies）」の発展，「ジェンダー・マネジメント・システム（Gender Management System）」による格差問題への対応などが含まれる。

第4節　ジェンダーに配慮した国際高等教育の可能性
——「アジア女子大学」の事例

高等教育におけるジェンダーの問題は，今日，各国や地域の政策課題としても，これまで以上に重視されるようになっており，より積極的で実践的な動きが見られるようになっている。例えば，Ito（2011：31）は，タンザニアを事例にとりあげ，1996年から始められた女性の高等教育機会拡充を支援するアファーマティブ・アクションが功を奏し，女性の高等教育就学率は，2001年には15％と東アフリカのなかで最も低かったのが，2002年には倍になり，2005年には48％にまで大幅に改善されたことを指摘し，その背景を分析している。タンザニアは，1961年の独立時より，ジェンダーにおける平等性が憲法のなかでも強調され，1975年には，地域社会における意思決定プロセスに男性も女性も等しく同等な権利を持たせることを政策目標とした。しかしながら，1980年代末の時点で，女性の政治参加は依然として極めて低く，これを受けて1990年よりアファーマティブ・アクションを実施するようになった。同政策がタンザニアで功を奏したのは，女性は結婚して家庭と育児に専念すべきであるという伝統的な考え方に対して，社会における女性の活躍の場を拡充することを目的とし，入学試験の特別加点，大学入学前準備教育の実施，女子

学生のための奨学金などによって積極的差別是正を行い，女性の社会での活躍を支援する体制が整えられた。

　他方，こうした国別の取り組みとは別に，近年では，国家の枠組みを越えて，複数の国あるいは地域が協力して高等教育による女性の社会的進出と人材育成の可能性を求めようとする動きもある。以下では，そうした地域による人材育成教育の取り組みの例として，「アジア女子大学」の動きを分析する。

1．目的と設立経緯

　「アジア女子大学（Asian University for Women, AUW）」は，南アジア，東南アジア及び南西アジア地域で不平等な待遇を受けている貧困地域や農村部の女性たちに高等教育を提供することを目的とし，2008年10月にバングラデシュのチッタゴンに設立された。教育方針は，世界レベルの教育を通して優秀な女性たちを，地域社会が必要としているリーダーへと育てることにあり，教養課程と専門教育課程を設置することによって知識と専門技術を習得することを目指している。

　アジアはその急激な経済成長の陰で，いわゆる「E9」と呼ばれる人口の多い開発途上国9ヵ国のなかに，中国，パキスタン，バングラデシュ，インドネシア，インドの5ヵ国を有している。また世界の15歳以上の人口のうち約16％にあたる7億5,900万人が非識字者であるが，その半数以上の4億2,000万人は南アジアの人々であると言われる。さらに，世界の非識字者の約3分の2は女性であることを考えると，アジアにおける女子・女性教育の重要性は世界的にも大きな課題である。アジアの開発や発展の上で，人材の育成や確保が期待されるなかで，当該国のジェンダーの視点を持った高等教育は大きな意義を持つと言えよう。アジア女子大学もこうした課題意識のもとに構想された。

　アジア女子大学の設立は，特定の国が主導権をとったというのではなく，国際社会の支援と協力によって創設されたという特徴を持つ。同大学は，2002年にアジア女子大学支援財団が設立された後，アジア，ヨーロッパ，北アメリカの個人企業家たちの協力を得て設立計画が作られた。そして，2004年にバングラデシュ政府から100エーカー強の土地を無償で提供され，2006年に建設予定地の決定と設立に関わるバングラデシュ議会政府の承認を得て，2008

の開学に至った。

2．教育理念

　アジア女子大学の「大学憲章」は，その建学の目的を以下のとおり定めている。第1に，アジア女子大学は女性たちを，実践に役立つ専門的知識と技能力を持ち，指導的役割を果たすことのできる人物，サービス精神とともに地域活動にも積極的に参加できる市民として教育し，アジア地域の発展と国民の知識向上に努めることを目的とする。第2に，南アジア，東南アジア，南西アジア地域のさまざまな文化と宗教的背景を持った才能ある女性たちを対象に，活気に満ちた多様な環境のコミュニティを提供し，知識と人格を育成する。第3に，学生中心の学術環境を設立し，人文学，環境学，社会学の高度な知識を高め，分野別研究ならびに独自研究を一層深めるとともに，一般教養と専門科目を提供することにより，学生同士が，現実の社会問題と論理を関連づけて理解し，今日のアジア地域や世界各国の問題解決に貢献できるようにする。第4に，学生の知識能力に応え得る学術研究に焦点を置き，学術的な批評や多様な問題に貢献できる力を育てると共に，自分と異なる文化，人格，背景を尊重し，複雑な問題に対して協力して解決方法を模索するリーダーシップ能力，地域に対する関心とサービス精神の育成を目指す。第5に，以上の教育を通じて，アジア女子大学は，創造力豊かで高度な技術を持った専門家，ならびにサービス精神を持ち，アジア地域をはじめとする世界各国の経済発展を目指す女性リーダーたちをさまざまな分野に送り出すことを目指す，というものである。

　こうしたアジア女子大学の教育理念に見るとおり，同大学は，農村部や難民コミュニティ，貧困地域の才能を持っている女性たちに教育機会を与え，国際的な視野と，あらゆる文化，宗教，民族，そして中東，東南アジアの社会的背景に配慮したプログラムを提供しようとしている。また教養課程の履修と社会に通用する専門技術を重視している。

3．「アジア女子大学」の教育

　教育課程は4年間の学部課程と修士課程からなっているが，このうち修士課程は起業家を育てるビジネス・スクールとして2015年の開講を目指し2011年

現在準備中である。学部は教養教育（liberal arts）を主軸としており，アジア研究，生物学，環境科学，政治・哲学・経済，公衆衛生学の5専攻からなる。これらの主専攻のほかに，社会分析や倫理，文学，理科，数学，ライティングなどのさまざまな選択科目を履修でき，社会分析能力や思考力・論理力を養う。さらに，アジアにおける地域課題や政治社会問題，文化，人権といった社会全般に関する講義を，さまざまな文化的背景を持った仲間とともに履修するなかで，幅広い視野と知識を習得することを目指している。またこのほかに，1年間の集中準備プログラム（Access Academy）で，英語や数学，世界史，地理，コンピュータといった科目を，学部の教養教育を受ける前の資質養成講座として必要な学生に提供している。

　2011年現在の学生数は12ヵ国から来た500人余りであり，教員は38名，準備プログラムの教員が9名，さらに教育助手が13名となっている。アジア女子大学では学生たちが自分自身の意見を持ち，高度な技術と独創性を持ち，世界の現状を理解し，社会貢献に資するリーダーになることが期待されている。同大学への土地提供を行ったバングラデシュ政府は，かつて女性は地位の低い存在であったが，男女ともに平等な権利を持つべきであると強調する。そのための主軸となるのが教育であり，自国だけでなく，アジア諸国のためにも全面的にアジア女子大学をサポートするという姿勢を打ち出している。

　実際に，現在，南アジア一帯から集まり寮生活を送りながら勉強している100人余りの学生たちからは，「将来は自分の故郷に多くいる農民や漁師のための銀行を作りたい」「母親は家のことにかかりきりで，勉強は続けられなかった。自分も，かつては高等教育を受けることなど人生の選択肢になかったが，今は母も自分が大学に入ったことをとても喜んでくれている」といった意見が寄せられている。

4．アジア女子大学と国際社会の関わり

　アジア女子大学は，さまざまな民間団体や国際組織との連携を基盤にしている。大学の理事会は7名の理事からなるが，この理事会のほかに，支援委員会（AUW Council of Patrons）があり，同委員会には，バングラデシュの首相をはじめ，デンマーク，イタリア，香港，マレーシア，アメリカの政財界のリー

写真 10 − 1 アジア女子大学で学ぶ学生

出典：アジア女子大学ウェブサイト http://www.asian-university.org/

ダーに加え，2009年にユネスコ初の女性事務局長に選出されたイリナ・ボゴバ（Irina Bokova）事務局長も含まれている。ボゴバ事務局長は女性で初めての事務局長として女性教育の支援に積極的であり，女性の権利と政治，経済，社会発展への女性の貢献を支援するという立場からアジア女子大学への協力を表明している。さらにこれらと別に38名の国際運営評議会も組織されている。

　こうしたアジア女子大学の取り組みは，従来のような各国別の高等教育機関とは異なる機能を生む可能性を持つ。アジア女子大学の設立理念にもあるとおり，本大学は，個別の国の人材育成ではなく，アジアを中心とした国際社会で活躍する女性の人材を育てることを目的としており，しかも，エリートの学生を育てるというよりはむしろ，経済的，社会的にさまざまな異なる文化的背景を持つ女性たちのエンパワメントを図ろうとする。こうした人材を国際社会が民間セクターの支援を受けながら支援するという動きは，これまでの国家中心の高等教育のあり方から，アジアという地域に根差したリーダーを，国境の枠組みを越えて育てようとする新たな国際高等教育の可能性を生み出すものとも

言えよう。

第5節　グローバル人材と高等教育におけるジェンダー

　本章では，高等教育に焦点をあて，ジェンダーの考え方がどのように高等教育での実践や計画に反映されているかということを取り上げた。ジェンダーと高等教育の視点は，女性の社会的地位向上を目指す上で必要不可欠な要素である。しかしそれだけでなく，グローバル化が進み，各社会での格差問題が顕在化するなかで，知識基盤社会に対応できる人材が求められる今日，女性にも基礎的な知識だけでなく，より多角的な視野と思考力，多様な文化に対する適応力が求められるようになっている。アジア女子大学が目指す地域のリーダーを育てるというビジョンは，すでに教育におけるジェンダー平等の到達点が，単に女子の初・中等教育修了や識字率の向上だけにとどまるのではなく，女性のリーダーシップ育成まで求められていることを物語っている。

　第2節で述べたとおり，天野（1986：13-14）は，一般の高等教育機関と異なり，女子大学の社会的機能は「教養教育機能」と「専門教育機能」の2つに限定されており，しかもそれらが女性の社会的活躍を前提としていない，あるいは活躍には結びつかない内容に留められてしまう可能性があることを指摘した。天野はそれを，「女子高等教育は，性別による異なった質の『知識』の配分をすることによって，性別による『役割』の配分という機能を，制度として担い続けてきたのである」と説明している。歴史的にも社会的位置づけの点でも大きく状況の異なる日本の女子大学とアジア女子大学を同次元に並べて論じることはもちろんできないが，天野の指摘に照らしてみると，アジア女子大学は，「教養教育」と「専門教育」を担いながらも，国際教育開発の文脈に位置づけられることにより，パーソンズ（1973）のいう「教養豊かな市民の形成」を目指す「教養教育機能」が特に強調され，多国籍・多文化の環境のなかで学生たちがアジアの女性市民としての認識を深めることに重点がおかれているということに気づく。国際化やグローバル化が進む以前の段階においては，女子高等教育が国家の枠組みのなかだけに位置づけられており，そこでの進学機会の保障は，逆に性別役割配分を固定することにもつながることが懸念される。

Box 10.1

高等教育におけるジェンダー

　近年，日本における国際教育開発とジェンダーに関する高等教育の取り組みも活発な動きを見せている。例えば，「五女子大学コンソーシアムによるアフガニスタン女子教育支援」は，アフガニスタンの女性教員に対する研修プログラムを共同で実施するための連合である。五女子大学コンソーシアムは，2002年5月に，お茶の水女子大学，津田塾大学，東京女子大学，奈良女子大学，日本女子大学によって結成され，2010年までアフガニスタン教育界の女性リーダーとの研究交流活動を行ってきた。また，お茶の水女子大学では，21世紀COEプログラムとして「ジェンダー研究のフロンティア──〈女〉〈家族〉〈地域〉〈国家〉のグローバルな再構築」を展開し，男女共同参画社会及び多文化共生社会の形成に寄与することを目的に，アジアから発信する学際的なジェンダー研究教育拠点の形成をめざして活動が行われた。本研究プロジェクトの遂行に際し，同大学の大学院ジェンダー関連三専攻とともに拠点組織となった同大学のジェンダー研究センターは，日本の大学では初めてのジェンダー研究を目的とする研究施設であり，その沿革は，1975年に設立された女性文化資料館に遡る。同資料館は，1986年に女性文化研究センターに改組し，1996年には，国際的なジェンダー研究を目指すジェンダー研究センターとなった。このほか，日本国内の大学にある女性学及びジェンダー関係の研究所としては，東京女子大学，城西国際大学，国際基督教大学，早稲田大学，名城大学，愛知淑徳大学，神戸女学院大学，大阪府立大学，京都橘大学，昭和女子大学，奈良女子大学，立教大学，和光大学の附置研究所が挙げられる。

第3回アフガニスタン復興支援シンポジウム「これからの女性・子どもへの支援」（2011年1月）に出席する研修生

写真提供：お茶の水女子大学

それに対して，アジア女子大学の事例は，国家の枠組みを越えるグローバル人材の育成を目指しているという点で，同じように「教養教育機能」と「専門教育機能」を担いながらも，それは逆に女性の新たな活躍の場を提供するという可能性に結びつく。

今後，高等教育の多様化，大衆化がますます進み，かつ高等教育の国際連携の動きが高まるなかで，グローバルな人材育成の取り組みが課題となることは間違いない。そうしたなかで，高等教育におけるジェンダーをめぐる観点は，基本的人権を基軸とした格差や差別の解消といった理念的課題としてだけではなく，社会の開発と発展を支える人材育成という，より実践的課題としても重要性を増すものと考えられる。

◆引用・参考文献

天野正子（1986）『女子高等教育の座標』垣内出版
アジア女子大学ウェブサイト http://www.asian-university.org/facultyAndStaff/faculty.htm（2011年9月21日アクセス）
EFA Global Monitoring Report Team (2010) EFA Global Monitoring Report 2010, Reaching the Marginalized, 2010, UNESCO.
ITO, Marisa. (2011) Women's Access to Higher Education in Tanzania:From an Affirmative Action Perspective. Master Thesis, Graduate School of Asia-Pacific Studies, Waseda University.
香川せつ子・河村貞枝（2008）『女性と高等教育――機会拡張と社会的相克』昭和堂
Kamal Ahmad (2001) "Asian University for Women Project : Introductory Comments" at UNDP, Regional Bureau for the Asian and the Pacific.
菅野琴（2002）「すべての人に教育を，ユネスコのジェンダー平等教育への取り組み」『国立女性教育会館研究紀要』6，27-38
Parsons, T. &Platt, G.M. (1973) American University, Harvard University Press.
結城貴子（2005）「ジェンダーと教育」横関裕美子・黒田一雄編『国際教育開発論――理論と実践』有斐閣，178-191
UNESCO/Commonwealth Secretariat (1993) Women in Higher Education Management.
UNESCO Secretariat (1998) Higher Education and Women: Issues and Perspectives. http://www.unesco.org/education/edcuprog/wche/principle/women/html/ （2011年9月16日アクセス）
UNESCO (2002) Women and Management in Higher Education: A good practice handbook. (Follow-up to the World Conference on Higher Education, October 1998).

第11章

成人教育・生涯学習におけるジェンダー
――社会参加を促進する学習活動として

長岡　智寿子

　開発途上国における女性を対象にした成人教育の主目的は，学習の機会を通じて，生活課題の克服のみならず，女性が社会に参画していくことを促すことにある。本章では，識字教育に焦点を当て，ジェンダーの視点から分析することにより，成人期における学習の必要性や，女性が学ぶことの利点について，昨今のグローバル化する社会情勢を背景に，改めて成人教育・生涯学習の課題を検討する。

　今日，成人の学習（Adult Learning/Education）に求められる課題は，世界的規模で急速に展開するグローバリゼーションの下で，これまで以上に重要視され，かつ，緊急性を帯びてきている。成人学習の機会は，人権や学習権の観点からもすべての人々に保障されるべきであるとし，国際的にも承認されている。とりわけ，開発途上国においては，成人教育は国家の開発政策の枠組みの下，女性の教育支援策として，ノンフォーマルな学習活動[1]により取り組まれている場合が多い。学習活動を通じて，安全の確保や生活の向上に直接的に結びつくことが念頭に置かれているのである。それだけに，学習課題には，日常生活における切実な要求や生活課題の克服が内包されており，教科中心の子どもの学校教育のように，知識の習得を重視する教育活動とは異なる様相を呈していることも，把握しておく必要があるだろう。

　1990年に万人のための教育（以下，EFA）世界会議（ジョムティエン会議）が開催され，生涯学習，識字，初等教育の普遍化を目標に据えたEFA運動が開始されて以来，各国政府をはじめ，国際援助機関や非政府組織（NGO）などの市民組織の支援，協力により，多様なアプローチによる成人の学習を推進

するための活動が展開されてきている。しかし，成人学習を取り巻く状況は，依然として深刻なものである。なおも，世界中で非識字状態にある人々は，約7億9,600万人（世界の15歳以上の人口の約17％に相当）とされ，その内の3分の2は女性であると報告されている（EFA-GMR Team, 2011）。世界中のあらゆる国や地域において，多くの女性が教育や学習活動の機会から構造的に周辺化されていることが伺える。また，成人教育の推進のための政策やその基盤整備については，優先順位が低く，その重要性に対する理解も未だに低いことが成人教育に関わる多くの研究者，実践家等から指摘されている。

　本章では，第1節で，成人教育を取り巻く国際的動向やその位置づけについて，国際成人教育会議（The International Conference on Adult Education：CONFINTEA）の歴史的経緯をもとに概観する。第2節にて，開発途上国の成人学習の主要課題である識字教育について，国際社会における開発戦略，イニシアティブを手がかりに，「識字（literacy）」に関する概念や捉え方を考察する。つづく第3節では，実際に，成人の学習活動はどのような様相において取り組まれているのか，子どもの教育活動とは異なり，成人期の学びにおけるニーズ，生活課題に応えるには，どのようなアプローチが有効であるのか，事例をもとに検討する。最後に，ジェンダーの平等に向けて，成人の学習活動の今後の課題と展望を提示する。

第1節　国際社会における成人教育をめぐる動向

1．ユネスコ国際成人教育会議（CONFINTEA）に見る歴史的経緯

　成人のための学習活動が基本的人権や学習権の観点からも保障されねばならないという，今日における国際的な承認に至るまでの背景には，ユネスコにおける地道な取り組みがあったことを把握しておかなければならない。成人教育の推進に向けた共通理解，活動の普及に向け，多大なる成果を築いてきた国際成人教育会議は，1949年の第1回エルノシア会議（デンマーク）を皮切りに，約12年ごとに開催されている国際会議である。直近の2009年に開催されたベレン会議（ブラジル）を含め，これまでに計6回開催されている[2]。会議は回を重ねるごとに進展し，ユネスコをはじめとする国際機関や政府代表関係者の

みならず，NGOや草の根の民間組織などとの連携，強化を含め，成人教育活動に関わる人々のネットワークの構築，情報の共有化に向けた活動の促進に大きく貢献している。

　特筆すべきは，第1に，1965年にユネスコの生涯教育局長であったラングラン（P. Lengrand）によるユネスコ成人教育委員会における生涯教育論の提起により，成人教育は，「生涯にわたる学習活動の一部」として捉えるべきであることが強調されるようになったことである。「成人教育の発達に関する勧告（ナイロビ勧告）」（1976年）においても，「成人教育は，それ自体として完結したものと考えてはならない。生涯教育及び生涯学習の普遍的体系の一部であり，かつ不可分である」とされ，以降，国際社会のなかで成人教育の位置づけが定まっていくことになる。

　第2に，1973年の国際成人教育協会（International Council for Adult Education, 以下ICAE）の発足である。成人教育活動に関わっている人々が国際的に交流し，民間レベルでの国際的ネットワークを築くことによって，成人教育の知的基盤の強化と普及，推進を図ることを目的とするものである。

　第3に，ICAEの提唱により，1985年に「学習権宣言」が採択される運びになったことである。学習権の採択に至ったプロセスは，市民社会において成人の学習活動の意義やその必要性が強く求められている所以であり，それまでの政府関係者らによる「閉ざされた領域」に，市民社会からの「声」を吹き込むに至った大きなステップであったと言える。

　90年代に入り，NGOや市民組織の活動は，大きく国際社会を動かす「活力」としての存在になっていく。その影響力は，ジョムティエン会議や第4回北京世界女性会議（1995年）などの国際会議における成果にも反映されていく。そして，第5回ハンブルク会議（1997年）にて，成人の学習活動が「社会を創造するための原動力」となることが，改めて具体的に提示されていくようになる。同会議における「ハンブルク宣言」では，成人の学習やノンフォーマルな教育活動は生涯学習において不可欠な要素であるとされ，「21世紀へのグローバルな変革を担う重要な役割があること」が強調された。第6回ベレン会議（2009年）においては，NGOや市民組織等は会議の成功に欠かせない存在として，準備段階から積極的な参加が重視されたことが報告されている（日本社会

教育学会，2010）。ベレン会議の課題原則は，①成人の学習と教育が生涯学習の重要な構成，かつ，生涯学習推進のための要因であること，②開発のための決定的な役割であること，③「From Rhetoric to Action（美辞麗句から行動へ）」というスローガンのもと，成人教育のための政治，政策展開を具体的に求めていくこと，が提起された（荒井，2010）。

　これらの課題は，成人教育活動に対する政策レベルでの対応の遅れや地球規模での活動の展開を促すことの必要性を強く訴えかけるものである。とりわけ，開発途上国における成人の学習活動は深刻な課題であり，かつ緊急性を帯びている。次節では，その中心的な課題である識字教育の動向について見ていこう。

第2節　開発政策の枠組みの下での識字教育

1．「識字（literacy）」の概念，定義の変遷について

　一般に，識字とは，文字の「読み書き能力」を指す言葉として，近代学校教育制度が発達した諸国では，いわゆる3R's（reading, writing, arithmetic）を学習の基礎，基本とするものと理解されている。しかし，国際社会において一律の定義があるわけではない。

　ユネスコは発足以来，識字教育の重要性を説いてきているが，今日に至るまでの識字をめぐる概念定義については，変遷が見られる。1958年の勧告では，「日常生活における簡単な陳述を理解し，読み書きができること」とされ，初歩的なレベルでの読み書き能力を意味していた。1950年代，開発途上国を中心に，各国政府は積極的に識字教育政策を開始したが，識字についての理解は特定の価値観に基づくものではなく，一種の中立な「道具」として習得されていくものと捉えられており，識字プログラムの多くは機械的な読み書きの訓練に終始していた。また，人々を識字者（literate）であるか否かと二項対立で捉えることになり，人々の生活世界に根差したさまざまな識字活動を重視するものではなかった。

　識字教育政策における概念や方法論（またはアプローチ）は，次のように年代ごとに類型化される（Rogers, 1999, Robinson-Pant. 2001）。

（1）「機能的識字（functional literacy）」を基盤とし，「実験的世界識字プログ

ラム（Experimental World Literacy Programme, EWLP)」[(3)]により推進された，職業能力の育成を目指した1960〜1970年代におけるアプローチ。
(2) 非識字状態に置かれていることを学習する機会を「奪われてきた」と見なす，1970年代後半のフレイレ（P. Freire）の識字哲学をもとにした「批判的識字（critical literacy）」観に基づく批判的アプローチ。
(3) 「多様な識字」の存在を強調する1980年代以降に注目され始めた，社会・文化的側面を重視するアプローチ（New Literacy Studiesなど）。

　まず，1960年代における「非識字状態にある人」の捉え方は，「日常生活における基本的な読み・書き・算術（3R's）の能力が不足している」とされ，その克服を目指して提起されたのが「機能的識字（functional literacy）」の概念であった。「機能的識字」とは，本来，識字の状態を示す何らかの基準を設定するための方法概念として提起されたものであり，成人として社会生活を送るなかで，必要とされる読み書き能力がどの程度のものなのかを明確にするために提示されたものであった。1965年のイランで開催された世界文部大臣会議では，「単なる読み書き学習の枠を超えて，積極的に社会に参加し，経済的役割を担う識字能力」の重要性が説かれている。70年代に入ると，高い労働生産力を追求するための，経済発展に役立つ人材育成を重視した人的資本論に基づき，職業訓練としての識字教育が主流となっていく。

　しかし，当時の基礎教育をめぐる教育政策は，国の経済発展への直接的な投資と見なされており，西欧近代社会を最終目標とした「近代化論」の枠組みのもとで，識字教育政策（実験的世界識字プログラム：1967〜73年）が展開されていたため，目標どおりの成果は得られなかった。

　このような動向のなかで，1970年代後半には，識字がもたらす経済成長や社会的利益のみを目的とするのではなく，社会的，文化的，政治的な改革と関連づけていくことにより，読み書きの学びは，初めて意義あるものと考えられるようになっていく。そして，1975年にイランのペルセポリスにおいて開催された「識字のための国際シンポジウム」にて，識字の定義は「単に，読み・書き・算術の技能に止まらず，人間の解放とその全面的な発達に貢献するもの」とされ，「人間解放に向けた唯一の手段ではないが，あらゆる社会変革にとっ

ての基本的条件である」とする「ペルセポリス宣言」が採択されるに至った。以降,「人間解放に向けた識字」をめぐる理念は,広く国際社会において受け入れられていくこととなった。

　また,「自立と人間の解放に向けた識字」が国際社会のなかで支持を得ていく過程で注目されたのが,ブラジルの教育学者フレイレによる実践である（Freire, 1970）。フレイレは,故郷ブラジルの農村レシェフェにおける民衆教育の運動経験から,教育の両義性,すなわち,教育に中立はありえず,識字は自らの置かれた状況を突破するための道具にもなりうるとする,「変革のための実践活動」を強調した。それは,学習者に「意識化（conscientization）」を促すことにより,沈黙を強いられてきた文化に対して,「批判的思考の獲得」を目指すものであった。

　80年代になると,学習者の生活世界における多様な識字活動に着目した,「New Literacy Studies」が登場し始める。「New Literacy Studies」の重要性を唱える論者ら（Street, 1995, 2001；Barton & Hamilton, 1999；Rogers, 2001；Robinson-Pant, 2001, 2004ほか）は,識字をめぐる豊富な研究や実践活動のなかで,文字の読み書きをめぐる活動には多様な側面があり,社会,文化,政治的な文脈を踏まえた分析が欠かせないとする。例えば,宗教や経済活動,または公的な場における識字活動があるように,人間社会にはさまざまな様相下における識字が存在している。それは,読み書きができるか否かという二元論ではなく,特定の社会や状況に根差した実践活動の連続体として問われていくべきであり,単一の識字観に異論を唱えるものである。

2.「国連識字の10年」の取り組みと今日的課題

　識字教育政策をめぐる課題は,開発政策や時代の要請に従い,変遷を遂げてきた（表11－1）。しかし,その一方で,文字文化の発達に伴う社会経済の発展,科学技術の進歩,高度な情報化社会の到来により,結果として,基本的な読み書き能力を習得しているか否かにより,人間社会に「差異」を生み出してきたことも事実である。さらに深刻な問題は,経済を中心とする世界的規模のグローバリゼーションの下で,市場経済の原理,価値の急速な展開により,その影響が不均衡に社会的マイノリティに不利益を及ぼし,特に,開発途上国に暮らす貧困層の

女性に重く負荷がのしかかる構造を創り出してしまっていることである。

　国連総会（1987年）が1990年を国際識字年（International Literacy Year）と定めた同年，EFA世界会議（ジョムティエン会議）が開催され，向こう10年間で基礎・初等教育の普遍化，非識字状態の克服を目指すEFA宣言により，基礎・初等教育重視の教育政策が，一層強調されていくようになった。しかし，周知のとおり，10年間での目標達成は程遠いものであったため，2000年に「世界教育フォーラム」（ダカール会議）が開催され，EFA会議以降の進捗，成果をさらに展開させるための「ダカールEFA行動枠組み」として，6つの主要目標が絞り込まれた。そのなかには，第3目標に，青年や成人の学習ニーズが公正なアクセスを通じて充足されること，第4目標には，成人の識字率の改善や基礎教育，継続学習の公正なアクセスにより，2015年までに，特に成人女性の識字率を50％改善することが含まれている[4]。

表11-1　開発政策の動向と識字教育政策の変遷

年代	開発政策論	識字政策論
近代化論（1950年代〜）人的資本論（1960年代〜）	・経済発展を基軸とする発展説 ・WID（公正アプローチ） ・教育への投資が，高い経済成長を招くことへの期待	・「機能的識字」をもとに，非識字状態にあることを「能力の欠如」と見なす ・「実験的世界識字プログラム」（1967-1973）
従属理論（1970年代〜）	・人間の基本的ニーズ（BHN）の充足 ・中・高等教育，職業教育重視 ・WID（貧困アプローチ） ・経済格差，男女の教育格差の拡大化への反省期	・ペルセポリス宣言（1975）　人間の解放に向けた識字へ ・「批判的識字」の提起　非識字状態にあることを，教育の機会を「奪われてきた」と見なす ・社会的，文化的，政治的側面を重視する識字へ
人間中心主義（1980年代後半〜）	・基礎初等教育重視 ・男女間格差の是正 ・人間の開発を発展の基軸へ ・WIDからGADへ移行 ・ジェンダーの主流化へ	・New Literacy Studiesの登場 ・人間開発の識字へ

出典：モーザ（1996），Steet（2001），EFA Global Monitoring Report Team（2006）をもとに，筆者作成
注：年代については，大まかな区分であることを述べておく

国連はEFA運動を推進するために，2003～13年までを「国連識字の10年（The United Nation Literacy Decade）」と定め，開発途上国，先進国の双方に識字教育事業の継続実施，支援協力を国際的な活動として呼び掛けている（表11-2）[(5)]。成人の識字教育事業の更なる展開をめざし，政策レベルの強化とその重要性を強調するものである。とりわけ女性を含む最貧困層や社会的マイノリティを主要な対象者層とし，識字を通じて，貧困の撲滅，乳幼児死亡率の削減，人口抑制，生活の向上，健康や衛生の概念の理解，法や経済システムの理解，女性の社会参加，ジェンダー平等の達成，情報へのアクセスなど，人々が生きていく上で直面するさまざまな出来事に立ち向かうことを可能にする礎を築いていこうというものである。

もっとも，識字教育に取り組むことで，すべての問題が解消されるわけではなく，開発政策の第1段階としての活動に過ぎないとの批判もある。しかし，女性が社会のあらゆる側面において不利益をもたらす構造に気づき，自ら問題解決に向けて行動していくには，読み書きの学びはその突破口として，欠かすことはできない。識字率の向上を主目的とするのではなく，生涯学習の観点からも保障されていく必要がある（表11-3）。

表11-2 「国連識字の10年」における行動計画

- 貧困の削減を含め，地域住民の参加や識字教育の推進を奨励する政策へ転換すること
- 学校教育への移行が可能となるような，地域の条件を採用した柔軟な識字教育の展開
- 識字教育の指導者や運営を支援するための人材育成と，より効率的なプログラムを設定すること
- 政策転換を支持するための，より実証的な研究の必要性
- 地域住民の参加と識字プログラムにおけるオーナーシップ
- プログラムの参加者数と影響力により，信頼性の高い進捗状況を表す指標を定めるためのモニタリングと評価

出典：UNESCO（2009）より筆者作成

表11-3 ユネスコの学習の4つの柱

Learning to be：	人として生きることを学ぶ →	生きがい
Learning to know：	知ることを学ぶ →	知識，技術
Learning to do：	なすことを学ぶ →	実践
Learning to live together：	共に生きることを学ぶ →	共生

出典：Delors（1996）；天城（1997）より筆者作成

第3節　開発途上国における成人教育

1.「成人期」の特質を踏まえた教育活動

　成人の学習は，文字通り，成人期の人々を対象に行われる学習活動であるが，その厳密な概念については，各国において異なっている。近代学校教育制度が発達した先進国では，欧米諸国を中心に，成人教育は学校教育の補完的役割を担う教育として，あるいは成人期以降の人々への学習機会の提供として位置づけられている。しかし，アジア・アフリカなどの学校教育が完全に普及しておらず，就学率や識字率が低い国では，成人教育は「ノンフォーマル教育（学校外の組織的な学習活動）」として取り組まれていることが多い。具体的には，学習者の年齢や過去の学習歴等の有無により制限を設けず，時間，場所，学習形態，教授法，学習教材など，制度化された学校教育とは異なり，学習に参加する人々のニーズに合わせた柔軟な体制により，実施されている。

　また，「成人」と一口に言っても，学習の場に集う人々は，多様な背景を抱えていることも把握しておかなければならない。人は，皆，それぞれに年齢，性，学歴，職業，宗教，民族，カースト，階層，ジェンダー等，多様に異なる関係性のなかに置かれており，個々にさまざまな人生上の出来事を経験するなかで，日常生活を営んでいる。途上国であれば，幼少期から就学どころか，労働力として社会への参入を強いられ，女子であれば，さらに家事労働にも従事することを余儀なくされたライフコースもめずらしくはない。それだけに，「成人」と見なされる人々の特質として，社会・文化的な背景により，年齢や人間の成長，発達課題等による時期区分にかかわらず，「人生上のさまざまな経験が蓄積された人々」であることを理解しておくべきであろう。そして，学習活動における最優先課題は，活動を通じて，人々の生活の向上に結びつけていくこと，利点を得られる仕組みを共同で構築していくことにある。

　具体的な活動としては，識字教育と連携する形で健康，衛生指導，出産，育児に関する知識の習得を目標とするプログラム，ポストリテラシー（基礎識字学習後の継続学習）として，女性グループによる所得向上のための共同生産活動（例：income-generation, micro credit）等があげられる。個々のプログラ

ムは，読み書きの学びと連携することで，女性も生活上のさまざまな課題に関わっていくことが可能となり，また，自立支援にも反映されていくことが目指されている。

2．社会参加としての女性の共同学習活動——ネパールの事例から

ここでは，筆者がネパールの都市近郊の村（以下，B村とする）で関わった，農村女性らの共同学習活動の事例を紹介しよう。結論から先取りすると，現在，B村の女性達は基礎的な読み書き学習を修了後，共同で蠟燭づくりに取り組んでいる（写真11－1）。蠟燭は村周辺の市場で販売し，その収入を女性グループによる野菜の共同生産活動の資金源に充てることを計画している。彼女たちが蠟燭づくりに取り組み始めた経緯には，次のような興味深いエピソードがある。

B村の女性たちの活動は，国際援助機関やNGOなどの開発プロジェクトとして取り組まれたのではなかった。1人の女性が，農作業の合間の休憩時にお茶を飲んでいた際，夫が市場で販売されている蠟燭の値段にあまりにも差があることに驚いて帰ってきたという話をしたことが，活動の発端になっている。ネパールでは，水力発電の節電に伴う計画停電が1日に数時間実施されている。そのため，一般家庭ではランプや蠟燭が必需品となっている。蠟燭を作ることは，さほど難しいことではなく，皆で協力すれば，低予算でたくさん作ることができる。協力して市場で販売すれば利益が得られるのではないか，ということを着想したのである。しかし，生産から販売までの作業には，読み書きや計算のスキルが必要である。そこで，仲間の女性が村落内の小学校の校長に

写真11－1 B村での女性グループによる蠟燭づくり　　筆者撮影

相談し，識字クラスにも取り組むことになったのであった（写真11-2）。

　筆者は，別の調査でB村を訪れていた経緯から，女性たちの共同学習活動に関わることになった。しかし，実際に，学習活動に取り組むには，どのような手法，アプローチが望ましいのかは，その時々の状況に応じて判断していく必要がある。そのため，対象とする地域や村落，または共同体のなかで，女性たちがどのような生活課題を抱えているのか，形式的な質問紙調査やヒアリング調査だけでなく，時間をかけて観察することも重要である。なぜなら，その土地の地域性や特殊性を考慮せずに取り組んでも，地域社会全体に混乱をきたし，女性の自立支援に役立つどころではなくなってしまうからである。また，女性であるがゆえに受け継がれてきた慣習に基づく行動規範や性別役割などをどのように捉え，実行しているのかなど，ジェンダーの視点による分析は欠かせない。特に，女性たちがどのような生活環境に置かれ，また，どのように日常生活を過ごしているのか，男性との関係性にも着目すると，個々の女性たちの暮らしのなかのさまざまな役割分担や生活上の様式などが具体的な構造として明らかになり，男女間における行動全般の差異が見えてくる。

　B村にて識字クラスを実施する際，事前に生活実態調査を実施した[6]。その結果，男性と女性とでは，1日の労働時間や行動範囲に大きく差異が確認された。例えば，女性の1日は，朝5時頃に起床し，身支度の後に水汲みに行き，家屋内外の清掃の後，プジャ（祈り）のために近くの寺院参拝という，日課ともなって

写真11-2　識字クラス
筆者撮影

いる一連の作業を、夫や家族（特に男性）がまだ眠っている間に終えておくことが求められていた。家電製品があるわけでもなく、家事はすべて手作業で行われていた。洗濯だけでも家族全員の衣服を洗うとなれば、大仕事である。食事の支度を男性がまかなっている世帯も見られたが、基本的に、水汲み、屋内の掃除、洗濯、食事の後片づけについては、ヒンドゥー文化における女性の役割規範に従い、「女性の仕事」として位置づけられていた。ある女性は、「水汲み、皿洗いや掃除は女の仕事でしょう？　子どもの頃から、男の仕事ではないと言われてきたし、男の人に（皿洗いや洗濯を）させてはいけないと言われてきたから。母や周りの女の人たちも皆、そうしているから」（長岡, 2008）と話していた。

　また、このような考え方は、家庭内の子どもの教育にも反映されていた。娘には早朝に清掃の手伝いをすることを命じているが、息子には早くに起きることを求めないこと、また、息子に野菜の販売を手伝わせることはあるが、皿洗いや洗濯は娘に任せていること、などが観察された（Box11.1参照）。

　B村周辺では、男性が現金収入を求めて、近くのレンガ工場などで働く世帯が急増しており、農作業の主たる担い手は女性に移行しつつあった。そのため、女性たちが一手に農作業や家畜の世話を引き受けなければならなくなっている。また、生産した農作物を販売しても、その労働対価は女性たち本人には支払われていないことも明らかになった。自給自足の農村の生活にも、次第に市場経済のシステムが浸透し始めているなかで、「お金は怖いものだから触らない方が良い」（長岡, 2008）と、戸惑う態度を見せている女性もいた。

　B村の女性たちは、早朝から晩まで、家事、育児、農作業、家畜の世話を繰り返すだけの生活であったが、識字クラスや共同学習に取り組むことが契機となり、生活に変化が生じ始めてきている。女性たちの多くは、幼少期に基礎教育の機会が乏しく、鉛筆の握り方を覚えることから始めなければならなかったが、読み書きの学習に加え、ローンの仕組みなど、その必要性から、積極的に学習活動に取り組む姿が観察された。クラス開始直後は、夫や家族の理解を得られず、口論が絶えなかったという女性もいた。しかし、家族にも活動の主旨を理解してもらうように継続して働きかけていくなかで、「夫が、一番よく売れているの（蠟燭）は、太くて短い蠟燭だと教えてくれるようになった」（長岡, 2008）という声も聞こえてくるようになった。また、共同作業のために生活時

間を調整し，女性グループ間で協力し合える体制が築かれてきた。

B村の女性たちの活動は，農作業の休憩時の会話のなかから編み出されたものであり，彼女らの生活経験に深く根ざしている。このような活動は，ささやかでも貴重な社会参加の一形態として，村落内で継続して育まれることが期待される。

Box11.1

児童の行動に反映される家庭内の教育観

　子どもの性別の違いにより，家庭内の教育観，しつけなどが異っていることが，学校生活における児童の行動にも直接的に反映されている。筆者の2009年度の調査におけるネパールの私立学校の女性校長の話では，学校生活において態度の悪い生徒は，高位カーストの男子（特に長男）に多く見られるという。「態度の悪い男子生徒の多くは，親からも注意を受けた経験が少ないのです。男子，または，長男だからという理由で，家の手伝いもさせていないのです。学校の規則も守らず，友だちとの喧嘩も多い。高位カーストの男子であればあるほど，このような差異が明確に見られます。親に連絡しても，男子（または，長男）であることを理由に，家庭内では注意していないという返答があるだけなのです。これでは，（問題は）解決されません。逆に女子児童は，母親の手伝いをすることが当たり前になっており，男子児童と同じように夕方，遅くまで遊ぶことなど，できないのです」（Yashodara Buddha Secondary Schoolの校長Ramila Shakya氏より2009年8月15日聞き取り）。

　Shakya校長は，年に3回の保護者会にて，児童の問題点を指摘し，意見交換に努めているという。しかし，ヒンドゥー文化に基づく価値規範は，各家庭内における教育観に深く根差しており，時には，女性教員を軽視する態度も保護者間に見られるという。ネパールの文化，社会問題として捉えていくことを強調されていたが，このことは，教育という営みが，その国や地域における社会，文化的価値を大きく反映させた意味体系の空間として，その地に暮らす人々により構築され，成立していることを，改めて物語っている。

第4節　成人の学習活動の課題——ジェンダー平等にむけて

　成人の学習活動の課題は，開発途上国においても多様化，複雑化してきており，一概に断定できるものではないが，あえて，前節の事例を手がかりに提示するならば，次のとおりである。
　第1に，生活課題の克服に向けた学習活動を，村落内全体で展開させていくことである。開発途上国の女性の多くは，単独で自由に外出することを許されてもいなければ，村落内の意思決定の場に中心的に参画する機会は極めて乏しい。女性の学習活動が村落内で円滑に進められ，孤立することのないように，男性も含め，協力支援を働きかけることが欠かせない。また，村落を活性化させる起爆剤となっていくことも課題に含まれよう。
　第2に，女性たちの日常生活を通じて観察されるあらゆる物事を題材に，共同学習の機会が組まれていくことの必要性が挙げられる。開発政策の枠組みの下で，西洋近代社会における概念や知識を一方的に導入することは，望ましいものではありえない。その土地固有の訓えや慣習が強くその地に暮らす人々の行動を規定している生活世界においては，村落に暮らす人々が，主体的に自らを取り巻く環境の改善を求めていくことへの支援活動として，成人の学習活動が位置づけられていくことに意味があると考える。
　第3には，成人の学習活動の評価についてである。成人を対象にした学習活動は，多くの場合，参加者のニーズに合わせ，時間や学習形態，内容など，柔軟な体制下により行われている。子どもの学校教育ならば，科目ごとに統一された試験を実施し，結果を数値化するなどして，その後の学習目標に役立たせることも可能であろう。しかし，ノンフォーマルな学習活動の場合，多様に異なる学習体制のなかで，一律に評価を行うことは困難を伴う。例えば，学習活動を数値に還元することに妥当性があるかどうか（例：意欲や自尊心など），また，学習内容の理解度よりも出席率や活動の内容を評価して，あるいは，意識啓発のみをねらいにした修了証が配布されることもある。その尺度は多岐に渡っており，現実的には，評価すること自体に意味が見出せない場合もある。成人の学習活動については，活動の評価方法を検討する上でも，適切な指導，

判断が可能な人材やニーズに対応した学習教材等が必要である。したがって，成人教育の質的な側面を高めていくための，教育政策における財政面の確保が，最優先事項に含まれていくことが強く求められる。

最後に，ジェンダーの視点の必要性を改めて述べておきたい。本章では，ジェンダー平等に向けて，周辺的な立場に置かれている女性も学習の機会を得ることにより，社会の構成員として，より多くの機会に参画していくことが可能となることを述べてきた。社会のさまざまな場で生じている出来事をジェンダーの視点から紐解いていくことは，女性のみならず，男性をも含め，社会全体をより豊かに組み替えていくためのプロセスである。成人の学習活動は，壮大な可能性を秘めたアプローチとして，さまざまな領域において取り組まれていくことが望まれる。

◆注
(1) 学校外の組織的な学習活動を意味する。教育活動を様式ごとに大別すると，制度化された学校教育をフォーマル教育，社会教育，生涯学習活動のような学校外の柔軟な体制下における学習活動をノンフォーマル教育，さらに，家庭内の躾や伝統的な訓えなど，特に体系的でない学びをインフォーマル教育と称し，区分することができる。
(2) 第1回エルノシア会議（デンマーク，1949年），第2回モントリオール会議（カナダ，1960年），第3回東京会議（日本，1972年），第4回パリ会議（フランス・ユネスコ本部，1985年），第5回ハンブルグ会議（ドイツ，1997年），第6回ベレン会議（ブラジル，2009年）
(3) 「実験的世界識字プログラム」は，ユネスコが国連開発計画（UNDP）の資金援助を受け，1967年から1973年にかけて実施。識字教育の社会経済的利益を実証的に明らかにすることを念頭に取り組まれた。
(4) 詳しくは，第1章参照のこと。
(5) 「国連識字の10年」は，実質的には重要視されておらず，成人の識字の問題に関する認識の向上や行動の活性化には結びついていないと指摘されている（EFA Global Monitoring Report Team, 2011）。
(6) 調査は，2008年度三島海雲記念財団による研究助成を受け，2008年8月及び2009年3月に実施。B村の女性グループ20名（ネワール族マハラジャンカースト及び，タマン族）の世帯を対象に，家族構成，家族の学習歴，子どもの就学状況，労働内容，1日の生活時間の把握等を中心に実施。その結果，就学経験のある女性は2名（いずれも小学校2年生の時点で，経済的事由につき中途退学）であった。夫も非識字状態にあったのは，7世帯。しかし，子どもについては，20世帯とも，男子，女子の区別なく，村落内

の小学校に就学させていた。

◆引用・参考文献

天城勲 訳（1997）『学習——秘められた宝 ユネスコ「21世紀教育国際委員会」報告書』、ぎょうせい

荒井容子（2010）「第6回国際成人教育会議を振り返って——CONFINTEA VIの成果と課題」『成人教育に関する国際セミナー報告資料』

Barton, D. & Hamilton, M,（1998）Local Literacies. Routledge Reading and Writing in One Community. Routledge.

Delors,J 1996 Learning：the Treasure within,Report to UNESCO of the International Commission on Education for the Twenty-first Century, UNESCO

EFA Global Monitorning Report Team（2006）Education for All Global Monitoring Report 2006, UNESCO.

EFA Global Monitorning Report Team（2011）Education for All Global Monitoring Report 2011, UNESCO.

Ethnography and Education. Pearson Educational Limited.（2001）Literacy & Development. Routledge.

フレイレ, P.著 小沢有作・楠原彰・柿沼秀雄・伊藤周訳（1979）『被抑圧者の教育学』亜紀書房

小柳正司（2010）『リテラシーの地平』大学教育出版

モーザ, C.著 久保田賢一・久保田真弓訳（1996）『ジェンダー・開発・NGO——私たち自身のエンパワーメント』新評論

長岡智寿子（2007）「女性，識字と開発——ネパールにおける女性達の活動の事例」『日本社会教育学会紀要』43, 51-60

長岡智寿子（2008）「グローバル化する社会におけるマイノリティの社会参加の様相」『公益財団法人三島海雲記念財団研究報告書』46

日本社会教育学会編（2001）『ジェンダーと社会教育 日本の社会教育第45集』東洋館出版社

日本社会教育学会（2010）特別報告「ユネスコ第6回国際成人教育会議（CONFINTEA VI）」『日本社会教育学会紀要』46, 144-155

Robinson-Pant,A（2001）Why Eat Green Cucumber at the Time of Dying? Exploring the link between women's literacy and development: a Nepal perspective, Unesco Institute for Education.

Robinson-Pant,A（2004）Women,Literacy and Development: Alternative Perspectives, Routledge.

Rogers,A（1999）"Improving the quality of adult literacy programmes in developing countries:the 'real literacy' approach",International Journal of Education and Development,19, pp.219-234.

Rogers,A (2001) "Afterword: Problematising Literacy and Development." pp.205-221. Street,(ed.) Literacy & Development : Ethnographic Perspective, Routledge.

Street,B.V. (1995)　Social Literacies: Critical Approach to Literacy in Development: Ethnography and Education. Pearson Educational Limited.

Street,B.V. (2001) Literacy & Development :Ethnographic Perspective, Routledge.

UNESCO (2009) Progress and Challenges in Literacy & Adult Education in Asia and the Pacific 2003-2008, UNESCO Bangkok.

第12章

教師教育とジェンダー

小野　由美子

　本章のテーマは「教師教育とジェンダー」である。以下では，まず，教師教育[1]においてジェンダーが問題とされる理由を述べる。教育の質と教師の関係を踏まえた上でダカール会議後の教員政策，カリキュラム改革を検討し，最後にジェンダー，女子教育をターゲットとする国際社会と日本の取り組みの一端を紹介する。

第1節　ジェンダーの社会化と教師・学校の役割

　生物学的な性差ではなく，社会文化的な文脈における性差＝ジェンダーは，いわゆる「男らしさ」「女らしさ」の行動基準や性役割規範として，歴史とともに変化しながら，意図的，無意図的に次の世代へと受け継がれていく（鎌田・矢澤・木本，1999；森，2000）。このような過程，すなわち，「生物学的個体として生まれてきた個人が，その社会の文化を内面化し，社会的に役割を獲得して，社会生活が営めるような諸資質を発達させていく過程」（山村,1988：5-6）を社会化と呼ぶ。社会に存在する多くの制度，例えば，学校，家庭，仲間，職場，マスメディア，ICTと媒体などが社会化の過程に大きく関係している。そうしたさまざまな制度を通して性差の社会化がなされるわけだが，とりわけ，学校という制度のなかで主として教師が担う教育過程の影響の大きさを指摘する研究は多い（例えば，森，1989；宮崎，1991；Stromquist，2007）。

　なかでも，教師の言動や教師が生徒に対して抱く期待感，学校組織・運営，教科書，進路指導などを通じて，大人や社会の本音が子どもたちに伝達される「隠れたカリキュラム」は，学校教育がジェンダーの社会化を形作る上で重要

な働きをする。教師は，態度，生徒への学業期待感，教室内での生徒とのやり取り，教師間の力関係など，有形・無形のものを通して，毎日，ジェンダーに関する多くのメッセージを子どもたちに発信しているのである。子どもたちが学校で過ごす時間の大半を教師と過ごしていることを思い浮かべれば，隠れたカリキュラムの重要性が理解できるだろう。だが，そのことは，教師や学校が伝統的な価値観や態度を再生産し，ジェンダーの社会化を強固なものにするだけではない。教師や学校は，子どもたちが，「当たり前」として疑うことのなかった前提を意識化し，ものの見方を変化させるきっかけを与える可能性も併せ持つことをも意味している（Stromquist, 2007；笹原, 1999）。そのためには，子どもが自ら主体的に思考し，自分の将来についてよりよい選択をすることを奨励するようなフォーマルなカリキュラムとインフォーマルな（隠れた）カリキュラムの両方を経験することが大切である。

　途上国においては，メディアやICTへのアクセスが限られている分，子どもの社会化に果たす教師の役割は，より大きいと言える。教員養成・教師教育をジェンダーの視点から見直し，ジェンダーに敏感なものにしていくことは教師のジェンダー意識を変えるためには不可欠なことである。

第2節　教育の質と教師

　ダカールで開かれた世界教育フォーラム（ダカール会議）は「ダカールEFA行動枠組み」（UNESCO, 2000）として6つの到達目標を採択したが，「教育のすべての側面の質の改善」を謳った第6目標をはじめ，どの目標も，程度の差こそあれ，教育の質と関係するものであった。基礎教育について強調されたのは単なる無償初等義務教育ではなく，質の良い無償初等義務教育の実現であり（目標2），質の良い基礎教育へのアクセスと学習到達度においてジェンダー格差をなくすこと（目標5）であった。ダカール宣言は，万人に質の良い基礎教育の機会を提供することと，良質の基礎教育の入口（アクセス）と出口（学習到達度）において，ジェンダーによる格差解消を国際教育開発の目標として定義したと言えよう。

　では，教育の質とは何を指すのだろうか。質の定義は教育の質の評価と表裏

一体である。教育の質を定義することは，教育の目的として何を重要と考えるかという価値判断とも密接に関わっている。国は教育目的を効果的に実現するために教育内容・方法（カリキュラム）を策定するとともに（意図された，フォーマルなカリキュラム），教育政策を立案し，実施する。教育内容・方法は，教師によって教室内で行われる授業に翻案され（実施されたカリキュラム），授業を通して学習者に獲得される（学習され，達成されたカリキュラム）と考えられる。教育の質が高いか，低いかという判断の根拠は，広く合意された教育の目的を学習者がどれくらい効果的，効率的に達成しているかによる。子どもが達成するカリキュラム＝学習したカリキュラムは実施されたカリキュラムの質にも依存することから，教師の質，つまり授業力量に左右される。

　ダカール宣言は，「質こそは教育の中核である」と明言してはいるが，実は，質の明確な定義はしていない。「EFAグローバルモニタリングレポート2005」（EFA-GMR Team, 2004）は，教育の質を取り巻くさまざまな見方や立場を整理した上で，教育の目的として大きく2つの学習成果が擁護されていると指摘した。1つは認知的な発達である。一般的には，何らかのテストで測られる言語的能力，数量的能力，ライフ・スキルを指す。これらは，世界のほとんどすべての国において教育制度の重要な目的として明示されている（EFA-GMR Team, 2007）。もう1つは非認知的な発達であり，情緒的，道徳的，精神的発達を含む。例えば，平和・安全，市民性，平等・公正の擁護促進，文化的価値観の尊重と次世代への伝達は，認知的成果目標とならんで重要な教育目的である。2003年に策定されたアフガニスタンのカリキュラム・フレームワークは認知的成果と同等に，あるいはそれ以上に重要なものとして非認知的成果を擁護している（Ono, Chikamori & Kita, 2007）。

　教育の質を測るためのいくつかの指標の1つとして，こうした2つの学習成果を用いることに反対を唱える者は少ないであろう。ただ，実際に評価する場合には，課題があることも容易に想像がつく。学力テストの結果で表される認知的学習成果は量的評価が可能である。しかし，認知的学習成果に影響を及ぼす要因は多数あると考えられており，しかも，質的な要因も多いことから，要因の数値を操作すれば認知的学習成果が改善するというような単純な図式ではない。他方，非認知的成果の場合は，成果の測定自体が難しい。

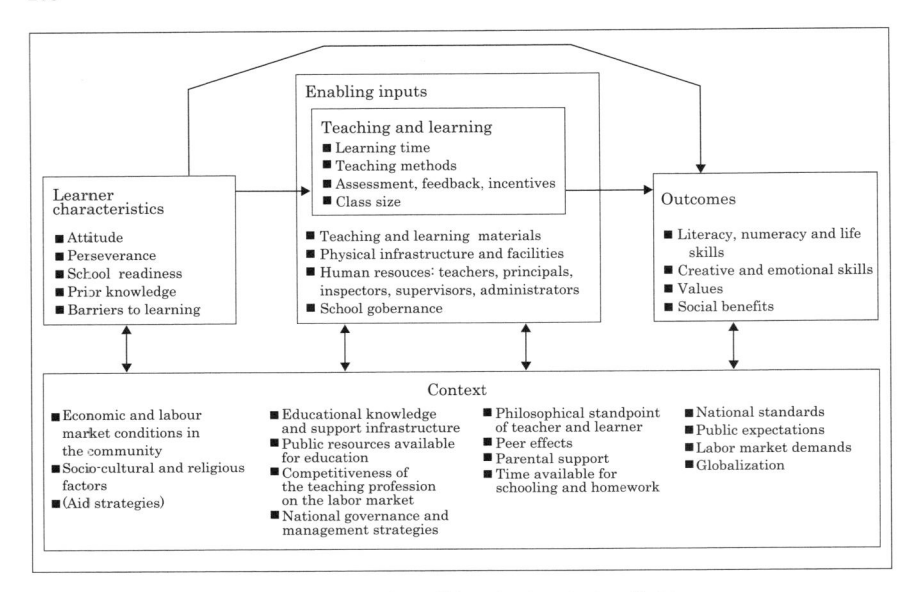

```
┌─────────────────────────────────────────────────────────────────┐
│                    ┌──────────────────────────────┐             │
│                    │ Enabling inputs              │             │
│                    │  Teaching and learning       │             │
│                    │   ■ Learning time            │             │
│                    │   ■ Teaching methods         │             │
│                    │   ■ Assessment, feedback,    │             │
│  ┌──────────────┐  │     incentives               │  ┌────────────────────────┐
│  │ Learner      │  │   ■ Class size               │  │ Outcomes               │
│  │ characteristics│ │                              │  │                        │
│  │ ■ Attitude    │→ │ ■ Teaching and learning materials │→│ ■ Literacy, numeracy │
│  │ ■ Perseverance│  │ ■ Physical infrastructure and facilities │  │   and life skills │
│  │ ■ School readiness │ ■ Human resouces: teachers, principals,│  │ ■ Creative and emotional skills │
│  │ ■ Prior knowledge │   inspectors, supervisors, administrators │  │ ■ Values │
│  │ ■ Barriers to learning│ ■ School gobernance │  │ ■ Social benefits │
│  └──────────────┘  └──────────────────────────────┘  └────────────────────────┘
│           ↕                    ↕                       ↕        │
│  ┌─────────────────────────────────────────────────────────────┐│
│  │                         Context                              ││
│  │ ■Economic and labour   ■Educational knowledge  ■Philosophical standpoint  ■National standards │
│  │  market conditions in   and support infrastructure  of teacher and learner  ■Public expectations │
│  │  the community         ■Public resources available  ■Peer effects           ■Labor market demands │
│  │ ■Socio-cultural and     for education         ■Parental support           ■Globalization │
│  │  religious factors     ■Competitiveness of    ■Time available for │
│  │ ■(Aid strategies)       the teaching profession  schooling and homework │
│  │                         on the labor market │
│  │                        ■National governance and │
│  │                         management strategies │
│  └─────────────────────────────────────────────────────────────┘│
└─────────────────────────────────────────────────────────────────┘
```

図12-1　教育の質を理解するための枠組み

出典：EFA-GMR Team（2004）EFA Global Monitoring Report 2005 : Summary, p7.

このような問題はあるにせよ，「EFAグローバルモニタリングレポート2005」(EFA-GMR Team, 2004) では，成果に関係する要因を5つのグループに分け，相互の関係を構造化して提示した。構造図の中心には教授・学習プロセスが位置づけられており，数ある要因のなかでも，教師による授業の質が学習成果の決定的な要因であるという明確なメッセージを送っている。注意しなければいけないのは，教授・学習は教育環境要因によっても影響を受けることである。教職の人気が高ければ，教員養成機関への入学希望者，教職希望者は多くなる。競争率が高くなり，結果としてインプットとしての教師の質が高くなると考えられる（図12-1では，Conpetitiveness of the teaching profession on the labor market／市場での教職の競争力）。さらに，子どもが学校で過ごす学習時間の総計と，そのなかで意味ある学習に使われる時間の割合，宿題に費やす時間も，教授・学習の質と関係が深い。

第3節　教員政策とジェンダー

　EFA実現のために途上国ではどのような教員政策を取っているのだろうか。教員の需給関係，配置，質，費用の4つの側面から見ていく。これら4つの側面は相互に密接に関連している（Mulkeen, 2010）。

1. 教員の需給

　ダカール会議後，就学率の上昇に対応するために，多くの初等教育教員を雇用する必要が生じた。就学者の増加に有資格教員の雇用が追いついていない。ユネスコ統計研究所の試算では，2007年から2015年までの間に，初等教育を受ける年齢にあるすべての子どもが質の高い教育を受けることができるようにするためには，1,030万人の教師が不足するという（UNESCO Institute for Statistics, 2009）。しかも，教員不足は地域的な偏りが大きく，特に教員不足が深刻とされるサブサハラアフリカ諸国では，EFAの目標を達成するためには，2015年までに約100万人の教員が必要と言われている。そのためにアフリカ諸国がとった政策は，教員養成においては，教員養成校への入学資格を下げる（モザンビーク），選考基準の弾力化（マラウイ，モザンビーク，アンゴラ），教員養成期間を短縮する（ガーナ，ギニア，マラウイ，モザンビーク，ウガンダ，タンザニア）というものである（Mulkeen, 2010；EFA-GMT Team, 2007）。

　2008年現在，世界には2,784万人余の初等教育教員がいるが，そのうち女性教員が占める割合は62％である。地域別に見ると，南西アジア（46％），サブサハラアフリカ（45％）で女性教員の割合が低い。学校段階が上がるにつれて，女性教員が占める割合は低くなり，南西アジア，サブサハラアフリカの中等教育では，それぞれ37％，28％にとどまっている。女性教員の存在は，女子生徒や若い女性が教育を受け，課程を修了する上で効果があると信じられている。初等学校の教員に占める女性教員の割合と，女子生徒の中等教育就学率とは正の相関が認められている（UNESCO Institute for Statistics, 2010）。その理由として，女性教員が教室環境を女子生徒や女性にとってより安全で，居心地のよい

空間にすることで，彼らが教育を継続しようという気持ちを起こさせること，女性教員がロールモデルになっていることによるものとユネスコ統計研究所は示唆している。中央アフリカ，ソマリア，チャドでは女子の中等教育就学率はそれぞれ10％，12％，5％と極めて低いが，これらの国の初等教員に占める女性教員の割合は，14％，28％，17％に過ぎない。教員養成校に入学する女子学生を増やすために，入学資格を下げる（モザンビーク），入学者の一定の割合を女子生徒に割り当てる（マラウイ，ザンビア，ガンビア）といった措置が取られている。

2．教員配置

　どこの国でも，都市部に比べて生活条件，教育条件の悪い地方には教師は行きたがらないため，国内の教員格差は大きい（例えばバングラデシュ，カンボジア，エチオピア，モザンビーク，ウガンダ，タンザニア）。ザンビアのある1地区では，対教師1人当たりの生徒数は22人から210人と10倍もの差がある（Mulkeen, 2010）。女性教員の場合，安全性の問題だけでなく宗教的・文化的な慣習から，出身地以外の地方に赴任する例は限られている。アフガニスタンでは，2004年，初等教員数に占める女性教員の割合は22％だった。首都カブール市内では78％の教員が女性であったが，都市部以外で教える女性教員は10％に満たない（UNESCO Institute for Statistics, 2006）。

　女性教員の採用を促し，教員不足と地方への教員配置の問題を解決する方法として2通りの方法が考えられる。1つは，地方で無資格教員を雇用し，資格付与のための現職教育を実施するものである（Sakurai & Ogawa, 2007; Mulkeen, 2010）。女性教員は採用されやすくなるが，採用者の質と現職教育の質が課題となる。もう1つは，特定の地方のために教員を募集・採用し，それに対して特別手当を支給することで，遠隔地に教員を配置しようとする国もある（例えば，カンボジア，ベトナム，レソト，ザンビア，ウガンダ，ナイジェリアなど）（Mulkeen, 2010 ; EFA-GMR Team, 2007）。この方法がアフリカで一定の効果をあげているという報告もあるが（Mulkeen, 2010），ナイジェリアでは支払いが遅れたため，地方への教員の転勤にはあまり効果がなかったという（EFA-GMR Team, 2007）。

3．教員の質

　大量の教員を確保しようとする1，2の政策は，質の問題と費用の問題に直面せざるを得ない。「ダカールEFA行動枠組み」では，EFA達成のために教師の地位，モラル，専門性を高める必要を強調した（UNESCO, 2000）。教師の地位は専門性と関係し，一般に専門性が高いほど養成訓練の期間は長くなり，給与も高くなる傾向がある。教員の大量雇用のために取られた施策は，それとは逆行するものである（UNESCO Institute for Statistics, 2006）。

　教員養成校に入学しても，卒業生が必ずしも教職に就くわけではない。ガーナではいわゆる不本意入学者も多いという。養成校を修了したのち大学に入り直す，あるいは，教職に就いたのち，休職して大学進学を目指す者も少なくない（横関，2003）。アフガニスタンの首都カブールにある教員養成校でも同様の傾向が見られた（STEP内部資料，2007）。このことは，比較的基礎学力の高い学生や教師が離職する可能性が高いことを意味する。教員不足は，教師1人当たりの生徒数が多くなる大人数学級や，無資格教員，契約教員の増加の問題につながり，どちらも教育の質にとってはマイナス要因である。教育条件の悪化は質の高い人材を教職からますます遠ざける，という悪循環に陥る。

　こうした現状に対処するため，途上国の教員の現職研修は，（a）無資格者への資格付与のための研修，（b）有資格者がより上級の資格を獲得するための研修，（c）授業力量を高めるための継続的職能開発（continuous professional development, CPD），という広範な役割を担うことになる（Villegas-Reimers, 2003）。EFAと関連して進められているカリキュラム改革とも連動して，効果的な教員研修のニーズは今までになく高い（UNESCO Institute for Statistics, 2009）。

4．費用

　教員の需給，配置，研修はすべて教育予算の範囲内で計画されなければならない。教員給与は教育予算のなかで最も大きな割合を占めており，国によっては教育予算の9割を超える（例えば，エリトリア，ガンビア）（Mulkeen, 2010）。無資格教員や契約教員の増加は，教員給与に関わる費用の削減の大きな理由の1つである（UNESCO Institute for Statistics, 2006）。今後，中等教

育人口の大幅な増加が見込まれ，中等教員の大量採用に新たな財源が必要となる。教育アクセスの量的拡大と教育の質の保障は，財源の制約といかにバランスを取るかという厳しい決断を迫られる。

第4節　カリキュラム改革とジェンダー

　ダカール会議の後，途上国はカリキュラム改革を加速させている。カリキュラム改革は教育の内容と方法に分けて考えることができる。教育の内容に関する改革は，地域や学習者のニーズを反映した適切なカリキュラムを提供しようとするものである。「EFAグローバルモニタリングレポート2008」の事例研究（EFA-GMR Team, 2007）によると，2000年以降では，次のような取り組みがある。
(1) HIV/AIDSの学習（ラオス，モザンビーク）
(2) 家族・人口に関する学習，ライフ・スキル，市民性教育（セネガル）
(3) ジェンダーに配慮した教科書の記述・編纂（トルコ，パキスタン）
(4) ジェンダーに配慮したカリキュラム（イエメン，カンボジア）

　教育方法の改革のキーワードが「学習者中心の教育」（learner-centered approach）である。学習者中心の考え方や学習者中心の教育方法は欧米では長い歴史を持つ（川口，2011）。1980年代以降は，社会的構成主義（constructivism）の台頭や神経科学，認知心理学の成果をも取り入れ，学習者中心の教育は，「子どもは主体的，能動的に環境に働きかけて，他者との相互作用を通して自ら意味を見出し，知識を構築していく」ことを意味するようになる。教師の役割は教え込むことではなく，子どもの学習を促すような学習環境を整え，学習を支援することとされた（小野，2009）。

　途上国の授業は，チョークアンドトーク（Chalk and Talk）と言われるように，教師の語りと板書を書き写すことで成り立っていることが多い。そこでは，教師は知識を持った権威者であり，子どもは権威者の話を静かに聴き，言われるままに知識を暗記する，受身の存在である。それに対して，学習者中心という用語が「参加型」，「民主的」，「探求型」，「発見型」の教育方法と互換的に用いられる（Tabulawa, 2003）ことからも明らかなように，学習者中心の

教育では，子どもは主体的・能動的存在と考えられ，疑問を持ち，自ら探究し，答えを見つけていくことが望ましいと見なされる。また，男女は平等に扱われるべきであるとの信念に基づくことから，学習者中心の教育はジェンダーの視点からも支持される。

　東南部アフリカ諸国においては，援助機関による教育プロジェクトやコンサルタント活動を通してかなり早くから学習者中心の教育方法の導入が試みられている（Anderson, 2002；杉山, 2003）。1990年以降は，EFA実現の有効な手段としてユニセフやユネスコが普及に力を入れ，広く途上国のナショナル・カリキュラムに採用されていく（Chisholm & Leyendecker, 2008；O'Sullivan, 2004；Vavrus, 2009）。2000年以降では，ベトナム，バングラデシュ，インド，エリトリアなどでも新たに導入されている（EFA-GMR Team, 2007）。

　以上のように，フォーマルな，意図されたカリキュラムのレベルではジェンダーへの配慮や，ジェンダーの視点からもより望ましい学習者中心の教育方法が推奨されている。しかし，実際に教室で教師によって教えられたカリキュラムのレベルでは，ジェンダーのステレオタイプに捉われた，子どもや若者の態度や行動を断ち切るような試みはほとんどなされていない（Stromquist, 2007）。EFAモニタリング・レポートでも，「ジェンダー格差を是正し，教育の質を改善するために，教室内で行われる教授・学習や学校運営を改革することは困難であり，グローバルな政策的処方へと容易に修正することはできない」（EFA-GMR Team, 2007：13）ことを認めている。

　教師の授業行動がなかなか変わらないことは，驚くにはあたらない。授業は文化的な営みであり，何よりも教師の間で広く共有されている価値観・信念（授業観・教師観・生徒観）に深く根ざしている（Ono, et al., 2011；Stigler & Hiebert, 1999）。途上国においてジェンダーに敏感な教育や学習者中心の授業が適切に実施されていないのは，教師の理解不足だけが原因ではない。教師自身が持っている教師観（権威者）や授業観（知識伝達・暗記）とは相いれない可能性のある新しい教育内容や方法（ジェンダー，学習者中心の教育）は，容易には受け入れられない。ジェンダーに敏感な教育内容や方法を実現するためには，教師だけでなく，教員養成や教員研修において担当する者のジェンダー

意識，授業についての信念の省察，養成教育や研修の内容・方法の批判的見直しが肝要である（Avalos, 2000；Levin & Stuart, 2003；Mulkeen, 2010；UNESCO Institute for Statistics, 2006）。

第5節　国際社会の取り組み

　ジェンダーに配慮した教育（Gender Responsive Pedagogy, GRP）を推進して，女子，女性のエンパワメントを目指す非政府組織（NGO）として「アフリカ女性教育者フォーラム」（Forum for African Women Educationalists, FAWE）がある（第7章Box7.1参照）。FAWEは1992年，意思決定を行う地位にある女性は大きな変化をもたらす可能性を持つという信念のもとに，アフリカの5人の女性教育大臣によって設立された。本部はケニアのナイロビにあり，現在は32ヵ国に支部を持つ組織に発展している。FAWEの目標は，「全てのアフリカの女子児童が教育にアクセスし，良く学び，学業を修了し，教育上のジェンダー格差がなくなった世界」を実現することである。そのために，FAWEの使命は「女子教育に対して積極的な政策，実践，態度を育むことによって，教育においてジェンダーの公正さと平等を促進すること」である。強力なロビー活動によって政策に影響を及ぼすとともに，ジェンダーに配慮した実践作りが活動の中心である。

　FAWEはジェンダー配慮型のモデル作りを教育システムのさまざまなレベルで行っているが，注目すべきは，ジェンダー格差をなくす上で教師の役割が重要との立場から，「ジェンダーに配慮した教授法」（Gender Responsive Pedagogy）を確立し，教員養成校に導入していることである。エチオピア，ケニア，タンザニア，マラウイ，ジンバブエの5ヵ国の教員養成校10校でGRPがカリキュラムの一環として実施されているという。教師用ハンドブックも開発されている（Mlama, P. et al., 2005）。全12ユニットからなるハンドブックは各ユニットの目的と関連した情報，教室での活動のヒントが載せられている。ジェンダーへの関心を高め，ジェンダーに配慮した授業を実践するスキルを獲得するための研修教材としても有効である。

第6節　日本の女子教育支援

　国際協力機構（JICA）による女子教育支援として，イエメン・タイズ州地域女子教育向上計画プロジェクト（2005年6月〜2008年11月）がある（第3章も参照のこと）。女子の就学促進を目的に学校・地域・地方教育行政の三者が参画することによって，それぞれ学校運営能力，地域の教育参加，州教育局の行政能力の向上を目指すプロジェクトであった。

　イエメンは基礎教育へのアクセスで男女間格差が大きい。純就学率は男子86.9％に対し女子63.2％（2004）であった。女子の就学率には改善が見られるが，地域格差が大きく，遠隔地の女子教育推進が課題とされた。同プロジェクトは，州内6郡59校で42ヵ月にわたって実施された。プロジェクト対象校に設置された学校委員会（地域住民と学校関係者から構成）に30万円弱の活動資金を供与し，委員会が郡教育局の研修と指導のもと活動資金の使途を自ら決定する。地域と学校とが連携して女子教育を共通の課題として，女子生徒が学校に通いやすい環境を整えることが目指された（桜井・小川，2008）。プロジェクト終了時には，女子生徒の就学率が大幅に向上し，就学人口におけるジェンダー・パリティ指数も0.65（2004）から0.79（2008）へと改善した（JICA, 2008）。委員会のさまざまな活動のうち，活動資金を使って契約教員を雇用して教員の確保に努めたことが女子就学促進の鍵であったという。遠隔地であるため，有資格の女性教員の確保が難しいが，地元出身者であれば男性教員でも効果がある，という指摘であった。同プロジェクトはイエメン教育省からも高く評価され，現在，第2フェーズが実施されている。

　ジェンダー格差の是正は，基礎教育への入り口と出口において達成される必要がある。女子の就学促進のためには，保護者や地域住民の女子教育への関心を高める啓発活動が不可欠である。女性教員の存在が女子生徒の残存率を高めると考えられることから，女性教員を増やすことも必須である。と同時に，教師教育の内容と方法をよりジェンダーに敏感なものにする努力も重要となる。ジェンダー格差の解消のためには，息の長い，包括的な取り組みが必要と言えよう。

╔══ Box12.1 ══════════════════════════════════════╗

アフガニスタン教師教育強化プロジェクト（STEP）
（2005年6月～2011年1月）

　2001年12月のタリバーン体制崩壊後，アフガニスタンでは，国際的な支援を受けて国家の復興と再建を目指した取り組みが行われた。教育は，復興と再建を支える8つの柱の1つとして位置づけられ，2003年6月に新カリキュラムが施行されると同時に新教科書の開発も始まり，2007年6月までに小学校（第1～第6学年）の教科書開発は，ほぼ終了した。

　アフガニスタン政府は，就学人口の急激な増加に対応するため多くの無資格教員を雇用せざるを得なくなった。その対策もあって，教師用指導書の開発及び教員研修に関する支援を日本に要請し，「アフガニスタン教師教育強化プロジェクト（STEP）」が立ち上げられた。鳴門教育大学は，（株）システム科学コンサルタンツと共同企業体を結成してJICAより業務委託を受け，プロジェクトに参加した。

　ナンガハル州のジャララバードはカブールから飛行機で1時間だが，保守的なパシュトン人の多い土地柄で，市中でほとんど女性を見かけない。女子生徒も高校生になると足まで覆うブルカをかぶって通学する者が多くなる。男性も伝統的な衣装がほとんどである。教員養成校の理数科には女性教員は皆無である。

　北のバルフ州マザリシャリフはウズベク人が多く住む。ここでは，教員養成校の理数科教員は圧倒的に女性が多い。

　カブールの小学校教員の8割近くが女性教員である。現職教員であっても，

バーミヤンの女子校での期末試験の風景。近くに学校がないため，男子生徒も混じっている。（2008年11月）

筆者撮影

╚═══╝

高卒の資格では解雇される恐れがあるとされ，半日の勤務の後，教員養成校で学び卒業資格を取ろうと必死である。都市部に住む女性（教員）の方が，教育を受ける機会，研修を受ける機会は多い。
　バーミヤンにはモンゴル人の末裔とも言われるハザラ人が多く住んでいる。市内の女子校に見学に行くと，1クラスには20人に満たない生徒がいるだけであった。しかし，教室数が足りないため，2部制の授業を実施している。その結果，小学校低学年の1日の授業時間は3時間程度にすぎない。1教科に費やす時間は，20分から40分と教師によって大きなばらつきがある。さらに，厳しい冬の寒さのため，冬期休業は4ヵ月を超える。このように，学校へアクセスできたとしても，学校での子どもの学習機会が十分に保障されているとは言えない。

◆注
(1) 最近は，教師の職能発達は養成教育で終わるものではなく，教職生涯を通じて発達していくものとする考え方が主流となっており，教師の養成教育（pre-service education）と入職後の現職教育（in-service education）とを合わせて教師教育と称することが多い。また本文では教師，教員を同じ意味で用いている。

◆引用・参考文献
Anderson, S.E. (2002) The double mirrors of school improvement: The Aga Khan Foundation in East Africa. In S. E. Anderson, (Ed.), *Improving schools through teacher development: Case studies of the Aga Khan Foundation projects in East Africa*, 1-19. Lisse, the Netherland: Swets & Zeitlinger.
Atherton, P. (2009) School effectiveness and educational quality across Southern and Eastern Africa. Unpublished manuscript, University of Nottingham.
Avalos, B. (2000) Policies for teacher education in developing countries. International Journal of Educational Research, 33, 457-474.
Chisholm, L. & Leyendecker, R. (2008) Curriculum reform in post-1990s sub-Saharan Africa. International Journal of Education Development, 28, 195-205.
Collinson, V. & Ono, Y. (2001) Professional development of teachers in United States and Japan. European Journal of Teacher Education, 24(2), 223-248.
Dembélé, M. & Lefoka, P. (2007) Pedagogical renewal for quality universal primary education: Overview of trends in sub-Saharan Africa. International Review of Education, 53, 531-553.

EFA Global Monitorning Report Team (2007) Education for All by 2015 Will we make it? Education for All Global Monitoring Report 2008. Paris: UNESCO.

EFA Global Monitorning Report Team (2004) The quality imperative: Education for All Global Monitoring Report 2005. Paris: UNESCO 155-171.

Forum for African Women Educationalists: www.fawe.org（2011年9月20日アクセス）

鎌田とし子・矢澤澄子・木本喜美子（1999）「総論ジェンダー研究の現段階」鎌田とし子・矢澤澄子・木本喜美子編，北原隆吉・塩原勉・蓮見音彦監修『講座社会学14　ジェンダー』東京大学出版会，1-29

川口　純（2011）「東南部アフリカにおける学習者中心主義の普及に関わる一考察——マラウイの中等教員養成課程を中心に」　第47回日本比較教育学会発表資料

国際協力事業団（2008）タイズ州地域女子教育向上計画プロジェクト事業完了報告書 http://lvzopac.jica.go.jp/external/library?func=function.opacsch.mmdsp&view=view.opacsch.mmindex&shoshisbt=1&shoshino=0000245140&volno=0000000000&filename=11900529_01.pdf&seqno=1.

Leu, E.（2004）The patterns and purposes of school-based and cluster Teacher professional development programs (EQUIP1 Working Paper No.2). Washington D.C.: U.S. Agency for International Development.

Levin, K. & Stuart, J.（2003）Researching teacher education: New perspectives on practice, performance and policy. Multiple-Site Teacher Education Research Project (MUSTER) Synthesis Report. DFID Education Paper No.49a. Essex, UK.（2011年9月20日アクセス）

宮崎あゆみ（1991）「学校における『性役割の社会化』再考——教師による性別カテゴリー使用をてがかりとして」『教育社会学研究』第48集，105-123

Mlama, P., Dioum, M., Makoye, H., Murage, L., Wagah, M & Washika, R.（2005）Gender responsive pedagogy: A teacher's handbook. Forum for African Women Educationalists.

森繁男（1989）「性役割の学習としつけ行為」柴野昌山編『しつけの社会学』世界思想社，155-171

森俊太（2000）「学びの場での女と男」森典子・上松由紀子・秋山憲治編著『おもしろ男女共生の社会学』学文社，42-57

Mulkeen, A.（2010）Teachers in Anglophone Africa: Issues in teacher supply, training and management. Washington D.C.: World Bank.

Ono, Y., Chikamori, K., & Kita, M.（2007）Supporting teachers to educate marginalized children: Teachers and teacher education in Afghanistan. Journal of International Cooperation in Education, 10(1), 71-88.

Ono, Y., Chikamori, K., Shongwe, Z., & Rogan, J.M.（2011）Reflections on a Mutual Journey of Discovery and Growth Based on a Japanese-South African Collaboration, Professional Development in Education, 37(3), 335-352.

小野由美子（2009）「教育プログラムのボロウィング・レンディング——授業研究を例に」『国

際教育協力論集』12(2)，69-80
O'Sullivan, M., 2004. The reconceptualisation of learner-centred approaches: a Namibian case study. *International Journal of Education Development*, 24(6), 585-602.
Sakurai, A. & Ogawa, K.（2007）Whole school development initiative in Yemeni basic education: Lessons learned from JICA Girls' Education Project. Journal of International Cooperation Studies, 15(1), 73-91.
桜井愛子・小川啓一（2008）「遠隔地における女子教育推進アプローチの比較分析――イエメン共和国タイズ州を事例に」『国際教育協力論集』11(2)，99-111
笹原恵（1999）「ジェンダーの『社会化』――『適応』と『葛藤』のはざまから」鎌田とし子・矢澤澄子・木本喜美子編，北原隆吉・塩原勉・蓮見音彦監修『講座社会学14　ジェンダー』東京大学出版会，179-212
Schweisfurth, M.（2011）Learner-centred education in developing country contexts: From solution to problem？ International Journal of Education Development, doi:10.1016/j/ijeduev.2011.03.005.
Schwille, J. & Dembélé, M.（2007）Global perspectives on teacher learning: Improving policy and practice. Paris: UNESCO International Institute for Educational Planning.
Stigler, J. & Hiebert, J.（1999）The Teaching gap: Best ideas from the world's teachers for improving education in the classroom. New York: Summit Books.
Strengthening Teacher Education Project（STEP）（2007）内部資料
Stromquist, N.P.（2007）The gender socialization process in schools: A cross national comparison. Paper commissioned for the EFA Global Monitoring Report 2008 Education for All by 2015: will we make it?
杉山隆彦（2003）「第5章　ケニア――求められる量から質への転換」千葉たか子編著『途上国の教員教育――国際協力の現場からの報告』国際協力出版会，101-126
Tabulawa, R.（2003）International aid agencies, learner-centered pedagogy and political democratization: A critique. Comparative Education 39(1), 7-26.
UNESCO（2000）Education for All: From Jomtien to Dakar and beyond. Washington D.C.: World Bank.
UNESCO Institute for Statistics（2010）Global education digest 2010: Comparing education statistics across the world. Montreal, Canada: Author.
UNESCO Institute for Statistics（2009）Projecting the global demand for teachers: Meeting the goal of universal primary education by 2015. Montreal, Canada: Author.
UNESCO Institute for Statistics（2006）Teaches and educational quality: Monitoring global needs for 2015. Montreal, Canada: Author.
Vavrus, F. 2009. The cultural politics of constructivist pedagogies: teacher education reform in the United Republic of Tanzania. *International Journal of Educational Development*,29 (3), 303–311.

Villegas-Reimers, E. (2003) Teacher professional development: An international review of the Literature. Paris: UNESCO International Institute for Educational Planning.
山村賢明（1988）「教育とは何か」山根常男・森岡清美・本間康平・竹内郁郎・高橋勇悦・天野郁夫編『テキストブック社会学（3）教育』有斐閣，2-14
横関祐見子（2003）「第4章ガーナ――教師の社会的・経済的地位を考える」千葉たか子編著『途上国の教員教育――国際協力の現場からの報告』国際協力出版会，88-100

第13章

教育財政におけるジェンダー

越智　方美・市井　礼奈[1]

　開発途上国における女子教育推進の阻害要因は，社会文化的要因や，女子生徒のニーズへの配慮に欠けた教育環境や女性教員の不足，既存の性別役割分業を許容するカリキュラムなど多様である。特に，女子教育の推進の大きな障害の1つとなっているのが，脆弱な教育財政である。教育財政とは，教育に振り分けられる予算額，教職員の配置や給与，学校設備の充実，予算面での各学校の裁量など多岐にわたる。本章では，女子教育推進の障害を乗り越え，教育におけるジェンダー平等を達成するための1つの方策として，ジェンダー予算（gender budget）[2]を取り上げ，特に1990年代以降，実施されてきた教育分野でのジェンダー予算の事例を検討し，ジェンダー予算が女子教育の推進に果たす役割とその可能性について考察する。

第1節　ジェンダー予算とは

　ジェンダー予算とは，「政府予算が女性や男性，女子や男子に対して異なる影響を及ぼすことに着目し，人種やエスニシティ，階級やカーストの観点から，政府予算を細分化して見直す試み（Balmori, 2002）」である。より具体的には，政府予算（歳入と歳出）をジェンダー平等と女性のエンパワメントという視点から再検討し，その公平性や公平さの度合い，配分の多寡や有効性・効率性に関して分析を行うことを指す。分析対象となるのは，過去に執行された予算や現在の予算配分見積もり，将来の推定予算に加え，政府の報告書や公文書に記載された予算額である。
　ジェンダーと開発に関する先行研究が既に指摘しているように，社会のなか

で女性と男性は異なる役割を果たしており、国の歳入・歳出政策はその状況を考慮したものでなければならない。しかし、実際には政府予算の配分は、これまでジェンダーに「中立的」であると考えられてきたために、女性と男性に対して、異なる影響を与えてきた事実は、しばしば認識されないか、あるいは見過ごされてきた（村松、2005：136-137）。

1．ジェンダー予算の到達目標

図13-1に示すように、ジェンダー予算には3つの到達目標がある（Sharp, 2003）。ジェンダー予算の到達目標とは、（1）予算や政策がジェンダー課題に及ぼす影響についての意識啓発を行うこと、（2）政府がジェンダー予算の執行について責任を果たすこと、（3）政府予算や方針がジェンダー平等を推進するための構造的な変換を遂げることを指す。それぞれの目標には、具体的には下記のような取り組みが含まれる。

(1) 異なる性別・社会階層に属する人々に及ぼす影響への着目：政府の予算や政策が及ぼす影響は、その対象となる人々の性別や社会階層、エスニシティにより異なることについて、予算の策定・執行に関わる関係者に対して意識啓発を促すことである。例えば、ある地域に小学校を建設する予算が確保されたとしても、その学校に通学し、教育課程を修了するための障害は、女子と男子、貧困世帯出身の子どもと裕福な世帯出身の子

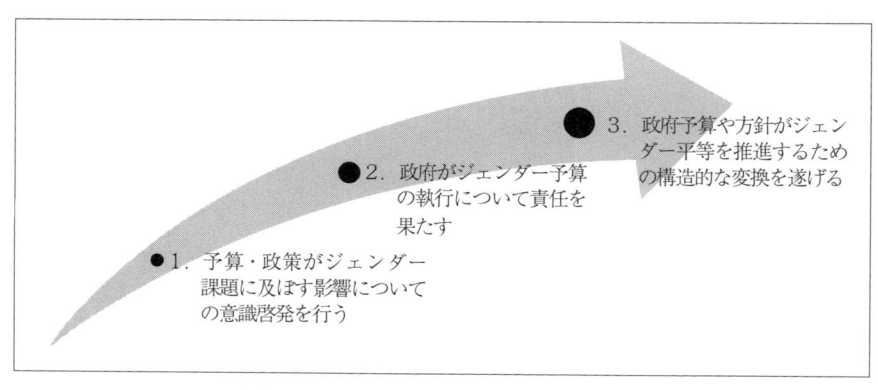

図13-1　ジェンダー予算の到達目標

出典：Sharp（2003：10）

どもとでは異なる。このような違いを視野に入れて，予算を策定することが重要である。
(2) ジェンダー予算執行に対する，政府の説明責任の明確化：政府がジェンダー予算の策定・執行やジェンダー関連政策に責任を持ってあたることである。ジェンダー予算とは，単に，女性のための予算を編成することでも，女性を対象とした事業やプロジェクトの予算額を増額することでもない。政府予算という資源が，社会のなかの多様な集団に対して，公正に分配された結果，男女間の格差の縮小につながるかどうかについて検証することが求められる。
(3) 予算策定におけるジェンダー主流化：政府がジェンダー平等を推進するような政策転換と資源配分を行うことである。ジェンダー予算の真の到達目標は，ジェンダー平等を軸とした構造的な変換をはかり，予算編成策定基準の1つとして，ジェンダー概念を組み入れることである。

　上に述べた3つの到達目標は，相互に関連性を持つ。と同時に，これらの目標は，(1)から(2)へ，(2)から(3)へと移行するに従い，財政政策におけるジェンダー主流化が深化するという，階層的な構造となっている。

2．ジェンダー予算の概要

　シャープ（Budlender & Sharp, 1998：57）によれば，ジェンダー予算分析を実施するにあたり，政府予算を3つのカテゴリーに分類することができる。第1は政府機関や省庁が性別毎に目標値を定めた支出であり，例えば，女子の就学率向上や就学継続に配慮した予算が，このカテゴリーにあてはまる。第2は，政府職員を対象とした雇用機会均等を確保するための予算である。女性管理職を対象とした訓練や，育児休業給付等のワーク・ライフ・バランス政策が該当する。第3は，女性や男性，女子や男子に与える影響（インパクト）に従って判断した一般，あるいは主流予算支出である。例えば，成人女性の識字率が低い国で，成人教育の充実を行う場合などは第3カテゴリーの予算に該当する。

　国別の取り組みとしては1980年代半ば以降，オーストラリア連邦政府が他国に先駆けて，ジェンダー視点に基づいた政府予算の分析を開始している[3]。1995年には南アフリカとフィリピンでジェンダー予算が導入されている。第4

回世界女性会議(1995年)で，ジェンダー主流化のツールの1つとして，ジェンダー予算が提唱されて以降，その実践が各国で重ねられてきた。2008年にニューヨークの国連本部で開催された第52回国連婦人の地位委員会では，「男女共同参画の推進と女性のエンパワメントのための資金調達」が主要な議題の1つとして取り上げられた[4]。2003年時点で教育財政分野においても，16ヵ国がジェンダー予算を導入している[5] (Oxfam, 2005)。その背景としては，フェミニスト経済学者らにより，ジェンダー予算の分析枠組みや分析手法が開発されたことに加え，開発協力事業を通じて途上国にジェンダー予算が普及していったことが挙げられる。

ここまでジェンダー予算導入の経緯を簡単に振り返ったが，次に教育財政におけるジェンダー予算について，具体的な事例から考えてみたい。

Box13.1

ジェンダー予算の形態とその効果
──政府・ドナー主導型と草の根主導型

国の予算や開発協力資金が，女性と男性(あるいは女子と男子)にどのように異なる影響を及ぼしているのか，ジェンダー平等や女性のエンパワメントに対して，プラスに働くのか，またはマイナスに働くのか，それとも何の影響も及ぼさないのかなど，ジェンダー予算とは，ジェンダー予算分析と呼ばれるさまざまな分析ツールを用いてこれらの疑問を解明することを指す。ジェンダー予算分析の結果，ジェンダー不平等を拡大させるような影響が認められる場合には，それを是正するためのさまざまな働きかけを行うこともジェンダー予算の役割に含まれる。国家予算案の執行には国会の承認が必要なため，その策定や執行過程は行政のみならず政治とも深く関係しており，予算配分の変更を実現するには予算過程に関わる人々への積極的な働きかけが必要となる。この具体的な取り組みとしては政府や開発協力機関へのロビーイングやアドボカシーなどが挙げられる。

ジェンダー予算を実施する主体は，政府や開発協力機関などの行政機関が担う政府・ドナー主導型と，非政府組織(NGO)や市民団体が行う草の根主導型の2つに分類される(Sharp & Broomhill, 2002)。今日，世界90ヵ

国以上の国でジェンダー予算が実施されていると報告されているが，開発途上国ではジェンダー予算が国連機関やドナー等の技術支援を受けながらジェンダー主流化政策の一環として実施されているため，政府・ドナー主導型が主流の実施形態である。政府・ドナー主導型のジェンダー予算の効果としては，政府や実施機関内部のジェンダー意識を高めることにつながり，外部に非公開の内部資料や予算関連のデータにアクセスすることができるため，予算の詳細な分析が可能となる。さらにジェンダー予算分析の結果は公表されるので，予算過程の透明性や説明責任の強化につながる。これらのプラスの効果の一方で，問題点もある。例えば，省庁間の足並みがそろわず，ジェンダー予算分析に積極的な省庁と消極的な省庁の間で分析内容や質が異なってしまう可能性がある。また，予算は政治環境の影響を受けやすい。1990年代半ば，オーストラリアで労働党から保守・自由党の連立政権へ政権交代した際，ジェンダー予算関連のさまざまな取り組みが廃止されたように，予算分析の継続性を維持することが困難になる恐れがある。

　開発途上国では，政府・ドナー主導型のジェンダー予算に加え，草の根主導型の事例も増加傾向にある。特に南部アフリカ諸国では，NGOや市民団体によるジェンダー予算の取り組みが活発である。これは，南アフリカのNGO，Institute for Democracy in South Africa（IDASA）がジェンダー予算分析の実施と近隣諸国におけるジェンダー予算の普及に努めた成果であると考えられる。1990年代半ば，ジェンダー予算に強い関心を抱いていたNGOの実務家や国会議員は，早くからジェンダー予算を実施しているオーストラリアを訪問して実施方法を学び，所属するNGO，IDASAでジェンダー予算を実施するための準備を進めた。その結果，1996年に初めてジェンダー予算の報告書，『The Women's Budget』が出版され，その翌年には，多様な民族から構成される南アフリカの特徴を踏まえて，ジェンダー予算分析の結果について，国家予算の知識を持たない人でも理解できるように，平易な表現で短い簡易版や各民族の言語による翻訳版が出版された。また，予算分析の結果を，実際に予算編成過程に反映させるための取り組みも行われている。例えばIDASAに所属する議員は，国会審議の場でジェンダー平等政策に対する政府の姿勢を質すために，ジェンダー予算分析の結果を踏まえた質疑を行っている。このようなIDASAの取り組みは，予算に対する一般市民の関心を高め，予算過程における市民参加の実現に寄与した。

　草の根主導型のジェンダー予算の効果として，政府とは独立して批判的な

立場から予算分析を行うことができること，政治的影響を受けずにジェンダー予算が可能になることなどが挙げられる。しかし，政府の内部資料やデータが取得できないために，政府・ドナー主導型のような予算費目別の詳細な予算分析を行うことは困難である。

　日本では，事例数は限られているものの，政府とNGOがそれぞれジェンダー予算に関連した取り組みを行っており，第3次男女共同参画基本計画のなかで「政府はジェンダー予算に関する調査を行うこと」という記述が盛り込まれた。この背景にはジェンダー予算の重要性を認識したNGOや女性団体が，政府に対して実施を強く訴えたという経緯がある（JAWW, 2008）。具体的にどのような形でジェンダー予算が実施されるのかは未だ不透明ではあるが，男女共同参画基本計画で初めてジェンダー予算が明記されたことは，非常に大きな意義が認められる。

　近年，ジェンダー予算を実施する国は増加しているが，ジェンダーの視点に立って予算のあらゆる過程（予算編成，執行，評価）を分析し，それを予算に反映させるというジェンダー予算への理解が国内で一致しているとは限らない。予算効率や効果など従来の枠組みで構築された予算過程に予算の公正性という概念を統合させるためには，多様な働きかけが必要となる。ジェンダー視点に立った予算過程構築のためには，どのようなジェンダー予算分析と介入が効果的であるのか，今後の動向が注視される。

第2節　アジア・太平洋地域におけるジェンダー予算

　ジェンダー予算分析の実施状況について，ここでは，アジア太平洋地域を中心に，国際教育協力の分野で活動するNGOの取り組みを紹介する。

1．ジェンダー予算分析の手法

　アジア・南太平洋成人教育協議会（Asia South Pacific Association for Basic and Adult Education, ASPBAE）は教育分野における予算に対する一般の人々の理解を深めるために，予算分析の手引き，Follow the Budget Trailを2010年に出版した。これはジェンダー予算分析に特化した手引書ではないが，教育

分野におけるジェンダー予算分析のヒントを見出すことができる。この手引書出版後，協議会はジェンダー予算分析の実施，報告書の作成を進めている。

　上記の予算分析の手引きを出版した背景には，教育分野における資金不足に対する危機感がある。2010年開発途上国における基礎教育（識字教育，幼児教育，初等教育）の資金は160億米ドルも不足していた。これに中等教育普及に必要な資金不足を追加すると，不足資金の合計は250億米ドルにも達している。このうちの30％（75億米ドル）は南アジア諸国で不足している資金に該当する。このような教育資金不足がある限り，万人のための教育（Education for All, EFA）の目標を達成することは難しい。そのような危機感を踏まえ，教育予算の重要性を訴える目的でこの手引きは作成された。

　教育予算分析を行うためには，実際にどのような情報やデータが必要なのであろうか？　マニュアルの第3章では，予算分析に必要な指標ごとにその内容，指標の意義，指標関連の情報がまとめられている。その内の1つの指標はGDPに対する教育支出の比率であり，政府がEFAの達成について，どの程度重視しているかを見極める材料となる。ユネスコはGDPの6％を教育支出に配分することを提唱しているが，この数値を達成している開発途上国は非常に限られている。南アジア諸国では教育支出の比率は約3％にとどまっている。このほか，国家予算に占める教育予算の比率，教育予算に占める識字教育と成人教育への支出の比率，教育予算の年間実質成長率，1人当たりの生徒に対する支出，教育予算の予算費目，教育課程別の予算配分，教育予算に比較して債務支払の規模がどの程度であるか，教育予算の執行率などの指標が紹介されている。

　第4章では予算の追跡調査（budget tracking）の手法が紹介されている。予算の追跡には予算過程（計画，編成，執行）の分析に加えて，予算成果に関する評価が含まれる。これらの分析にはデータの収集，分析，分析結果の公表に係る知識や技術が必要となる。さらにSMARTという方法で分析を行うことも求められる。SMARTとは，5つの要素（Specific, Measurable, Attainable, Realistic and Time-bound）の頭文字を指す。5つの要素とは，分析の目的を特定すること，目的の進捗度を定量化すること，目的の達成を確実なものとすること，目的達成の手段が現実的なものであること，目的達成のための最終期限を設定することである。

さらに，データを収集するための具体的な方法も紹介されている。その1つが定量的なサービス提供状況調査（Quantitative Service Delivery Survey, QSDS）である。これは予算，投入資源，産出，価格などの定量的なデータから教育支出の効率性や教育サービスの供給に関わる多様な側面を検証するための調査である。教育サービスを提供している学校が調査の対象となる。このほか，公共支出追跡調査（Public Expenditure Tracking Survey, PETS）や支出とサービス提供状況調査（Expenditure and Service Delivery Survey, ESDS）などの調査がある。PETSは政府内部で人的資源や予算を含む公共資源がどのように供給されているのかを把握するための調査であり，中央，地方政府や学校が調査の対象となる。ESDSはQSDSとPETSを統合したものであり，教育政策の計画から学生たちの学習成果に至るまで，教育分野全体を検証する調査である。

2．スリランカのNGOによる教育予算見直しの事例

上記の予算の追跡調査（budget tracking）は，スリランカ，ネパール，インド，パキスタンで実施されたが，以下ではスリランカの事例を検討する。

2008年，スリランカのNGO, the Coalition for Educationnal Development Sri Lankaは，教育資金の利用改善を図ることを目的に，教育予算過程の見直し，予算配分や資金使途の分析などの予算分析を行った。

政府の教育支出は2000年から2006年までの間に4倍に増えたが，GDPに対する割合は，3％弱を推移しており，ほとんど変化が見られないことが確認された。2006年は前年に比べ0.2％増の2.8％となったが，アジア諸国の平均（3.5％），途上国全体の平均（3.9％）と比較すると，スリランカの比率がいかに低い数値であるかが分かる。

さらに，地方政府の教育担当部局での質問紙調査や学校長へのインタビューなどの現地調査も行われた。その結果，学校には事業計画や予算策定に必要な十分な経験や知識がないために，供給される資金が十分に活用されていないことが明らかになった。スリランカでは，2006年から教育セクター開発枠組みと開発プログラム（Education Sector Development Framework and Program, ESDFP）が実施され，中央，地方，地区，学校など，複数レベルで多様な戦略を効果的に実施することが期待されている。ESDFPでは，国内資金と外部

表 13-1　2007年における ESDFP の資金構成（単位は百万米ドル）

政府	607.00
世界銀行	10.91
アジア開発銀行	7.25
国際連合児童基金（UNICEF）	14.62
国際連合人口基金（UNFPA）	2.00
国際連合教育科学文化機関（UNESCO）	0.20
国際協力機構（JICA）	0.11
ドイツ技術協力公社（GTZ）	0.18

出典：the Coalition for Educational Development Sri Lanka（2008：45）

資金（多国間援助及び二国間援助を含む）が1つにまとめられ，戦略的枠組みに基づいて教育分野の事業が実施される。表13-1は2007年のESDFPの資金構成を表している。

　ESDFPは，学校長や教職員に加え学校運営委員会を始めとした関係者が，5ヵ年計画及び年間計画を策定し，それに基づいて資金が供給される仕組みになっている。ところが，調査が行われた学校のうち，3校に1校は年間計画を策定していなかった。年間計画が作成されている場合でも，実際に計画の作成に携わっていたのは学校長または教頭で，多くの場合は学校長からの指示により数学や科学を担当する教員が年間計画を作成していた。生徒の保護者などの関係者が計画作りに携わっていた学校は非常に限られていた。これらの問題は学校関係者が開発計画，予算案作成や学校運営知識や技術を持っていないことが原因であると考えられる。

　多くの学校は，ESDFPの資金を施設等のインフラ整備のために活用したいと考えていた。これは教育省が定める最低基準の教室数やトイレの数を満たしていない学校が多いためである。ところが，インフラ整備の資金は地方レベル単位で管理されており，地区ごとに供給される資金は経常費用に限定されていた。そのため，学校レベルでは教室や付属施設の整備費用に利用することができないという問題が発生していた。ESDFPの資金使途は政治家によって決められるので，学校側のニーズを資金使途に反映させるためには政治的なサポートが必要となる。

　予算分析の手引きは教育予算の分析，特に予算の執行過程を分析する上で非常に参考になる。この分析にジェンダーの視点を導入するためには，それぞれ

Box13.2

アフリカにおけるジェンダー予算

　ルワンダのジェンダー予算導入の取り組みは，ジェンダー主流化プログラムの一環として，2002年から2004年度にかけて実施された。教育省，農業産業省，保健省，水資源省と地方自治・社会政策省の5中央省庁が試験的にジェンダー予算を実施する機関として選定され，ドナーから技術的支援や訓練を受けた。上記の5機関は，金額ベースで上位6位までの予算執行項目を分析し，予算財務表を提出することが義務づけられた。この国の教育開発には，セクターワイドアプローチ[6]が用いられており，教育省のジェンダー予算分析には世界銀行など主要ドナーが資金を提供している。教育省はさらに，ユニセフやFAWE（第7章を参照のこと）らと連携をはかり，女子教育振興のための意識啓発キャンペーンを行った。教育現場での具体的な取り組みとしては，女性教員の増員や女性教員を通じたロールモデルの提示，困難をかかえた女子学生を対象とした奨学金の付与などである。また新設校には，男女別トイレを設置するなどの方策がとられている（UNIFEM, 2009）。

　このようにさまざまな対策が試みられたが，教育を含むジェンダー関連予算の執行は限定的である。中央省庁内でのジェンダー・フォーカルポイント（活動連絡係）の任命と研修等では進展が見られたものの，概して執行に移された部分は少ないとの評価がなされている（Huggins et al., 2007:3）。

　その理由として，財務・経済企画省職員にジェンダー予算執行のための十分な能力が備わっていなかったことと，教育省はじめ関連機関にジェンダー課題を教育セクター全体の戦略に統合する推進力が不足していたことが，外部評価機関から指摘されている。さらに，「第1次貧困削減戦略計画」が求めていた予算実施時のガイドラインが作られず，ジェンダー予算執行の具体的な戦略立案の遅れなどの技術的な問題も浮上している。

　また，予算配分において，優先項目についての定義が不明確であったことが，効果的な執行の障害となったという側面もある。例えば2004年時には，教育分野の予算では，就学率の男女差が開いている高等教育への配分比率が高くなったものの，教員訓練や，教科書の配布，教育内容の見直しなど，女子教育の質の向上と深いつながりがある項目には，十分な予算が配分されなかった。

の分析過程で「誰」が何を，どうしたのかという問いが要求される。例えばスリランカのプロジェクトは，現地調査で学校長を対象にインタビューが行われたが，その学校長が女性だったのか，男性だったのか，年間計画の作成に携わった教員は男性と女性どちらが多かったのかという調査項目は抜けていた。手引きのなかで数学や科学を担当する教員が年間計画を作成していたという記述から，学校予算の推計や数学，統計の知識を持つ男性教員が関わったのではないかと推測できる。年間計画が男性教員のみで作成されているとすれば，年間計画のなかに女性教員や女子生徒のニーズが十分に反映されていない可能性がある。このようにジェンダー予算分析は学校運営，年間計画，学校施設，カリキュラムにジェンダーバイアスが存在したかどうかを検証するための手掛かりとなり得る。

第3節　ジェンダー予算を通じた女子教育推進の成果と課題

　世界各地で教育分野にジェンダー予算を設け，女子就学率の向上や女子教育の充実のための取り組みが，主として開発協力の枠組みのなかで試みられてきた。こうした試みは，第1節で述べたジェンダー予算の3つの到達目標のうち，ジェンダー課題に関する意識啓発についてはほぼ達成したものの，2番目の政府の責任遂行については限定的であり，さらにジェンダー予算の導入を通じて，政府予算や政策のジェンダー主流化が達成された事例はまだない，という見解はジェンダー予算の研究者の間でほぼ一致している（Sharp, 2003；Ichii, 2010）。

　Box13.2でとりあげた事例についても，同様のことが指摘できる。女子教育に関わる問題を捉え直し，その重要性を関係者に対して啓発し，問題を共有した点では，教育財政へのジェンダー予算の導入には，一定の成果があると見なすことができる。しかし，こうした意識啓発を通じて，ルワンダ政府内部で，教育におけるジェンダー平等を重視した予算の優先順位の引き上げにはつながってはいない。教育セクターのジェンダー予算分析には，予算執行のための明確なガイドラインと，執行にあたっての詳細な規則の制定が望まれる。

　上記に加え，教育における男女間格差の実態を把握し，そこから取り組むべき課題を抽出するためには，ジェンダー統計の整備と充実が求められる。教育財

政の分野でジェンダー予算を執行した成果を可視化し，その進捗をモニタリングしていくためにも，正確なジェンダー統計が不可欠である。しかし，開発途上諸国では，各セクターの実態を正確に反映した，ジェンダー統計を行う人員や，予算が配分されているとは言えない。ジェンダー予算を執行する立場にある職員の能力開発を含めた，国際社会からの技術的・財政的な協力が必要である。ただし，ジェンダー統計を両性間の不平等を指摘するためのツールとして活用することが，自動的にジェンダー予算の効果的な執行につながるわけではない。予算編成の決定に関与する高度に政治的な力が依拠する情報源がどのようなものか，また，そのような権力はジェンダー統計以外のどこにあるのかを的確に把握する必要があるという，シャープ（Sharp, 2003：9）の指摘は傾聴に値する。

さらに問題とすべきは，ジェンダー予算という制度そのものの持続可能性である。Box13.1で述べたように，開発協力機関はジェンダー予算を実施する主要な主体の1つであり，多くのドナーは受益国政府のジェンダー主流化へのコミットメントを確認する手段として，ジェンダー予算の導入を提言している。前節で紹介した事例においても，教育財政のジェンダー主流化の推進は，ドナーからの外部資金により実現している。ドナーが技術的・財政的な支援を提供して，教育部門のジェンダー予算分析を行い，具体的な取り組みへとつながっているのが現状である。外部機関からの協力が終了後，どのようにして教育部門のジェンダー予算を継続し，取り組みの質を確保，向上していくか，多くの疑問が残されている。

最後に，女子の教育へのアクセスの向上や就学継続をはかる上で，社会階層などジェンダー以外の要因も考慮する必要性を指摘したい。例えばルワンダでは，ジェンダー予算の執行にともなって，困難を抱えた家庭出身の女子のための学校が，FAWEにより建設された。しかし，学校の建設地は，富裕層が多く居住する地域であったとの指摘もなされている（Oxfam, 2005：3）。ジェンダー予算は，あらゆる国や地域に適合できる万能な手段としては存在しないため，各国の個別の状況のなかでその戦略が考慮されなければならない。

本章では女子教育を推進する政策としての，教育財政におけるジェンダー予算を取り上げた。1990年代半ば以降，ジェンダー主流化政策の一環として，開発途上国で導入されたジェンダー予算は，教育におけるジェンダー平等とい

う視野を持ちつつ女子教育を推進することの意義を関係機関に周知したという点においては、一定の役割を果たしている。しかし、ジェンダー予算の遂行にあたっての、担当職員の能力開発や予算配分の具体的な方法については、改善の余地が多く残されている。教育財政におけるジェンダー予算の実践事例に基づき、その経験を分析し、成功例とともに教訓も蓄積し、広く共有していくことが求められている。

◆注
(1) 第1,3節とBox13.2を越智が、第2節とBox13.1を市井が担当した。
(2) ジェンダー予算を示す英語の用語としては、ジェンダーに配慮した（あるいはジェンダーに敏感な）予算（gender responsive budget, gender sensitive budget）、ジェンダー予算のための取り組み（gender budget initiative）、女性問題関連予算（women's budget）が使用されているが、本章では「ジェンダー予算」という用語を用いる。
(3) オーストラリアで「女性予算（wemen's bufget）プログラム」と呼ばれるジェンダー予算が実施された背景には1970年代後半の女性運動の高まりに加え、労働党のホーク首相のリーダーシップがあった。労働党のロバート・ホーク首相は有権者の過半数を占める女性に注目し、さまざまな女性政策をマニフェストに掲げた。1983年の総選挙で勝利を得たホーク首相はアン・サマーズを女性問題担当顧問に任命し、彼女の提案で女性予算への取り組みが始まった。これらの動きに加え、高い政策形成・分析能力を兼ね備えたフェモクラット（femocrat）と呼ばれる女性官僚の省庁横断的ネットワークも、女性予算プログラムの実施に寄与したと考えられている。
(4) 開発途上国におけるジェンダー予算のケーススタディは、UN Womenの下記のウェブサイトを参照されたい。英語（一部、フランス語とスペイン語）の資料が多数掲載されている。http://www.gender-budgets.org
(5) 2003年現在、教育財政においてジェンダー予算が実施された国は、ケニア、マラウイ、モーリシャス、モザンビーク、ルワンダ、南アフリカ、タンザニア、ウガンダ、ジンバブエ、バルバドス、バングラデシュ、マレーシア、ネパール、パキスタン、フィリピン、スリランカである（Oxfam, 2005）。
(6) 外務省の定義によれば、セクターワイドアプローチとは、途上国が援助国、国際ドナーとともにセクターの開発計画を策定し、この計画に沿って開発や援助をすすめるという試みを指す。セクター・プログラムとも言う。

◆引用・参考文献
Asia South Pacific Association for Basic and Adult Education (ASPBAE) (2010) *Follow the*

Budget Trail: A Guide for Civil Society, ASPBAE.

Balmori, H.H.（2003）*Gender and Budgets Overview Report*. Institute of Development Studies

Budlender, D. et. al.（2002）*Gender Budgets Make Cents*. Commonwealth Secretariat.

Budlender, D. & Guy, H.（2002）*Gender Budgets Make More Cents Country Studies and Good Practice*. Commonwealth Secretariat.

Budlender, D. & Rhonda, S.（1998）*How to do a gender-sensitive budgetanalysis: Contemporary research and practice*. Commonwealth Secretariat.

Coalition for Educational Development Sri Lanka（2008）Budget process and budget tracking in formal school education, http://www.cedsrilanka.org/Budget%20Tracking%20Final%20Report.pdf.

Elson, D.（2006）*Budgeting for Women's Rights: Monitoring Government Budgets for Compliance with CEDAW*. UNIFEM.

Huggins, A. & Shirley, K.R.（2007）*Gender Equality in Education in Rwanda: What is happening to our Girls?*, Paper presented at the South African Association of Women Graduates Conference on "Drop-outs from School and Tertiary Studies: What is Happening to our Girls?" held in Capetown, May, 2007. http://www.ifuw.org/rwanda/media/art-education.pdf.（アクセス日時：2011年9月4日）

Ichii, R.（2010）*Gender Responsive Budgeting in Education*. UNESCO Bangkok.

Oxfam.（2005）*Gender-Responsive Budgeting in Education*. Oxfam GB.

村松安子（2005）「マクロ経済学のジェンダー化を目指すジェンダー予算」村松安子「『ジェンダーと開発』論の形成と展開」未来社，131-157

日本女性監視機構（Japan Women's Watch，JAWW）（2008）男女共同参画の推進と女性のエンパワメントのためのお金の流れ（資金調達）（Financing for Gender Equality and the Empowerment of Women）――第52回国連婦人の地位委員会にむけて「男女平等参画（ジェンダー平等）の推進を目指す『ジェンダー予算』（公的なチャンネルの状況）」日本女性監視機構，12-24

Sharp, R.（2003）*Budgeting for Equity: Gender Budget Initiatives within a Framework of Performance Oriented Budgeting*. New York: United Nations Development Fund for Women（UNIFEM）.

Sharp, R. & Ray, B.（2002）Budgeting for Equality: The Australian Experience, *Feminist Economics* **8**(1), 25-47.

UNIFEM（2009）*Gender Responsive Budgeting and Aid Effectiveness: Knowledge Briefs*. UNIFEM.

UNDP（2005）*Gender Responsive Budgeting: Manual for Trainers*. UNDP, Europe and the CIS Bratislava Regional Centre.

おわりに

「ジェンダーと国際教育開発」再考

　本書に見てきたとおり，ジェンダーと教育開発をめぐる環境は地域や国により大きく異なるものの，全体として共通の課題が浮き彫りになっている。世界中，どこを見渡しても，教育という営みは社会の縮図であり，そこには歴史的，文化的，社会的な価値観や規範が反映されている。そして，それらはグローバル化された経済状況や，貧困削減や「万人のための教育（EFA）」といった国際的なアジェンダによって影響を受けつつ変化する部分と，既存の価値観として維持される部分とを複合的に併せ持っている。開発途上国の教育におけるジェンダーのあり方は，こうした国際的な背景と国内のさまざまな要因によって規定されている。

　1990年以降の開発途上国における初等教育就学率や識字率に見られる男女間格差の是正傾向は，確かにジェンダー平等に関するさまざまな国際協力や国内の運動の成果と言えるだろう。しかし，本書で何度も指摘してきたとおり，ジェンダー・パリティ指数によって量的に示される男女間格差は，ジェンダー平等のごく一部を表したに過ぎない。この意味で，ジェンダー・パリティ指数を目標達成の指標として掲げる国連ミレニアム開発目標（MDGs）は，国際教育開発・協力の指針としては実に不十分である。

　本書は，量的な男女間格差の是正ではなく，ジェンダー平等の視点から，改めて開発途上国の教育におけるジェンダー課題を問い直してみた。その結果，主に得られた知見はおよそ以下の5点に集約できるだろう。第1に，家庭，学校，労働市場，政治など社会全体の仕組みや価値規範と関連なしに，教育におけるジェンダー平等を達成することは極めて難しいということである。仮に就学率や識字率における男女間格差が是正されたとしても，教育の過程や結果において差別が残っていれば，学習の継続や個々人の自己実現にはつながらない。東アジアや東南アジアにおける女性の高い就学率と労働市場における参加や待遇における不連続性や，アフリカ，南アジア，アラブ地域の家庭及び学校

内における社会文化的価値観を反映した性別役割分業による学習機会の格差などはそれを物語っている。これは教育が社会の一部として機能しているという点を改めて思い起こさせると同時に、どのような教育のあり方がジェンダー平等を基本とした社会へと変革をもたらすことができるのか、という問いにもつながる。教育政策が、現状肯定的な立場から、既存の教育システムを前提とした量的側面における男女間格差の是正のみに終始すれば、結果として学校教育それ自体が社会に果たす役割が不問になるだけでなく、ジェンダー不平等を再生産する役割を果たすことにもなりかねないのである。

　第2に、教育におけるジェンダー平等は、貧困、人種／民族、カーストなど他の要因と密接に関連しているという点である。中国の事例に見たような少数民族の女性教師が抱えるアイデンティティの葛藤や、南アジアやアフリカの子どもたちの背景にあるジェンダーと貧困との複合的な作用は、ジェンダー平等に対する多面的なアプローチの必要性を示唆している。すなわち、社会における性別以外の不平等を引き起こす諸要因によって、教育におけるジェンダー不平等の現れ方は多様であり、個人が抱える多層的なアイデンティティ（あるいは多層的な社会的不利益）に目を向ける必要があるということである。この点は、ジェンダーをテーマとした世界銀行の『世界開発報告書2011年版』においても強調されている。ただし、ジェンダーの多層性・多様性ばかりが強調されると、多省庁・機関にわたるジェンダー平等に関する政策の調整が煩雑になり、「蒸発」してしまう危険性もある。重要な点は、相対的にどの要因がより重要かということを統計的に処理するのではなく、各社会的文脈のなかで、ジェンダーが他のさまざまな不平等要因と、その因果関係も含めてどのように関連しているのかを明らかにした上で、ジェンダー平等への過程を導くことである。

　第3に、教育におけるジェンダー不平等の諸形態、過程、結果が厳然と存在しているにもかかわらず、就学率や識字率のような数値的な尺度で測られる近年の目覚ましい教育達成が、そのジェンダーの差異をより複雑でわかりにくいものにしている点である。就学率における男女間格差の縮小傾向を隠れ蓑にしながら存在している、女子の理数系分野への低い進学率や高等教育の内容の差異化は、それ自体、自主的な選択や性別による適性のように捉えられがちである。しかし、このような現象は、その背景に存在する労働市場への参入機会の

格差，専門分野を介した賃金格差，教室内における社会化の過程での教員によるジェンダー・バイアスとそれに基づいた指導など，不平等を生成する組織的・構造的な側面からも影響を受けている。また，ある問題を解決するために，男女で異なる費用（直接・機会費用を含む）がかかることを念頭に，予算配分においてジェンダー・バランスを検証することも，公正な政策を実施する上で重要である。本書で紹介したジェンダー予算は，この意味で有効な政策手段である。これらの社会構造的，制度・政策的な点を見逃すと，ジェンダーによって規定されている教育の結果を個人の努力の差の帰結と見なしたり，特定の教科の学習の向き不向きに社会的ではなく生物学的な性差がそもそも存在するという安易な判断を下したりしてしまうことになる。

　第4に，ジェンダーと国際教育開発に関連する，国境を越えたネットワークや試みの可能性である。国境を越えた人口移動の爆発的な増大，経済の国際的相互依存関係の深化，情報通信技術の進歩，そして知識基盤社会の台頭は，従来，基本的には1国の枠組みにおいて考えられていた教育のあり方に大きな変容を迫りつつある。開発途上国においても，「東南アジア諸国連合（ASEAN）共同体」「アフリカ連合」等の地域統合構想が教育を重要セクターとして位置づけて政策的議論を展開しており，教育の国境を越えた域内協力・交流・連携は，今後，ますます大きく進展することが予想される。このような背景の下，本書でも紹介した女性地域リーダーの育成を目的に設立されたアジア女子大学の今後は注目に値する。グローバルな人材育成を視野に入れた，国境を越えた女性リーダー育成の取り組みが，単なるエリート女性の輩出ではなく，高等教育及びグローバル化した労働市場におけるジェンダー平等の達成にどの程度貢献できるのか，今後も注視する必要がある。

　最後に，ジェンダー平等な教育のあり方を考える際に，教育の社会的機能を今一度，批判的に捉える視角を持つことが重要である。開発途上国の多くの地域では，公教育制度自体がいわば外部から「輸入」されたシステムであり，実際の社会のあり方と密接に関連していない場合も多い。農村社会のあり方と学校で教えられる内容のギャップや母語を教授言語としない教育制度などは典型的な例である。また，公教育制度が持つ国民統合という機能が，多様な民族，言語，文化を抱える国家においては，結果として人々のニーズ，生活様式，価

値観における多様性への不寛容につながる場合があるという側面にも留意する必要がある。教育制度が誰のどのような意図によって維持されているのか。教えられる知識，技能，規範，態度，行動様式がどのように設定されているのか。教育から受ける恩恵は，性別やその他の社会的な集団によってどのように異なっているのか。そして，それはなぜか。このような疑問を常に抱きながら「すべての人が学校に行くこと」の意味を，問い直してみる必要がある。

ジェンダー平等へのパラダイムシフトを目指して
——ジェンダー主流化とスケールアップの可能性

　2015年を目指すMDGsの後に来る国際目標の焦点となるべき課題は，「アクセスからの離陸」「ジェンダー平等へのパラダイムシフト」である。就学という教育へのアクセスに焦点を当てたジェンダー（あるいは男女間）格差の解消とジェンダー平等のアプローチの決定的な違いは，ジェンダー不平等あるいは差別の構造的かつ根本的な原因の除去と，伝統的なジェンダー役割や男女のステレオタイプの転換への関心があるかどうかである。つまり，単に女子の就学率や識字率の向上を目指すのではなく，望まれる政策の成果としてジェンダー平等が求められているかどうかが鍵である。しかし，教育におけるジェンダー平等を達成しようとする活動は，主に女子を学校に通学させるための特別な対策に関連していることが多い。これは，教育におけるジェンダー平等への道のりのごく一歩に過ぎない。

　ジェンダー平等を達成するために必要なのは，男女間の非対称な権力関係を正し，ジェンダーによる偏見や不平等をなくすという，普遍的正義の実現を目標とした変革の意識を持った戦略である。具体的には，組織，制度，理論，政策や実践のなかにある，これまで当然とされてきた「ものの見方」（偏見）や現実（肯定）のレンズを取り払い，女性，男性のそれぞれの関心や問題をすべて等しく政策や事業の企画，実施，モニタリング，評価の過程に組み込み，男女ともに等しく恩恵にあずかれるようにすることである。このアプローチは，第1章でも述べたように，ジェンダー主流化と言われる。

　前述したとおり，ジェンダー平等を教育において達成するには，社会，経済，政治，文化などの広範囲な制約がある。ある1つの制約にのみ焦点を当てた戦

略は，効果的ではない。継続性のある戦略には，例えば学校教育の過程に存在するジェンダー不平等を制度的に問題視し，不平等や格差が公共の利益に反するという認識の共有が前提として必要となる。そのためには，各国教育省，国際協力に携わる諸機関をはじめ，すべての関係組織のジェンダー主流化，ジェンダーの視点からの教育システムの改革，教育の広範囲な制度的課題に注意を払わなければならない。

　第1部でも概観したように，ダカールEFA行動計画に合意した国際社会の意識を反映し，過去の女子教育の経験や教訓をもとに「女子教育のスケールアップ」が提唱された。「スケールアップ」とは，単に事業の量的，空間的拡張を意味するものではない。ジェンダー格差の是正からジェンダー平等への概念的転換を前提に，教育のすべての側面を見直し，現場からの多様な成功例から女子の教育参加を促す効果的な手法を見つけ，それを政策に結びつけ，国家的事業に拡張し，国家教育計画や教育改革に反映させていく。スケールアップは，ジェンダーの視座を持つ女子教育を教育セクターの中枢に位置づけようとする革新的な戦略である。それゆえ，教育省やドナーを含む関係組織のジェンダー主流化がスケールアップには不可欠なのである。ただし，スケールアップの方法論は必ずしも確立したものではなく，各国，各社会における既存の組織，制度，異なるアクターに配慮しながら，それぞれの文脈のなかで戦略が模索されなければならない。そのために必要なのは，各国の当事者の意識醸成とコミットメントであることは言うまでもないが，同時に国際協力実務と研究に携わる我々一人ひとりの意識改革が必須である。

　なお，本書はできるだけ地域的なバランスを保ち，ジェンダーという視点に関して女子・女性に特化せず，男女双方の関係として捉えようとしたが，男子・男性の課題には十分に触れられなかったことも否めない。近年では，ラテンアメリカ地域など，男子の退学が深刻化している国も増えている。実際，国際協力の具体的な活動として，女子に特化したプログラムが多く行われたが，男子やセクシュアルマイノリティの抱える課題に対する注目は十分とは言えない。この意味で，本書はジェンダーと国際教育開発のすべての側面を取り上げることができなかったが，国内初のジェンダーと国際教育開発に関する教科書とし

ては，包括的な議論を展開することができたものと自負している。今後，ラテンアメリカ地域や男子の退学等の問題にも目を向ける必要があることは言うまでもない。

　EFAとMDGsの目標達成年まであと3年に迫った今，国内外には多くの問題が山積している。近年では世界的な経済不況を背景に，国際協力の予算が多くの国々で削減されている。編者の1人が2011年の夏にアフリカに出張した際，教育協力に最も積極的であった欧州のある二国間援助機関の担当官が，来年度以降の教育協力予算の削減に言及し，その理由を「もはやMDGsで掲げられた初等教育就学率やジェンダー格差の解消はほぼ達成されており，これ以上，アフリカの教育への協力を継続する必要はないとの判断をした」と説明した。ジェンダー平等へのパラダイムシフトは未だ起きていないのである。本書がささやかではあるが，「アクセスからの離陸」を果たすために，ジェンダーと国際教育開発研究の新たな一面を切り拓き，今後のさらなる研究，国際協力活動の深化・発展への道を拓いていくことに資すれば，編者一同，望外の喜びである。

　最後に，本書の刊行に際し，厳しい昨今の出版事情にも拘らず，本書の意義をお認め頂き，我々をご支援くださった福村出版に，深甚なる謝意を表したい。

2012年4月

編者一同

索　引

―――あ―――

アジア女子大学　179, 181
アファーマティブ・アクション（affirmative action）　25, 177, 180
　　　女性優先策　25
イスラ（ー）ム　84, 145
エンパワー／エンパワメント　25, 42, 122, 127, 178, 184

―――か―――

カースト（制）　113-116, 127
開発と女性（WID）　23, 25, 42, 63, 130
科学的リテラシー　163
学習者中心の教育　212
学習成果　207
学校改善計画　73
家父長制　19, 120, 113
カリキュラム　35
　―改革　36, 205, 212
　―隠れたカリキュラム　30, 121
機会費用　36, 134, 148
教育
　―とジェンダー　20
　―における差別撤廃条約　21, 176
　―におけるジェンダー平等　12, 18, 28, 32-42
　―の質　149, 206
　―予算　104, 227
　　　職業技術―　24, 87
教員／教師
　―の質　211
　―の需給　209
　―の態度　164, 166
　―配置　210
　　　教師の地位に関する勧告　22
　　　（現職）研修　36, 41, 211
　　　女性教師（女性教員）　22, 28, 35, 85, 89, 121, 122, 124, 125, 164
教科書　164
近代教育制度　97
高等教育　35, 103, 147, 175
　―就学率　30
国際婦人年　23
国際婦人の10年　23

―――さ―――

ジェンダー
　―・オーディット　126
　―観　130, 141
　―関係　34, 131, 134
　―関連EFA指数（Gender-specific EFA Index）　37
　―差別　141
　―主流化　26, 40-42, 46, 66, 126, 127, 223, 224, 231
　―ステレオタイプ　139
　―中立アプローチ　27
　―と開発（GAD）　25, 42, 63, 131
　―と教育　42
　―に配慮した教育　214
　―の概念　25
　―の非対称的関係性　25, 34
　―・バイアス　137
　―配慮　66
　―・パリティ　32, 34, 37, 131, 139

―・パリティ指数　117, 146
　　　―平等　18, 32, 33, 35-42, 47, 59, 62, 139, 145, 202
　　　―・ブラインド　27
　　　―予算　52, 221-227, 230, 231
　　　―予算分析　38, 226
　　　　　　公正（equity）　25
　　　　　　実際的【ジェンダー】ニーズ　25, 28, 127
　　　　　　戦略的【ジェンダー】ニーズ　25
　　　　　　パリティ　43
識字　19, 23, 27, 28, 35, 112, 115, 150, 188
　　　―教育　22, 28, 189, 191
　　　―率　18, 35, 115, 116
　　　　　　機能的―　22, 191, 192, 194
　　　　　　国際―年　194
　　　　　　国連―の10年　193, 195
　　　　　　人間解放に向けた―　193, 194
　　　　　　批判的―　192, 194
　　　　　　ポストリテラシー　196
就学
　　　―前教育　147
　　　―率　18, 35, 37, 98-105, 119
　　　　　　純―率　146
　　　　　　女子―率　122
　　　　　　総―率　146
　　　　　　優先的一割当制度　97
宗教学校／宗教教育　97, 102, 108, 109
生涯学習　27, 188
奨学金　97, 106, 122
少数民族　30, 36, 80, 100, 107, 108
女子
　　　―教育奨学金制度　122
　　　―教育とジェンダー平等の推進加速のためのダカール宣言　59
　　　―教育の阻害要因　19, 32, 36, 72, 120
　　　　　　衛生施設　102

　　　　　　遠隔地　102, 105, 107, 109
　　　―校　87, 149, 167
　　　―奨学金制度　122
　　　―大学　178
女性差別撤廃条約（CEDAW）　24, 28, 145, 176
初等教育　19, 22, 27, 98, 102
　　　―完全普及　21, 27, 28, 35
　　　―就学率　30, 35, 116
　　　―無償化政策　136
スケールアップ　18, 38-42, 55
政策の蒸発　29, 38
成人学習　189
成人教育　189, 196
　　　　　　国際―会議（CONFINTEA）　189
　　　　　　国際―協会（ICAE）　190
政府開発援助　63, 66, 171
政府援助機関　49
性別役割　67, 119, 121
　　　―分業　24, 30, 134
　　　―分担　166
　　　　　　役割分業　114
世界女性会議　24, 25, 63, 177
世界人権宣言　19, 21, 28, 176
セクシャルハラスメント　137
早婚　85, 91, 102, 134, 139

―――た―――

男子の
　　　―出席率低下／不登校　119
　　　―中途退学　34, 95, 102
　　　―留年　119
中等教育　18, 32, 97, 101-102, 116, 147
　　　―進学率　116
中途退学　24, 36, 100, 106, 109

索引 243

―な―

内閣府男女共同参画局　171
人間開発　26
　―指数　112, 113
ノンフォーマル
　―教育　27, 196
　―な学習活動　188, 201
　―な教育活動　190
　　　　学校外教育　32, 37, 121

―は―

万人のための教育（EFA）　18, 46, 62, 106, 133, 146, 188, 227
　―世界会議（WCEFA）　47, 106
　　　　ジョムティエンEFA世界会議／ジョムティエン会議　27, 28, 30, 35, 62, 66, 188, 194
　　　　ダカールEFA行動枠組み　28, 30, 34, 206
　　　　（ダカールEFA）第5目標　18, 28, 30, 31, 32
　　　　ダカール世界教育フォーラム／ダカールEFAフォーラム　28, 175
評価活動　32, 55
　　　　モニタリング評価　29, 52
評価方法　164

―ま―

ミレニアム開発目標（MDGs）　28, 41, 47, 64, 132, 145

―や―

ユニセフ　31, 46, 85, 213, 230
ユネスコ　18, 21, 22, 27, 175
幼児婚　30, 32, 36, 109, 119, 120, 121

―ら―

理系離れ　160, 163, 168
留年　98, 100, 135
良妻賢母（教育）　18, 19, 42, 122, 164
労働参加率　152
労働市場　95, 103, 109

―ABC―

BRAC　118, 121
FAWE（アフリカ女性教育者フォーラム）　31, 139, 140, 214, 230, 232
FEMSA　170
GENIA（ジェンダーと教育アジアネットワーク）　31, 55
NGO　23, 46, 85, 117, 130, 148, 170, 188, 214, 225
PASEC　133
PIRLS　150
PISA　161
SACMEQ　133
TIMSS　150, 160
UNGEI（国連女子教育イニシアティブ）　31, 46
USAID　139

◎編著者紹介

菅野　琴（かんの・こと）KANNO Koto
トロント大学大学院社会学部修士課程修了（MA）。1982年から2007年までユネスコ勤務，ユネスコ代表／カトマンズ事務所長を経て，現在，目白大学客員教授，お茶の水女子大学ジェンダー研究センター・国立女性教育会館客員研究員。主な著書・論文に「教育とジェンダー」（『開発とジェンダー』第5章，国際協力出版会，2002年），「ネパールにおける女子の基礎教育参加の課題」（『ジェンダー研究　第11号』お茶の水女子大学ジェンダー研究センター，2008年）ほか。

西村幹子（にしむら・みきこ）NISHIMURA Mikiko
コロンビア大学ティーチャーズカレッジ博士課程修了。教育学博士（Ed.D.）。JICAジュニア専門員，開発コンサルタント，神戸大学大学院国際協力研究科准教授を経て，現在，国際基督教大学教養学部・大学院アーツサイエンス研究科上級准教授。主な著書に『国際教育開発の再検討――途上国の基礎教育普及に向けて』（共編著，東信堂，2008年），『途上国における基礎教育支援（上）――国際的潮流と日本の援助』（共編著，学文社，2008年）ほか。

長岡智寿子（ながおか・ちずこ）NAGAOKA Chizuko
大阪大学大学院人間科学研究科博士後期課程修了。博士（人間科学）。現在，法政大学等非常勤講師。主な論文・訳書に，「女性，識字と開発――ネパールにおける女性たちの活動の事例」（日本社会教育学会紀要，第43号，2007年），「成人学習理論の新しい動向と研究」『生涯学習の理論――新たなパースペクティブ』（福村出版，2011年），『世界の生涯学習――成人学習の促進に向けて』（共訳，明石書店，2010年）ほか。

◎執筆者紹介

林川眞紀（はやしかわ・まき）HAYASHIKAWA Maki
シンガポール国立教育学院・ロンドン大学共同博士課程在学。ユネスコ北京事務所，アジア太平洋地域事務所，JICA，ユニセフ東アジア・太平洋地域事務所を経て，現在，ユネスコ本部教育局基礎教育課課長。主な著書に『ノンフォーマル教育支援の拡充に向けて』（共著，JICA国際協力総合研修所，2005年），「ジェンダー平等な教育をめざすユネスコの活動」（国立女性会館・有村真喜子・原ひろ子編『時代を拓く女性リーダー――行政・大学企業・団体での人材育成支援』，明石書店，2008年）。

水野敬子（みずの・けいこ）MIZUNO Keiko
東京工業大学大学院社会理工学研究科博士課程修了。学術博士。民間企業，国連工業開発機構，JICA専門家等を経て，2006年よりJICA国際協力専門員。主な著書に，『平和構築のための教育協力に関する基礎研究』（国際協力事業団，2001年），『ジェンダーを中心とする格差是正に配慮した教育協力に関する研究』（東京工業大学提出博士学位論文，2001年），『途上国における基礎教育支援（上）――国際的潮流と日本の援助』（上巻第3章執筆，学文社，2008年）ほか。

新保敦子（しんぼ・あつこ）SHIMBO Atsuko
東京大学大学院教育学研究科博士課程単位取得退学。博士（教育学）。京都大学人文科学研究所助手，早稲田大学教育学部専任講師・助教授を経て，現在，早稲田大学教育・総合科学学術院教授。主な著書に，『教育は不平等を克服できるか』（園田茂人との共著，岩波書店，2010年），The Moral Economy of the Madrasa（桜井啓子ほか編著，Routledge，2011年）ほか。

日下部京子（くさかべ・きょうこ）KUSAKABE Kyoko
アジア工科大学大学院環境資源開発研究科ジェンダーと開発学専攻博士課程修了。現在，同大学院ジェンダーと開発学准教授。主な著書・論文にThailand's Hidden Workforce: Burmese Women Factory Workers（共著，Zed Books，2012年），Gender, road and mobility in Asia（編著，Practical Action Publishing，2012年），「経済開発政策とジェンダー——大メコン河流域経済圏の中のカンボジア」（長野ひろ子・松本悠子編『経済システム・消費社会・グローバル化』，明石書店，2009年）ほか。

結城貴子（ゆうき・たかこ）YUKI Takako
コーネル大学大学院国際開発学修士課程修了。博士（教育経済学，東京大学）。東京大学特任助手，世界銀行職員等を経て，現在，JICA主任研究員。教育制度の国際比較，東アジア高等教育国際交流，イスラム諸国の人的資本に係る研究案件の代表者を務める。専攻は，教育開発政策，教育と経済。著作論文には，「イエメンにおける女子の就学決定要因分析とその政策的含意——家計調査のミクロデータ分析」『アジア経済』XLIX-12（2008年12月）ほか。

亀山友理子（かめやま・ゆりこ）KAMEYAMA Yuriko
ピッツバーグ大学教育大学院博士課程修了。Ph.D.（教育行政政策学）。開発コンサルタント，国際NGO職員を経て，現在，JICA研究所研究助手。イスラム諸国の人的資本に係る研究案件の助手を務める。専攻は，教育開発政策。

前田美子（まえだ・みつこ）MAEDA Mitsuko
香港大学大学院博士課程修了。Ph.D.（教育学）。中学・高校理科教員，青年海外協力隊員，JICA専門家等を経て，現在，大阪女学院大学国際・英語学部教授。主な著書・論文に，Power relations in development cooperation: patterns, concepts and approaches in a Japanese-assisted education project（VDM Verlag Dr. Müller: Saarbrücken, Germany, 2008年）"Heightened awareness of a researcher's own culture through carrying out research on development cooperation" Comparative Education, 47(3), pp. 355-365（2011年）ほか。

杉村美紀（すぎむら・みき）SUGIMURA Miki
東京大学大学院教育学研究科博士課程単位取得満期退学。博士（教育学）。国立教育研究所（現国立教育政策研究所）研究協力者，広島大学教育開発国際協力研究センター客員研究員を経て，現在，上智大学総合人間科学部教育学科教授。主な著書・訳書に『マレー

シアの教育政策とマイノリティ』(単著, 東京大学出版会, 2000年),『国際移動と社会変容』(共著, 岩波書店, 2007年),『比較教育研究』(共訳, 上智大学出版, 2011年),『激動するアジアの大学改革』(共編著, 上智大学出版, 2012年),『アジアの高等教育ガバナンス』(共著, 勁草書房, 2013年) ほか。

小野由美子(おの・ゆみこ)ONO Yumiko
広島大学大学院教育学研究科博士課程後期単位取得退学。広島中央女子短期大学助教授を経て, 現在, 鳴門教育大学大学院教授。主な著書・論文に, Mathematics and science education in developing countries: Issues, experiences, and cooperation prospects (共著, The University of the Philippines Press, 2007年), Reforming teaching and learning: Comparative perspectives in global era, (共著, Sense Publishers, 2009年), Reflections on a mutual journey of discovery and growth based on a Japanese-South African collaboration in Professional Development in Education, 37(3) (共著, 2011年) ほか。

越智方美(おち・まさみ)OCHI Masami
お茶の水女子大学大学院人間文化研究科博士後期課程修了。博士(社会科学)。現在, 国立女性教育会館研究国際室専門職員。主な訳書・論文に,『世界の女性2010――傾向と統計』(国際連合編, 共訳, 日本統計協会, 2011年),「フィリピン人移住家事労働者の帰還と再統合をめぐる政治」(『ジェンダー研究』第13号, 2010年) ほか。

市井礼奈(いちい・れいな)ICHII Reina
南オーストラリア大学国際ビジネス研究科博士課程修了。Ph.D(経済学)。お茶の水女子大学ジェンダー研究センター専任講師, 南オーストラリア大学ワーク・アンド・ライフ研究所研究員等を経て, 現在, RMIT大学School of Global, Urban and Social Studies専任講師。主な著書, 訳書にPerformance Indicators for Gender Responsive Budgeting: A Case Study of Australian Childcare Programs (Lambert Academic Publishing, 2011年), Gender Responsive Budgeting in Education (UNESCO, 2010年),『親の仕事・子供のホンネ――共働きは, 子どもにどんな影響を与えるか?』(共訳, 岩波書店, 2009年) ほか。

扉写真:ネパールの小学校の朝の集会風景
撮影:長岡智寿子

ジェンダーと国際教育開発――課題と挑戦
2012 年 4 月 15 日　初版第 1 刷発行
2014 年 3 月 20 日　　　第 2 刷発行

編著者　　菅野　琴
　　　　　西村　幹子
　　　　　長岡　智寿子
発行者　　石井　昭男
発行所　　福村出版株式会社
〒 113-0034　東京都文京区湯島 2-14-11
電話　03-5812-9702　FAX　03-5812-9705
http://www.fukumura.co.jp
印刷　モリモト印刷株式会社
製本　協栄製本株式会社

Ⓒ K. Kanno, M. Nishimura, C. Nagaoka 2012
Printed in Japan
ISBN978-4-571-41047-5 C3036
落丁本・乱丁本はお取替え致します。
定価はカバーに表示してあります。

福村出版◆好評図書

辻上奈美江 著
現代サウディアラビアのジェンダーと権力
●フーコーの権力論に基づく言説分析
◎6,800円　ISBN978-4-571-40028-5　C3036

ムスリム世界のジェンダーに関わる権力関係の背景に何があるのか,フーコーの権力論を援用しながら分析する。

塚田 守 著
教師の「ライフヒストリー」からみえる現代アメリカ
●人種・民族・ジェンダーと教育の視点から
◎3,800円　ISBN978-4-571-41040-6　C3036

教師たちへの「聞き取り」と「語り」という調査法を通して,現代アメリカの実像を筆者独自の視点で描き出す。

岡原 都 著
戦後日本のメディアと社会教育
●「婦人の時間」の放送から「NHK婦人学級」の集団学習まで
◎5,000円　ISBN978-4-571-40024-7　C0036

社会教育番組の資料と台本を分析し,女性視聴者が多方面で果たした役割を,戦後女性史の視点から検証する。

福田友子 著
トランスナショナルなパキスタン人移民の社会的世界
●移住労働者から移民企業家へ
◎4,800円　ISBN978-4-571-41046-8　C3036

「自営起業家」として中古自動車貿易業界に特異な位置を築くパキスタン移民を考究,新たな移民論を提起する。

A.ウェーバー 著／中道寿一 監訳
A・ウェーバー「歴史よ、さらば」
●戦後ドイツ再生と復興におけるヨーロッパ史観との訣別
◎4,800円　ISBN978-4-571-41051-2　C0036

ヨーロッパ特有の思想史の俯瞰と戦後ドイツへの国家再生の提言。反ナチスを貫き,大戦中に著した渾身の書。

医王秀行 著
預言者ムハンマドとアラブ社会
●信仰・暦・巡礼・交易・税からイスラム化の時代を読み解く
◎8,800円　ISBN978-4-571-31020-1　C3022

預言者ムハンマドが遺したイスラム信仰体系が,アラブ社会のイスラム化にいかなる変革を与えたのかを探る。

中野亜里 著
ベトナムの人権　多元的民主化の可能性
◎5,300円　ISBN978-4-571-40023-0　C3036

市民的・政治的権利状況について国内の民主勢力や在外越南人が発信する情報をもとに同国の現代史を再考する。

◎価格は本体価格です。